民國文化與文學研究文叢

三編
李 怡 主編

第 10 冊

抗戰時期「軍紳」社會與大後方文學（下）

袁少沖 著

國家圖書館出版品預行編目資料

抗戰時期「軍紳」社會與大後方文學（下）／袁少沖 著 — 初
版 — 新北市：花木蘭文化出版社，2014〔民103〕
目 4+194 面；19×26 公分
（民國文化與文學研究文叢 三編：第10冊）
ISBN 978-986-322-782-3（精裝）
1.中國文學 2.抗戰文藝 3.文藝評論
541.26208   103012748

特邀編委（以姓氏筆畫為序）：

ISBN-978-986-322-782-3
9 789863 227823

丁　帆	王德威	宋如珊
岩佐昌暲	奚　密	張中良
張堂錡	張福貴	須文蔚
馮　鐵	劉秀美	

民國文化與文學研究文叢
三　編　第　十　冊　　　　　ISBN：978-986-322-782-3

抗戰時期「軍紳」社會與大後方文學（下）

作　　者	袁少沖
主　　編	李　怡
企　　劃	四川大學現代中國文化與文學研究中心
	民國文學與海外漢學研究中心（籌）
	北京師範大學民國歷史文化與文學研究中心
總 編 輯	杜潔祥
副總編輯	楊嘉樂
編　　輯	許郁翎
出　　版	花木蘭文化出版社
社　　長	高小娟
聯絡地址	235 新北市中和區中安街七二號十三樓
	電話：02-2923-1455 ／傳真：02-2923-1452
網　　址	http://www.huamulan.tw 信箱 hml810518@gmail.com
印　　刷	普羅文化出版廣告事業
初　　版	2014 年 9 月
定　　價	三編 20 冊（精裝）新台幣 35,000 元

抗戰時期「軍紳」社會與大後方文學（下）

袁少沖　著

目

次

第四章 「軍紳」社會中的「抗戰建國」
與大後方文學（上）

　　論文在前面已經分析過，民國以來的「軍紳」社會，最大的兩個特徵就是「軍紳」政權和城鄉的二元隔離。這兩者都和發生在抗戰時期大後方的文學有密切的關聯。首先，在地域上橫向的比較來說，只有戰時的大後方才最豐富的集中了國民黨中央政府、地方「軍紳」實力派、基層「軍紳」社會及作爲「軍紳」政權之反駁的中國共產黨的政黨力量，這些所有的方面都和文學活動、文學思潮息息相關。相較之下，延安文學則主要是和政黨（中共）發生關聯，因爲那裡在經過了中共的改造後，已不能再稱之爲「軍紳」社會了。其次，就「軍紳」社會與文學之間的關係而言，主要體現在兩個方面。一來是通過硬性的行政手段、現實權力來對文學進行控制和導向；二來是通過較爲軟化的意識形態來對文學發生影響和改造。〔註1〕再次，既然大後方的文學與大後方的「軍紳」社會有如此密切的關係，甚至可以說後者是前者發生的土壤，那麼自然而然的結果便是，在許多大後方的文學作品中，應該會留下眾多的關於這個「軍紳」社會的方方面面的描寫，這一點構成了論文第三章的主要內容。

　　最後，「軍紳」社會的城鄉二元分離、脫節，由於國家的現代化無法撇開占總人口 80%以上的農民，無法忽視幅員廣大的農村和農業，因而這一點就成爲中國走向現代化道路上的最大阻礙之一。如何能夠填補二者之間的鴻

〔註1〕　關於抗戰時期大後方文學與各種政權勢力之間的關係，以及這些政權背後代表的意識形態與大後方文學的關係，在論文的第二章已經有過較細緻的探討。

溝，在兩者之間搭建起可以溝通的橋梁，是抗戰時期整個中國文化面臨的重要問題。抗戰時期在各個文化領域所發生的「中國化」現象（當然中國化只是其中的一種而不是全部）〔註2〕並不是偶然的，它與近代以來社會長期愈演愈烈的城鄉二元隔離有著直接的關聯。後者造成的城市與農村、沿海與內地、現代文明與農耕文明之間的巨大鴻溝，使得無論是「抗戰（救亡）」還是「建國（現代化）」都面臨了嚴重的困難，以至於如果不能解決這個難題，「抗戰建國」的勝利只怕很難實現。所以，抗戰時期中國文化領域的「中國化」潮流，可以看成是由於長期忽視農村、農民這個中國社會最重要的「現實」而發生的一種文化上的反彈或補償。這其中，文學也是一個非常重要的方面。

在當時的歷史階段裏，國家的最大「現實」和任務就是「抗戰建國」。在「抗戰（救亡）」和「建國（現代化）」之間，前者更爲峻急和迫切，後者更爲根本和終極。大後方文學中的幾個重要部分都是在大後方「軍紳」社會這塊特殊的土壤中與「抗戰建國」這個抗戰時期歷史總任務相遇的結果。

下面我們先對「抗戰建國」的涵義及其對戰時大後方文學的內在要求做一些簡單的澄清。先來看賀麟在《抗戰建國與學術建國》一文中的一段話，「中國多年來內政外交的病根，就在缺乏一個可以集中力量，統一人心，指定趨向，可以實施有效，使全國國民皆可熱烈參加工作的國策。而中國國民黨臨時全國代表大會，卻正式公佈了這樣偉大的中心國策。這國策就是『抗戰建國』」。〔註3〕

這個《抗戰建國綱領》雖然是國民黨中央政府頒佈的，但關於「抗戰建國」的理解，無論是共產黨還是知識分子（文人作家們）都有著不同的理解。筆者認爲，大後方的文學思潮在不同程度上都是「載道」的文學，而所載的「道」就是「抗戰建國」。所以，「抗戰（救亡）」與「建國（現代化）」的欲求不可避免的體現在文學之中。此時，研究他們對「抗戰」、「建國」二者關係的理解就對澄清整個文學運動的性質有重要的意義。下面來看看幾位積極參與文學運動的知識分子對此的看法。

〔註2〕 學者稽文甫便以這樣的程式來描述中國近現代文化的軌迹：國粹論──中體西用論──全盤西化論──中國本位文化論──中國化運動。參見《國魂，在苦難中掙扎──抗戰時期的中國文化》第 6 頁，馮崇義著，廣西師範大學出版社 1995 年版。

〔註3〕 賀麟：《抗戰建國與學術建國》，《文化與人生》，北京：商務印書館，1988 年，第 18 頁。

胡風在《要普及也要提高》一文中，有這樣的論述：

> 戰爭加重了民生的困苦，是一面，但還有一面是國民經濟底
> 得到解放，得到新生，例如帝國主義底經濟束縛力底鬆弛，民族資
> 本和手工業底擡頭，以及農村中的封建剝削底崩潰，而這些又正是
> 和戰爭底進展一同進展的。我們把「抗戰」和「建國」連在一起，
> 那就是說明了中國底民族戰爭不能夠只是用武器把「鬼子」趕走了
> 事，而是需要一面抵抗強敵，一面改造自己。必須通過這個改造才
> 能取得最後的勝利。和最後的勝利同來的將是民主政治底實現，國
> 民經濟底發展，以及國民文化底繁昌，至少也是築成了堅實的基
> 礎。〔註4〕

在胡風的闡述中，先表明了對戰爭的看法，應當從兩個方面去看：一方面是
消極的，另一方面卻是積極的，胡風真正想要強調的在於後者。他所看到的
無論是外部的「帝國主義底經濟束縛力底鬆弛」還是內部的「民族資本和手
工業底擡頭，以及農村中的封建剝削底崩潰」，都與戰爭息息相關。而這些變
化便是抗戰時期中國「軍紳」社會的某些新動向，如「農村中的封建剝削底
崩潰」，描述的就是抗戰期間基層「軍紳」社會急劇惡化為革命鋪平了道路。
其後，他在分析「抗戰」與「建國」的關係之時，直言不諱的認為兩者應當
「連在一起」。並且他把戰爭的勝利，不歸結為僅僅把「鬼子」趕走，而是要
在戰爭中改造自己，趁著戰爭的機會改造自己。甚至，在判定是否達到了最
後勝利的標準，主要定在了後者，即是否真正的改造了自己。最後，他認為
這個最後的勝利帶來的是「民主政治底實現，國民經濟底發展，以及國民文
化底繁昌，至少也是築成了堅實的基礎。」

從以上的分析不難看出，胡風的觀點顯然與國民黨的「把抗戰交給政府、
軍隊，而其他人埋頭建國」的立場不同。他認為在「抗戰」與「建國」之間，
「建國」是更重要、更高的目標；「抗戰」相比之下是手段，是實現「建國」
的一個大好機遇；而「建國」的最終狀態應該是「民主政治底實現，國民經
濟底發展，以及國民文化底繁昌」。

黃繩也有兩段話，表明了他的觀點：

> 統一戰線，全民動員，不但為著抗戰，而是為了建國；因而，

〔註4〕　胡風：《要普及也要提高》，蔡儀主編：《抗日戰爭時期大後方文學書系·第二
　　　　編·理論論爭第一集》，重慶：重慶出版社，1989年，第45頁。

> 當前的文藝運動也並不隨抗戰而始終，在抗戰之後，便被棄之如敝
> 屣，而另有新的爐竈築造起來。……當前的文藝運動將不隨抗戰的
> 終結而終結，而要進到向政治的更高的實踐，把中國社會帶到真正
> 的建國的階段……〔註5〕

> 抗戰將激起整個中國人的社會的變化，完成整個中國人的社會
> 的改造。一方面是渣滓的浮現和死亡，一方面是人的新生。人的新
> 生是社會的向上變化的影響的結果，而大多數人的新生又將促成整
> 個的社會新生，整個民族的新生。這整個中國社會的新生，整個中
> 華民族的新生，也就是民族抗戰的最高目標。〔註6〕

在第一段話中，他在論述文藝運動的使命之時談到了「建國」。他也把「抗戰」
和「建國」看成兩個不同的階段（或目標），而後者顯然是更高的階段。在第
二段中，黃繩也強調了抗戰有積極意義的一面，即促使中國的新生；而抗戰
的最高目標就是「整個中國社會的新生，整個中華民族的新生」。第一段話在
前寫於 1938 年，第二段話在後寫於 1941 年，可見，所謂「人的新生」、「社
會的新生」、「中華民族的新生」便是「建國」的主要內涵。而文藝運動、全
民動員，不僅是為著「抗戰」更是為著「建國」，兩者之間仍然是有機相連的。
他的看法和胡風有細微的差別，但大體上態度相近。

艾青的觀點也與此類似，但表達的更加高邁：「任何大政治家政治學說的
最高理想都在能使人類過共同幸福的大同生活；我們抗戰的終極目的是使中
國人民和全人類都得到自由幸福，我們終極的世界觀也就是為人類大同社會
之出現而努力。」〔註7〕艾青的表述，表面上看把「抗戰」目標不僅僅定在「建
國」上，幾乎是「建世界」，但實際上，這是較為典型的拒斥西方現代化模式
的中國式的「建國」（現代化）。無論是馬克思描述的共產主義理想，還是儒
家傳統的大同理想，在這裡都被用來作為一種對西方資本主義、帝國主義現
代化模式的超越。也就是說，在這種心態下，所謂「建國」就成了「全人類

〔註5〕 黃繩：《當前文藝運動的一個考察》，樓適夷主編：《抗日戰爭時期大後方文學
　　　　書系・第一編・文學運動》，重慶：重慶出版社，1989 年，第 250～253 頁。
〔註6〕 黃繩：《抗戰文藝的典型創造問題》，蔡儀主編：《抗日戰爭時期大後方文學書
　　　　系・第二編・理論論爭第二集》，重慶：重慶出版社，1989 年，第 949 頁。
〔註7〕 艾青：《創作與世界觀──文學的社會任務（一個講演的提綱）》，蔡儀主編：
　　　　《抗日戰爭時期大後方文學書系・第二編・理論論爭第二集》，重慶：重慶出
　　　　版社，1989 年，第 866 頁。

的自由幸福」和「人類大同社會」。通過走一條超越西方資本主義、帝國主義現代化模式的道路，把人類大同推廣到全世界。

從以上三人的論述中，不難看出，他們在看待「抗戰」、「建國」關係的時候，有兩個重要的共同點：其一，是把二者的關係看成是有機聯繫的，是綜合的；其二，都把「建國」看做是比「抗戰」更高的目標，有著更高的價值。不同的地方在於，他們對於「建國」具體內涵的描述有所不同。其實，胡風的關於「民主政治底實現，國民經濟底發展，以及國民文化底繁昌」的界定與黃繩的「人的新生」、「社會的新生」、「中華民族的新生」大體上相近，只是描述的角度略有不同，可以說他們的觀點較能代表文人作家們普遍的理解。而艾青的看法，則更為浪漫、高遠、激進，胡風和黃繩的界定中還不從根本上排斥西方現代文明的諸多因素，而艾青的界定就表達了這種拒斥性，而這種特色也部分地體現在中國共產黨的態度之中。但不論如何，在抗戰時期那個較為嚴峻、迫切的階段，這些差別無礙於他們的聯合。

在「抗戰建國」這個整個中華民族最大、最迫切的「現實」面前，文化的一切領域，無論是政治還是學術、文藝都不可能對此無動於衷。正如意識形態領域、哲學領域裏發生的「中國化」現象，就是對「抗戰建國」的反映或回答，而文學作為意識形態中的一個方面而且是最為敏銳的方面，也發生了自身的變化。並且在文學的變化中，處在不同地域的文學所呈現的具體形態也各不相同。解放區文學的面貌與解放區的社會環境有直接的關聯，而大後方文學的面貌也和大後方特殊的「軍紳」社會環境有密切的聯繫。

從「抗戰建國」和「軍紳」社會的背景下，本章在三個方面展開對大後方文學思潮的考察。在現代主義思潮和學院派寫作的方面以西南聯大的詩歌創作為中心；在中國新文學以來一直較為強盛的現實主義思潮方面，以「七月派」的創作和主張為中心；最後用主要的篇幅來考察戰時大後方較為主流的文藝「大眾化」思潮（當然這裡面也包含著「現實主義」）。總的來說，這幾種文學思潮，都是從文學的方面，在「軍紳」社會的土壤中，面對「抗戰建國」而進行的在文藝不同層面上的思考、探索、認識、創作；只是，它們切入「抗戰建國」的角度不同，擁抱現實的方式不同，作家的出發點和立場不同，在介入現實的程度、推動歷史的進程上也都有所不同。

毋庸置疑，「抗戰建國」是個龐大的工程，包括著眾多的方方面面，既需要最形而上的宏偉思想、理論，也需要最形而下的具體、實際工作。一般而

言，形而上的方面常常是被知識分子精英們所承擔的。體現在文學上，便有「普及」與「提高」的分別，總的來說，似乎「普及」與「抗戰」（文藝的救亡宣傳）關係更爲密切，而「提高」與「建國」（文藝的「現代化」）方面更有關聯。客觀地說，這些方面對一個國家的現代化而言都是需要的。大後方文學中的西南聯大文學、「七月派」文學、「大眾化」文學是這些方面在不同層次上的具體呈現，它們在「抗戰建國」的形勢下，從各自的角度做出了各種的努力、完成了不同的工作。

第一節　西南聯大的現代派詩歌

西南聯大文學的作者都是所謂的學院中人，但戰時遠遷昆明的西南聯大與原處京津的北大、清華、南開已經有了很大的不同〔註8〕；龍雲庇護下的學院與大後方其他地區的形勢也有所不同；學院派成員對於中國社會現實接觸的全面性、深刻性有所不同〔註9〕；學院派成員在高深知識、精緻思想、高超技巧方面的能力、追求與非學院派也有很大不同。這些方方面面的因素，共同促成了西南聯大的文學。

相對於戰前活躍在京津高校的另一學院派「京派」而言，西南聯大的文學有了更多的現實色彩、時代色彩。戰前的「京派」一向有追求純粹、深刻的傾向，既反對現實政治又反對商業文化對文學的侵染，而西南聯大的文學卻並不是這樣。或許我們可以從朱自清《新詩雜話》中的兩篇文章說起，它的題目是《詩與抗戰》（1941年）、《詩與建國》（1942年）。

在《詩與抗戰》中，朱自清回顧了那些直接響應抗戰的詩歌，總結了它們的一些特點，如：

> 抗戰以來的詩，注重明白曉暢，暫時偏向自由的形式。這是爲了訴諸大眾，爲了詩的普及。抗戰以來，一切文藝形式爲了配合抗戰的需要，都朝普及的方向走，詩作者，也就從象牙塔裏走上了十字街頭……一般詩作者所熟悉的，努力的，是在大眾的發現和內地

〔註8〕 最明顯的就是戰前學生、教授們那種安定、優越的生活條件不復存在了。
〔註9〕 戰爭打破了學院的高牆和寧靜的書齋，迫使他們不同程度的有了流亡的經歷，看到了更多與城市有別的鄉村，與知識分子、市民有別的民眾（包括農民），與都市現代文明有別的農耕文明和「軍紳」社會……儘管這方面他們相對於「七月派」諸君和文藝「大眾化」運動中的知識者而言，仍有距離。

的發現。他們發現大眾的力量的強大，是我們抗戰建國的基礎。他們發現內地的廣博和美麗，增強我們的愛國心和自信心。〔註10〕

但是，在朱自清看來抗戰的詩歌不應該是中國詩歌發展的唯一形態，而應該還有另一種呈現方式：

我們現在在抗戰，同時也在建國。建國的主要目標是現代化，也就是工業化。……建國的成績似乎還沒有能夠吸引詩人的注意，雖然他們也會相信「建國必成」。但現在是時候了，我們迫切的需要建國的歌手。我們需要促進中國現代化的詩。有了歌詠現代化的詩，便表示我們一般生活也在現代化，那麼，現代化才是一個諧和，才可加速的進展。另一方面，我們也需要中國詩的現代化，新詩的現代化，這將使新詩更富厚些。「現代史詩」一時也許不容易成熟，但是該有一些人努力向這方面做栽培的工作。〔註11〕

值得注意的是，在朱自清的這段話裏，出現了關於「新詩現代化」的呼喚。首先，朱自清把「抗戰」和「建國」看做是戰時並存不悖的兩個任務，而詩歌在反映它們上，應該不僅關注抗戰，還要描寫「建國」，認為我們也「迫切的需要建國的歌手」，用詩歌「促進中國現代化」。其次，國家的現代化、社會的現代化，反過來也需要中國詩歌的現代化，「新詩的現代化」。它們認為應該「有一些人努力向這方面做栽培的工作」。

朱自清長期在大學中擔任教授，是學院派中的一員，應該說多年的學院生活環境不能不使得他和當時「七月派」及文藝「大眾化」在知識結構、思想立場上有一定的距離。但另一方面，恰恰是抗戰時期的特殊歷史又使得他們之間的這種距離有逐步拉近的趨勢，使得「學院派」的學說和立場似乎又不那麼「學院化」。「新詩現代化」的提法，令我們很容易想起同樣是西南聯大的袁可嘉在 40 年代後期提出的「新詩現代化」詩論。這個理論的成型是在抗戰之後，但袁可嘉所要總結的詩歌現象則至少可以追溯到 40 年代初，很大一部分在抗戰中的西南聯大已經呈現，具體的脈絡是從馮至、卞之琳到穆旦、杜運燮、袁可嘉、鄭敏等。所以分析一下袁可嘉在《新詩現代化》中的一些總結也有利於重新認識戰時的西南聯大文學。

〔註10〕 朱自清：《詩與抗戰》，《新詩雜話》，桂林：廣西師範大學出版社，2004 年，第 26～27 頁。

〔註11〕 朱自清：《詩與建國》，《新詩雜話》，桂林：廣西師範大學出版社，2004 年，第 31 頁。

在關於詩歌與社會生活、政治生活的關係方面。袁可嘉認為，

> 詩是生活（或生命）型式表現於語言型式，它的取材既來自廣大深沉的生活經驗的領域，而現代人生又與現代政治如此變態地密切相關，今日詩作者如果還有擺脫任何政治生活影響的意念，則他不僅自陷於池魚離水的虛幻祈求，及遭到一旦實現後必隨之而來的窒息的威脅，且實無異於縮小自己的感性半徑，減少生活的意義，降低生命的價值；因此這一自我限制的欲望不唯影響他作品的價值，而且更嚴重地損害個別生命的可貴意義；但這樣說顯然並不等於主張詩是政治的武器或宣傳的工具。〔註12〕

在這裡，他充分肯定了新詩應該與政治生活發生聯繫，否則將會自我限制，二者正確的關係應該是「絕對肯定詩與政治的平行密切關係，但絕對否定二者之間有任何從屬關係」。在與社會現實方面，同樣的「絕對肯定詩應包含，應解釋，應反映的人生現實性，但同樣地絕對肯定詩作為藝術時必須被尊重的詩底實質」。在這些論述中，他的觀點大體是詩歌與社會生活（包括政治）並重，詩歌不能撇開生活現實，而生活、政治也應該尊重詩歌的特質，不要有所僭越。也就是說，「詩歌現代化」這份『『詩歌獨立』宣言不是帶領我們從此走進了『文本』的封閉，恰恰相反，他最終是讓詩歌走進了更廣闊的歷史過程，讓關懷新詩命運的我們同時關懷著天下蒼生和文學的運行」〔註13〕。杜運燮也曾回憶說：「詩與現實的關係，對我們那個時代的學生，從開始寫詩就不曾成其為問題。我們的心與正在救亡圖存的全國人民的心一起跳動。那種時代深化了我們的憂患意識和參與意識。我們都有緊緊擁抱現實、正視現實、表現現實的責任感與歷史感。」〔註14〕

在更為具體的方面，袁可嘉還論述了《詩與民主》、《「人的文學」與「人民的文學」》這樣充滿時代感的話題，與朱自清論述詩歌與「抗戰」、「建國」一脈相承。「民主」的呼聲在抗戰中越來越高，比如在中國共產黨的口號中「民主」的地位與「抗戰」是一樣的重要。在《詩與民主》中，袁可嘉把民主不理解為一種外在的政治制度，而是理解為一種「一種文化模式或內在的

〔註12〕 袁可嘉：《新詩現代化——新傳統的追求》，《論新詩現代化》，北京：三聯書店，1988年，第4～5頁。

〔註13〕 李怡：《「新詩現代化」及其中國意義——重溫袁可嘉的「新詩現代化」思想》，《文學評論》，2011年第5期，第123頁。

〔註14〕 參見杜運燮《在外國詩影響下學寫詩》一文，《世界文學》1989年第6期。

一種意識狀態」：

> 民主文化特質可以籠統地被描寫為「從不同中求得和諧」。民
> 主文化的重點一方面落在「不同」上，它允許並鼓勵構成文化的不
> 同因素（如教育，文學，社會倫理，政治經濟等等），及構成社會的
> 不同職業，不同志趣的人們去充分發展，在相互配合中完成它們作
> 為部分的個體價值；一方面又落在「和諧」上，使各個部分的努力
> 不僅不彼此抵銷，而且能相互增益，而蔚為燦爛的理想文化。這裡
> 的不同性與和諧性顯然同樣值得我們注意；僅有不同而缺乏協調只
> 足以造成無政府的混亂狀態，於屬於精神生活的文化與屬於社會生
> 活的民主都只有害無利；但如果根本就沒有殊異存在，而是一個清
> 一式的某因素（如政治）或某階層的獨裁局面，和諧自更無從談起，
> 所得到的顯然不是「協調」而是「單調」，這樣的文化形態（或意識
> 形態）也只是變相的極權而非民主。實際上，我們不妨這樣替民主
> 文化中的不同性與和諧性規定它們的關係：「不同」是民主文化必需
> 的起點，「和諧」是民主文化理想的完成，無前者絕無後者，僅有前
> 者也沒有多少用處。〔註15〕

按照袁可嘉的邏輯，如果把民主緊緊看作是一種政治制度，詩歌要促進民主
的發展就很容易流為政治的工具，而如果民主是一種文化模式或內在的意識
狀態（這的確是更深層、更本質的理解），那麼詩歌就會獲得一種較為廣闊的
存在空間，因為這種「民主」的內涵將：

> 必然強調文化諸部門的（獨立的然而互相配合）充分發展，而
> 不以政治的改革為滿足；它必然重視各階層，各個體的自我完成，
> 而不以某一階級（不問它包含多少人們或具有幾分代表性）的利益
> 為唯一的至上的前提，它決不以政治抹煞教育，經濟抹煞倫理，「群
> 眾」代替個人，「工具」代替生命。〔註16〕

於是，詩歌將獲得很大的獨立性和對其自身特性的尊重。這樣，詩歌也能夠
從自己獨特的角度反過來促進這種民主文化的發展。具體地說，在題材上，
詩歌民主化可以使作者有擁抱全面人生經驗的良機（民主的特質是包含的而

〔註15〕袁可嘉：《詩與民主》，《論新詩現代化》，北京：三聯書店，1988 年，第 83
　　　　頁。
〔註16〕袁可嘉：《詩與民主》，《論新詩現代化》，北京：三聯書店，1988 年，第 83～
　　　　84 頁。

非排斥的）；在詩歌語言上，民主化體現為人民化，而口語的最富有變化和彈性（民主的特質是戲劇的而非抒情的）的特點，也就最適宜於表現最大量的心神活動（民主文化的最後定義）。袁可嘉認為這樣的內在的現實主義看法比外在的現實主義見解至少有二個優點：消極地，它可以避免上述損害詩與民主的二種流弊；積極地，它包含了後者的真理而把它擴大加深。〔註17〕

從中不難看出，袁可嘉的這種理解既維護了詩歌自身的獨立性及注重「個體」、「生命」的特性，又找到了一條橋梁把詩歌納入到建設民主文化的軌道中來。由於「民主」是「抗戰建國」總任務中的重要部分，所以，詩歌也就在「抗戰建國」中能夠貢獻自己的一份力量。而事實上，西南聯大文學正是在這種既堅守「文學」本位，又聯繫現實，以此促進於「抗戰建國」的嘗試，並且，由於「抗戰建國」包括著從低到高的多種層次，它的嘗試在文學中大體上表現為較為精英的層面。〔註18〕

抗戰中「人民」地位的凸顯是一個重要事實，再來看看袁可嘉怎樣總結西南聯大文學與「人民」的關係。他用「人的文學」與「人民的文學」相對應來闡釋，在他看來前者更為本質，後者是特殊階段的某種具體表現。他首先給出了「人的文學」的基本精神，即「就文學與人生的關係或功用說，它堅持人本位或生命本位；就文學作為一種藝術活動而與其他的活動形式對照著說，它堅持文學本位或藝術本位」。〔註19〕並把「人的文學」與「為藝術而藝術」進行了區分：「人的文學」堅持著生命本位和藝術本位的意識，既肯定了文學的藝術性，又肯定了文學對於人生的積極性、功用性；而「為藝術而藝術」的理論，主要是基根於對文學外部功用的全部否定。〔註20〕所以，二者之間實際上是「天南地北的」。

至於「人民的文學」，其涵義在於「文學，特別是現階段的文學必須屬於人民，為人民的利益而寫作」，但由於「此時此地的人民是指被壓迫，被統治的人民」，所以「人民的文學」就有了階級性。而與階級性密切相關的就常常有了政治地位的凸顯，與政治對文學的僭越，即「文學是，而且必須是政治

〔註17〕參見袁可嘉：《詩與民主》，《論新詩現代化》，北京：三聯書店，1988年，第86頁。
〔註18〕這一點後面有更具體的分析。
〔註19〕袁可嘉：《「人的文學」與「人民的文學」》，《論新詩現代化》，北京：三聯書店，1988年，第125頁。
〔註20〕袁可嘉：《「人的文學」與「人民的文學」》，《論新詩現代化》，北京：三聯書店，1988年，第127頁。

鬥爭的工具；必須使它服從政治的領導而引致行動；它必須盡宣傳的功用；它必須是戰鬥的」。總結起來，也有兩個本位：「就文學與人生的關係說，它堅持人民本位或階級本位；就文學作為一種藝術活動而與其他活動（特別是政治活動）相對照說，它堅持工具本位或宣傳本位（鬥爭本位）」。〔註 21〕在對「人民的文學」與「人的文學」關係的總體定位上，他認為：

> 「人民的文學」必須更進一步地瞭解它只是從荷馬以來的「人的文學」中一個階段；作為一個支流，「人民的文學」正如浪漫文學，古典文學，象徵文學，現代文學終必在「人的文學」的傳統裏熔化消解，得到歸宿；終必在部分與全體的關係中嵌穩本身的地位，找出本身的意義。……我必須重複陳述一個根本的中心觀念：即在服役於人民的原則下我們必須堅持人的立場、生命的立場；在不歧視政治的作用下我們必須堅持文學的立場，藝術的立場。〔註 22〕

這樣，袁可嘉的「人的文學」的立場，既可以堅守文學自身的藝術本位、生命本位，又成就了它對社會、對人民、對政治、對民主的義務，成就了它與社會現實的緊密聯繫，成就了它與戰時的「抗戰建國」之間的服務關係。正如袁可嘉在《九葉集》的「序」中所描述的那樣：

> 他們認為詩是現實生活的反映；但這個現實生活既包括政治和社會生活中的重大題材，也包括生活在具體現實中人們的思想感情的大小波瀾，範圍是極為廣闊的，內容是極為豐富的；詩人不能滿足於表面現象的描繪，而更要寫出時代的精神和本質來，同時又要力求個人情感和人民情感的溝通。〔註23〕

抗戰時期大後方的西南聯大詩人創作總體上就體現了這樣的特點。並且正是在這種特點上不但彰顯了與 20、30 年代現代派詩歌的不同，也是對中國新詩發展中兩種不同傾向的反駁。早期的新詩，無論是寫實的白話詩還是浪漫的自由詩，「都像是一個玻璃球，晶瑩透徹得太厲害了，沒有一點兒朦朧，因此也似乎缺少了一種餘香與回味」〔註24〕，而抗戰時期較為「工具化」、「大

〔註21〕參見袁可嘉：《「人的文學」與「人民的文學」》，《論新詩現代化》，北京：三聯書店，1988 年，第 127～128 頁。
〔註22〕袁可嘉：《「人的文學」與「人民的文學」》，《論新詩現代化》，北京：三聯書店，1988 年，第 132～134 頁。
〔註23〕袁可嘉：《九葉集·序》，南京：江蘇人民出版社，1981 年，第 4 頁。
〔註24〕周作人：《揚鞭集·序》，《周作人散文全集 4》，桂林：廣西師範大學出版社，

眾化」的詩歌從「精英」的角度看，當然更是這樣。這是一種太直白、淺露、「詩味」不足的傾向。而其後的象徵派、現代派等詩歌，則走上另一個極端。如象徵派詩歌「不注重形式而注重詞的色彩與聲音」，「充分發揮詞的暗示的力量：一面創造新鮮的隱喻，一面參用文言的虛字，使讀者不致滑過一個詞去。他們是在向精細的方向發展」〔註25〕，這的確給新詩帶來了嶄新的藝術形式和「詩味」，但也同時距離中國的社會和時代愈來愈遠。無論是李金髮的晦澀怪異還是梁宗岱提倡的「純詩」，都使得「詩人無視中國社會現實的變遷，陶醉於自我的小圈子，懶散、傷感乃至於虛無的情緒彌漫於詩中」，完全「拒絕詩的戰鬥功能乃至社會功能」，「迴避了東北事變、水災大旱和其他社會震蕩，陶醉於以小我為中心、以感傷為半徑的小天地」〔註26〕。當然這裡面也可能有時代的原因，那就是 20、30 年代的象徵派和現代派，儘管「所走的道路不同」，但都是「根植於同一個緣由——普遍的幻滅」〔註27〕。這是詩歌日益「咀嚼著身邊的小小悲歡」並以這「小悲歡為全世界」的，脫離生活、隔離現實的傾向。

而西南聯大有濃厚現代主義色彩的寫作，在對前面兩種傾向的反駁上面，「一方面盡量避免對現實作機械狹隘的描摹，另一方面力戒主觀濫情的直露渲泄，努力把詩歌建構在外在世界和內心世界的重疊上」〔註28〕；相對於在藝術上他們有大量借鑒的西方現代派而言「他們注意反映現實，沒有頹廢傾向、唯美主義、自我中心主義和虛無主義；與中國的新月、現代派相比，他們不局限於個人小天地，力求開拓視野，反映現實，接近人民情緒」〔註29〕；他們「抒寫自我，卻是將自我置於時代的風雲際會，個人的悲哀、痛苦與思索大都與現實扭結在一起；大都在個體之思上體現著群體之思，在對群體的觀照上，體現著個人的精神視域。」〔註30〕

2009 年，第 637 頁。

〔註25〕 朱自清：《詩的形式》，《新詩雜話》，桂林：廣西師大出版社，2004 年，第 73 頁。

〔註26〕 張同道：《中國現代詩與西南聯大詩人群》，《中國社會科學》，1994 年第 6 期，第 163～166 頁。

〔註27〕 參見卞之琳：《戴望舒詩集·序》，四川人民出版社 1983 年版。

〔註28〕 王聖思：《九葉之樹常青·前言》，上海：華東師範大學出版社，1994 年。

〔註29〕 藍棣之：《論四十年代的「現代詩」派》，《中國現代文學研究叢刊》1983 年第 1 期。

〔註30〕 龍泉明：《四十年代「新生代」詩歌綜論》，《中國社會科學》，2000 年第 1 期，

　　在具體的作品上，先來看杜運燮的幾首詩歌。《滇緬公路》（1942 年）
〔註 31〕是一首被人們普遍關注的詩歌，朱自清早在《詩與建國》中就已經
有過評論。眾所周知，滇緬公路在全無現代機械設備的情況下靠人工修築，
其艱難之程度可以想見。一方面滇緬公路對中國抗戰有重要意義，直接關乎
抗戰，另一方面，搭橋築路也可以說是「建國」，它的意義是多方面的。杜
運燮在描寫對象的選擇上，已經關注到了這些當時最重要的「現實」。

　　　　就是他們，冒著飢寒與瘧蚊的襲擊，／（營養不足，半裸體，
　　掙扎在死亡的邊沿）／每天不讓太陽佔先，從匆促搭蓋的／土穴草
　　寨裏出來，揮動起原始的／鍬鎬，不惜僅有的血汗，一釐一分地／
　　為民族爭取平坦，爭取自由的呼吸。

　　　　早啊！好早啊！路上的塵土還沒有／大群地起來追逐，辛勤的
　　農民／因為太疲倦，肌肉還需要鬆弛，／牧羊的小孩正在純潔的忘
　　卻中，／城裏人還在重複他們枯燥的舊夢，／而它，就引著成群各
　　種形狀的影子，／在荒廢多年的森林草叢間飛奔：

詩中有這些現實性的描寫，描寫那些築路的勞工民眾是怎樣在如此惡劣的條
件下，怎樣用原始的工具靠著「辛勤」完成這一壯舉的；但作者在描寫之時，
不滿足於表面化的現象，而是時時注意去挖掘這個事實背後更深層的意義與
價值。它的意義在於「為民族爭取平坦，爭取自由的呼吸」，「新的路給我們
新的希望」，「勝利就在遠方」，「整個民族在等待，需要它的負載」。正如有的
學者評論的那樣，詩歌中關於公路的描寫，有它的真實性，是一條現實中的
公路；詩人還能從中發現公路的美，這種美是勝利之美、希望之美；最後這
又是一條通向民族自由的公路，因為「整個民族在等待，需要它的負載」。詩
中對公路的描寫包含著「現實的路——美的路——象徵自由之路」的多種層
次，所以詩的意義也就不僅僅局限於一條路的修築，而是擁有穿越時空的永
久魅力。〔註 32〕

　　在 1943 年的《草鞋兵》〔註 33〕中，杜運燮用西方的十四行詩的形式來描

　　　　第 163 頁。
〔註 31〕杜運燮：《滇緬公路》，《杜運燮 60 年詩選》，北京：人民文學出版社，2000
　　　　年，第 3～6 頁。
〔註 32〕張同道：《中國現代詩與西南聯大詩人群》，《中國社會科學》，1994 年第 6 期，
　　　　第 162 頁。
〔註 33〕杜運燮：《滇緬公路》，《杜運燮 60 年詩選》，北京：人民文學出版社，2000

寫入緬甸作戰的中國遠征軍。

　　　　你苦難的中國農民，負著已腐爛的古傳統，
　　　　在歷史加速度的腳步下無聲死亡，掙扎：
　　　　多少種權力升起又不見；說不清「道」怎樣變化；
　　　　不同的槍，一樣搶去「生」，都彷彿黑夜的風

　　　　不意地撲來，但仍只好竹杖一般摸索，
　　　　任憑拉伕，綁票，示眾，神批的天災……
　　　　也只好接待冬天般接受。終於美麗的轉彎到來，
　　　　被教會興奮，相信枉梏的日子已經挨過，

　　　　仍然踏著草鞋，走向優勢的武器，
　　　　向走進城市，在後山打狼般打游擊，
　　　　忍耐「長期抗戰」像過個特久的雨季。

　　　　但你們還不會驕傲：一隻巨物蘇醒，
　　　　一串鎖鏈粉碎，詩人能歌唱黎明，
　　　　就靠灰色的你們，田裏來的「草鞋兵」。

這是一首描寫軍隊作戰的詩歌，應該說是緊扣著那個時代、緊扣著現實的。這些入緬的軍隊主要是來自於「苦難的中國農民」，他們身上有「腐爛的古傳統」，在權力的壓榨下「無聲死亡，掙扎」；他們參軍入伍的過程中是充滿了「拉伕，綁票，示眾，神批的天災」，而他們能夠選擇的只有「接待冬天般接受」；他們面對敵軍「優勢的武器」，用「草鞋」、「打狼般」的游擊戰，在「長期抗戰」；然而恰恰正是這些有著思想、心靈上的歷史重負，現實抗戰中的時代重負的「草鞋兵」，是民族、國家真正的希望，是能夠帶來「一串鎖鏈粉碎，詩人能歌唱黎明」的真正力量。詩人在對這些遠征緬甸的「草鞋兵」進行描寫的時候，依然不滿足於直接的、表面化的描述，而是能夠在現實刻畫的基礎上，看到他們身上埋藏著的民族的希望與力量，這就使得詩歌的主題得到進一步的昇華，使詩歌具有更深層蘊藉的內涵。而另一首十四行詩《悼死難的「人質」》〔註34〕，具有同樣的特點：

　　　　年，第12頁。
〔註34〕杜運燮：《滇緬公路》，《杜運燮 60 年詩選》，北京：人民文學出版社，2000

我們都是痛苦的見證者：
又一次人類在被迫扮演
熱鬧的悲劇，又一次萬千
善良的心靈整體被撕裂，

迷落進彷徨；如今更瘋狂，
人性也成為工具，希特勒
因任意拋棄人道而獲得
神權，而大家也懷疑起人權。

而你們只好無聲地死去，
來不及哭泣或詛咒，但一切
是工具的時候，利用工具或成為工具

與等待被使用，是一樣的不幸：
這裡也充滿著生的死亡，
四周沒有聲息，看不見人的「生」！

這首詩歌顯然與當時蔣介石在抗戰大後方實行的獨裁統治、特務統治有關，這也是那個大時代中最嚴酷的主題之一，是民主文化的反面。死難的「人質」，「善良的心靈整體被撕裂」這樣的現象，背後代表的是「拋棄人道」、「人性也成為工具」的實質；面對這些，弱小的民眾只能在「來不及哭泣或詛咒」的時候就已經「無聲的死去」；但面對這種使人「使一切是工具的時候」的壓迫，在民眾那裡獲得了「利用工具或稱為工具」的選擇的權力，其中隱含著反抗；然而在當時的現實情境中，畢竟還是一片「沒有聲息」的幽暗和寂靜。

當然，在西南聯大的作家中最具有代表性的可能還是穆旦。

穆旦雖然 30 年代中期就進入清華大學外文系，抗戰時長期在西南聯大就讀，也是學院中人，但和其他的學院派一樣，歷經了抗戰烽火的洗禮，他在思想認識上及詩歌風格上都有了很大的變化。王佐良在回憶中說，30 年代的清華外文系時期，穆旦寫的是「雪萊式的浪漫派的詩，有著強烈的抒情氣質，但也發泄著對現實的不滿。後來到了昆明，我發現良錚的詩風變了。他是從

長沙步行到昆明的，看到了中國內地的真相，這就比我們另外一些走海道的
同學更有現實感。他的詩裏有了一點泥土氣，語言也硬朗起來」〔註 35〕。而
從北平到長沙再從長沙跋涉到昆明這樣穿越大半個中國，並親眼目睹了祖國
內地、農村、民眾的種種現狀和苦難之後，他在心底所受到的震撼是極爲巨
大的，而且這種震撼不僅改變了他的詩歌也很大程度上決定了他的人生道
路。周與良回憶穆旦在美國芝加哥大學讀書之時，「經常和同學們爭辯，發表
一些熱情洋溢的談話，以至有些中國同學悄悄地問我，他是否共產黨員。我
說他什麼也不是，只是熱愛祖國，熱愛人民，在抗戰時期他親身經歷過、親
眼看到過中國勞苦大眾的艱難生活」〔註 36〕。從這兩則材料我們不難看出，
穆旦和千千萬萬的知識分子一樣，在被戰爭趕出了寧靜的校園和書齋，在流
亡中對當時中國的「軍紳」社會現實有了重新的認識之後，思想上發生的變
化之大。

正如王佐良回憶中提及穆旦早期的詩歌也「發泄著對現實的不滿」，穆旦
的詩作一開始就沒有像此前的後期象徵派、現代派詩歌那樣遠離的社會現
實，或者像「京派」文學中保留那種優越的、超越的趣味與情調，而是聯繫
著現實生活的。在南開中學時，他就寫那在流落街頭的拖著軟軟地而又沉重
的雙腿的流浪人（《流浪人》）；寫一面是穿著粉紅紗裙裝扮的像一隻孔雀的，
「高貴，榮耀，體面砌成了他們的世界」，另一面是爲了讓孩子能吃一頓飽飯
媽媽去做工，「絲缸裏，女人的手泡了一整天」，「生活？簡直把人磨成了爛泥」
的情形（《兩個世界》）；整日像「牛馬般的饑勞與苦辛」，「伴著木頭，鐵釘，
和板斧」過了一生，不勝疲憊時偶而抽一袋旱煙，就也許是「最舒適的一刹
那」的老木匠（《一個老木匠》）。不過，這個時期穆旦對社會中勞動者、不平
現實的認識與描寫，還處於較爲平面的層次上，還沒有達到成熟。而這個成
熟的過程需要他在做人與作詩兩方面的經驗積累與思想積累。

從《哀國難》（1935 年）、《在寒冷的臘月的夜裏》（1941 年）到《讚美》
（1941 年），同樣是關注整個國家與民族的命運，但思想的內涵有一個從淺到
深的明顯的發展。在《哀國難》中，有「眼看祖先們的血汗化成了輕煙，／

〔註35〕 王佐良：《穆旦：由來與歸宿》，杜運燮、袁可嘉、周與良編：《一個民族已
　　　　經起來——懷念詩人、翻譯家穆旦》，南京：江蘇人民出版社，1987 年，第
　　　　1 頁。

〔註36〕 周與良：《懷念良錚》，杜運燮、袁可嘉、周與良編：《一個民族已經起來——
　　　　懷念詩人、翻譯家穆旦》，南京：江蘇人民出版社，1987 年，第 132 頁。

鐵鳥擊碎了故去英雄們的笑臉！／眼看四千年的光輝一旦塌沈，／鐵蹄更翻起了敵人的兇焰；……新的血塗著新的裂紋，／廣博的人群再受一次強暴的瓜分；／一樣的生命一樣的臂膊，／我灑著一腔熱血對鳥默然」〔註37〕，這樣的對國難的描寫，還多是平面性的鋪排，較缺乏內蘊、深沉的情感的厚度與力度。在《在寒冷的臘月的夜裏》，這種對民族的情緒已經厚重起來，如果說《哀國難》在情緒上是悲痛，而《在寒冷的臘月的夜裏》則變成了沉痛。他用北方的平原、田野、盡竭的歲月、憩息的牲口、凍結的小河、凜冽的寒風、泥草的屋頂、兒郎的夜哭、講完的故事、遺留的灰燼、沒有安慰的夢、用舊的鐮刀、鋤頭、牛軛、石磨、大車、承接雪花飄落的土地……織構起了一副中國北方原野冬季裏寒夜的畫面，全詩色調灰暗，看不到光明，似乎這種破敗和衰頹從亙古而來到未來而去，「看起來像是述說一個悲哀的放事，實際卻是億萬農民的祖國的一幅真實得令人戰慄的畫像」〔註38〕。悲哀、沉痛的情緒似乎也表示作者雖然已經深深地體會和瞭解了人民、民族背負的苦難和所處的困境，卻還沒有找到出路、希望的迷惘。但到了《讚美》之中，那種人民身上的負累和苦難依舊深重：荒涼的亞洲土地、說不盡的故事是說不盡的災難、灰色的行列在天際爬行、恥辱裏生活的人民、佝僂的人民、農夫粗糙的身軀、受難的形象、溶進死亡、幽深的谷裏隱著最含蓄的悲哀、在飢餓裏忍耐、黑暗的茅屋、不可知的恐懼、悠久的年代的風、傾圮的屋檐、無盡的呻吟和寒冷、荒蕪的沼澤、多年恥辱的歷史……但是在《讚美》裏，不只有這種超負荷的長久的苦難，也有內蘊的民族力量的顯現，而這種力量就恰恰在這些承受著最多苦難的、看慣了無數朝代的更替、永遠無言的跟在犁後旋轉的農民（人民）身上。正如評論家所言，「對這一切深重的苦難，人民是無言的，從不回頭詛咒。這樣的民族該蘊藏著多麼巨大的力量呵，這樣的民族是不會屈服的，這個民族已經起來。詩人讚揚一個極度忍辱負重的民族的潛在力量，這個力量必將推動這個民族站起來。這首詩是沉重的，深刻的，有力的」〔註39〕。詩歌裏面的兩層含義，形成一種複調的張力：支撐一個民

〔註37〕穆旦：《哀國難》，李方編：《穆旦詩全集》，北京：中國文學出版社，1996年，第19頁。

〔註38〕羅寄一：《詩情常在，餘韻綿綿——紀念詩人穆旦逝世十週年》，杜運燮、袁可嘉、周與良編：《一個民族已經起來——懷念詩人、翻譯家穆旦》，南京：江蘇人民出版社，1987年，第158頁。

〔註39〕藍棣之：論穆旦詩的演變軌跡及其特徵，杜運燮、袁可嘉、周與良編：《一個

族起來的眞正的力量來自這個經歷了最漫長苦難的民族的最底層；然而要眞正讓這個民族起來，其道路的艱辛是難以想像的；然而，有這樣的既堅忍承受、默默無言又能「放下了古代鋤頭」、「溶進大眾的愛」的人民的存在，那麼一個民族已經起來。從《哀國難》到《讚美》，體現了穆旦「置身現世，卻又看到或暗示著永恒。穆旦的魅力在於不脫離塵世，體驗並開掘人生的一切苦厄，但又將此推向永恒的思索。他不停留於短暫」〔註 40〕的特點，前者還達不到永恒的深度，而後者不但看到了苦難的永恒也發現了民族生命力的永恒。

以上的分析不難看出，穆旦的詩歌雖然在藝術上實踐了許多西方現代詩的表現方式，但他的詩「主要地不是西方某些詩人那種宇宙精神或宇宙觀，他的思想並不狹隘，但他逃不出實際生活的牢籠。他的詩主要地不是對生命現象作心理的和哲學的思考，而是對社會現實進行心理的和哲學的思考」〔註 41〕。也就是說，穆旦對西方現代詩歌的接受，沒有沾染那種西方現代派詩歌中蘊含著的現代人世界觀、宇宙觀中的空虛、幻滅、迷惘，而是吸收西方現代派詩歌中的知性、理性的思辨方式去思考中國社會面臨的現實問題。

這種對現實的關注無處不在，《控訴》〔註 42〕中，

> 而有些走在無家的土地上，／跋涉著經驗，失迷的靈魂／更不能安於一個角度／的溫暖，懷鄉的痛楚枉然；

> 有些關起了心裏的門窗，／逆著風，走上失敗的路程，／雖然他們忠實在任何情況，／春天的花朵，落在時間的後面。

> 因為我們的背景是千萬人民，／悲慘，熱烈，或者愚昧的，／他們和恐懼並肩而戰爭，／自私的，是被保衛的那些個城：

> 我們看見無數的耗子，人——／避開了，計謀著，走出來，／支配了勇敢的，或者捐助／財產獲得了榮名，社會的梁木。

民族已經起來——懷念詩人、翻譯家穆旦》，南京：江蘇人民出版社，1987 年，第 66 頁。

〔註 40〕王佐良：《談穆旦的詩》，《豐富和豐富的痛苦——穆旦逝世 20 週年紀念文集》，北京：北京師範大學出版社，1997 年，第 12 頁。

〔註 41〕藍棣之：論穆旦詩的演變軌迹及其特徵，杜運燮、袁可嘉、周與良編：《一個民族已經起來——懷念詩人、翻譯家穆旦》，南京：江蘇人民出版社，1987 年，第 69 頁。

〔註 42〕穆旦：《哀國難》，李方編：《穆旦詩全集》，北京：中國文學出版社，1996 年，第 130～131 頁。

　　我們看見，這樣現實的態度／強過你任何的理想，只有它／不

毀於戰爭。服從，喝彩，受苦，／是哭泣的良心唯一的責任——
作者看到了現實中，那些無家的土地、失迷的靈魂，看到了千萬的人民及人
民的悲慘、熱烈、愚昧；看到了無數的耗子在計謀中「支配了勇敢的」，成為
社會的梁木「獲得了榮名」；也看到了這種耗子式的現實的態度是任何戰爭不
能夠毀滅的，「強過你任何的理想」。詩中既包含著人民所遭受的災難的真實，
也有對這種黑暗現象的深度反思，當達到「這樣現實的態度／強過你任何的
理想，只有它／不毀於戰爭」的程度時，作者就從社會現實上昇到了人性思
考的高度。所以，作者的控訴不是對社會不合理現象的簡單控訴，而同時蘊
含著理性的人性思索的維度。所以穆旦的詩歌不是要給出一個簡單的答案，
而是要呈現理性思緒在詩歌中思辨的豐富過程、矛盾與痛苦。
　　還有大後方社會裏最典型的《通貨膨脹》〔註43〕，

　　　　我們的敵人已不再可怕，
　　　　他們的殘酷我們看得清，
　　　　我們以充血的心沉著地等待，
　　　　你的淫賤卻把它弄昏。

　　　　長期的誘惑：意志已混亂，
　　　　你藉此傾覆了社會的公平，
　　　　凡是敵人的敵人你一一謀害，
　　　　你的私生子卻得到太容易的成功。

　　　　無主的命案，未曾提防的
　　　　叛變，最遠的鄉村都捲進，
　　　　我們的英雄還擊而不見對手，
　　　　他們受辱而死：卻由於你的陰影。

　　　　在你的光彩下，正義只顯得可憐，
　　　　你是一面蛛網，居中的只有蛆蟲，

〔註43〕穆旦：《通貨膨脹》，李方編：《穆旦詩全集》，北京：中國文學出版社，1996
　　　年，第 207 頁。

　　　　　如果我們要活，他們必須死去，

　　　　　天氣晴朗，你的統治先得肅清！

同樣，在詩中作者不是表面地描述通貨膨脹如何給人民的生活帶來如何的痛苦，也不僅展現其中的種種不公與怪誕——正義成了可憐、統治者是蛆蟲，而是描寫在通貨膨脹之下被損害的「人心」——「意志已混亂」，於是在通貨膨脹中崩潰的不僅僅有人民的生活、國家的經濟金融，還有人心中的道德標尺、價值準則，這就更加深刻地揭示了當時人民與統治者之間的你死我活的關係。穆旦詩歌中呈現的這些特點，或許可以用唐祈的話做一些總結，也許這樣的總結不僅僅適用於穆旦一人：

　　　　穆旦青年時代生活在抗戰時期的國統區。獨裁統治下的黑暗腐敗的現實，使他對知識分子的危難處境，有著深切的感受。戰亂、災難、未知的疑慮，險惡的社會環境，很有些像存在主義者經歷世界大戰後描畫出的人類「極端情境」，也有艾略特筆下渲染的霧一樣晦暗的灰色。這類知識分子的心態，當時生活過來的人都會有尖銳的體認，這成了穆旦詩中表現的題材。當他看見民族蒙難，人們瀕臨精神崩潰，將要迷失自我，他越發從更高層次上認識內在生命和外部事物，尋求如何才能使人們的思想認識和精神內涵獲得一個新的充滿希望的境界。〔註44〕

　　再來看馮至的《十四行集》。表面上看無論從形式上（十四行詩）還是內容上，該詩集中的詩作似乎都是一種純粹的、現代的詩，與「抗戰」、「建國」都沒有太大的瓜葛，而實際上這其中仍有非常緊密的聯繫，只是這種聯繫是內在的、間接的、隱性的而已。如果說對於西南聯大的學院派詩人而言，卞之琳的《慰勞信集》是詩人直接觸摸現實、描摹現實的一個代表的話，馮至的《十四行集》則是另一種與現實的關係曲折化、內在化的代表，或許可以說是走到了這方面的極致。來看這個詩集的第一首：

　　《我們準備著》〔註45〕

　　　我們準備著深深地領受

　　　那些意想不到的奇迹，

〔註44〕唐祈：《現代傑出的詩人穆旦——紀念詩人逝世十週年》，《一個民族已經起來——懷念詩人、翻譯家穆旦》，南京：江蘇人民出版社，1987年，第58頁。
〔註45〕馮至：《十四行集》，北京：解放軍文藝出版社，2000年，第1頁。

在漫長的歲月裏忽然有
彗星的出現，狂風乍起。

我們的生命在這一瞬間，
彷彿在第一次的擁抱裏
過去的悲歡忽然在眼前
凝結成屹然不動的形體。

我們讚頌那些小昆蟲，
它們經過了一次交媾
或是抵禦了一次危險，

便結束它們美妙的一生。
我們整個的生命在承受
狂風乍起，彗星的出現。

這首詩給人最深刻的印象，是詩人對生命的敏感，這種關於生命的幽思是《十四行集》中的一個重要主題，它在第二首《什麼能從我們身上脫落》、第四首《鼠曲草》、第六首《原野的哭聲》、第十六首《我們站在高高的山巔》、第二十一首《我們聽著狂風裏的暴雨》等中間也都有不同程度的體現。這種對於生命的敏銳思考，符合袁可嘉所總結的「人的文學」的生命本位意識，但這些是否和那個時代有所關聯呢？關於這一點，或許從馮至自己的兩段話中，我們能夠發現一些端倪：

> 1941 年，我住在昆明附近的一座山裏，每星期要進城兩次，十五里的路程，走去走回，是很好的散步。一人在山徑上、田埂間，總不免要看，要想，看的好像比往日格外多，想的也比往日想的格外豐富。……在一個冬天的下午，望著幾架銀灰色的飛機在藍得像結晶體一般的天空裏飛翔，想到古人的鵬鳥夢，我就隨著腳步的節奏，信口說出一首有韻的詩，回家寫在紙上，正好是一首變體的十四行。〔註46〕

〔註46〕馮至：《十四行集·序》，《山水斜陽》，哈爾濱：黑龍江人民出版社，1999 年，第 167 頁。

> 昆明附近的山水是那樣樸素、坦白，少有歷史的負擔和人工的
> 點綴，它們沒有修飾，無處不呈露出它們本來的面目。這時我認識
> 了自然，自然也教育了我。在抗戰最苦悶的歲月裏，多賴那樸質的
> 原野給我無限的食糧，當社會裏一般的現象一天天趨向腐爛時，任
> 何一棵田埂上的小草，任何一棵山上的樹木都曾給我啟示。在寂寞
> 中，在無人可以告語的境況裏，它們始終維繫著我向上的心情，它
> 們在我生命裏發生了比任何名言懿行都重大的作用。我在那裡領略
> 了什麼是生長，明白了什麼是忍耐。〔註47〕

從這兩段話中，我們不難看出馮至在創作《十四行集》時所處的現實情境。
一方面是天上有「銀灰色的飛機」，也許就是日軍轟炸昆明的飛機，而馮至之
所以選擇山居也大多出於這方面的原因，即使這「銀灰色的飛機」不是敵機
也很容易讓人聯想到祖國土地上面臨著的敵機轟炸。也就是說在詩人的心
裏，清清楚楚地知道整個國家的戰爭狀態，處在生死的危急關頭，整個大後
方到處是血肉橫飛、妻離子散、國破家亡……而另一方面，作者的山居，真
真切切地投入大自然的懷抱，與大自然的山山水水相依相伴。和那種文人雅
士在遊山玩水中建立起來的與山水的關係不同，在這裡的山水成了真切的家
園，成了接納遠方游子的港灣，他們之間的關係是生活中的分分秒秒、息息
相關。這才形成了作者能夠從這些自然山水中重新「認識自然」，並得到「教
育」的先決條件。所以，儘管中國現代文學中也有許多描寫自然山水的名篇
佳作，但在對大自然一草一木中流淌著的「生命」的體悟上，似乎沒有馮至
在他的《十四行詩》及散文《一顆老樹》、《一個消逝了的山村》中對山水、
自然中蘊含著的細微生命的敏感體驗。也就是說馮至之所以能寫出對「生
命」、自然有如此感悟的作品，是離不開他所處的特殊情境，這種情境是兩種
極端狀況的結合：一面是最殘酷的戰火，對生命有最嚴峻的威脅；一面是最
寧靜的山村田園，是自然生命存留的最后土壤。一個是極端的扼殺生命，一
個是極端的孕育生命；一個是極端的動，一個是極端的靜。唯有在生命受到
嚴重威脅的時候，才能深刻感受到生命的弱小與可貴，也唯有在真正靜謐和
諧的大自然的懷抱中，才能發現一草一木、一山一水中生命的不息、生命的
消逝給人們帶來的體悟。所以，也可以說馮至對生命的這種把握也是得益於

〔註47〕馮至：《山水・後記》，《山水斜陽》，哈爾濱：黑龍江人民出版社，1999年，
第165～166頁。

這兩種極端相結合而構成的一種極端情境。這樣，我們就從一個個體的心靈感悟的角度發現了他的創作與社會現實、時代生活的關聯。在第二十四首《這裡幾千年前》中，作者對自然生命、個體生命的感悟還提升到對民族命運的關注上，從「這裡（國家）」「幾千年前」的情景回想起，雖然借助的也還是「綠草」、「青松」、「歌聲」、「飛蟲」，但正是這些亙古不變的具有永恆意味的意象，昭示了民族生生不息傳承至今的偉大的內在力量，並在結尾用「飛蟲」「時時都是新生」的「飛翔」，表達了對民族延續、「新生」的希望。

　　還有一點不得不提及，那就是西南聯大所處的雲南的特殊環境也與這些創作有密切的關係。一方面，雲南在地理上作為最偏遠的大後方，有可能提供一個受戰爭的直接威脅更少的環境（與廣西、四川相比）。另一方面，龍雲治下的雲南，拒斥來自國共雙方的意識形態滲透和權力滲透，並為了建立政治優勢主動靠近聯大的民主勢力，常常庇護聯大的師生與活動。如何兆武在《上學記》中就回憶聯大的「三青團」之所以勢力、影響都較為弱小，與龍雲如何放任聯大的各種民主活動、文藝活動有直接關係。〔註48〕所以，放眼當時的大後方，在文藝承受政治（包括現實權力與意識形態兩面）的外在干擾方面，很少有像雲南、昆明這樣，唯其如此才成就了西南聯大的學術自由、民主堡壘的稱號。而山居的馮至所處的環境簡直可以說是政治勢力與意識形態雙重的「真空地帶」了。正是這種思想上、意識形態上的「真空」，生活上與自然山水的親密相伴，以及國家的受難、嚴酷戰爭對生命的摧殘等種種因素的綜合，促成了馮至的這些創作。這樣的極端情景在中國現代史上是空前絕後的，而他的這些作品也同樣空前絕後。其實，雲南的這個特殊的「軍紳」社會（與其他的大後方有差別）的環境，某種程度上，也同樣是整個西南聯大作家群的共同境遇，他們的創作和這個社會環境都有不同程度的關係。

　　《十四行集》中還有其他類型的作品，人物系列中有《給一個戰士》、《蔡元培》、《魯迅》、《杜甫》、《歌德》、《畫家梵高》等，讚頌的都是古今中外人類的「脊梁」型的人物。令人驚奇的是與蔡元培、魯迅、杜甫、歌德、梵高這樣的偉人並列（詩集中的排序還在最前面）的是「一個戰士」，多少有點「數風流人物，還看今朝」的感覺，其時代性是不言自明的：

　　　　《給一個戰士》〔註49〕

〔註48〕何兆武口述，文倩撰寫：《上學記》，北京：三聯書店，2006 年，第 194 頁。
〔註49〕馮至：《十四行集》，北京：解放軍文藝出版社，2000 年，第 9 頁。

你長年在生死的邊緣生長，
一旦你回到這墮落的城中，
聽著這市上的愚蠢的歌唱，
你會像是一個古代的英雄

在千百年後他忽然回來，
從些變質的墮落的子孫
尋不出一些盛年的姿態，
他會出乎意料，感到眩昏。

你在戰場上，像不朽的英雄
在另一個世界永向蒼穹，
歸終成為一隻斷線的紙鳶：

但是這個命運你不要埋怨，
你超越了他們，他們已不能
維繫住你的向上，你的曠遠。

整首詩給人以《尤利西斯》的感覺，用戰士這個「長年在聲息邊緣生長」的古代的「不朽的英雄」，對照現在「這墮落的城中」、「這市上的愚蠢」、「變質的墮落的子孫」，用前者的英武「向上」、「曠遠」更反襯現在人們的變質、腐朽與「墮落」。這裡面顯然有對當時大後方黑暗現實、人們普遍的瘋狂行徑的針砭。即便是馮至充滿象徵意味的詩化小說《伍子胥》，在藝術上借用了很多現代的手法，但這個歷史故事中透露出的堅定執著地「抗爭」、「復仇」的主題，在抗戰時期還是充滿了現實意味的。

但是馮至詩歌中的現實與穆旦、杜運燮這些「新生代」詩歌中的現實是有一定的差別。大體上說，馮至的詩歌更帶有形而上的色彩或追求，往往飄離到與現實較遠的地方展開宇宙的、本體性的深思，許多詩歌中也確實難以察覺它與社會現實的關係；而「新生代」詩歌中的現實意味是較濃厚的，只是作者不滿足於現象層面的現實，往往在詩歌中展開思緒以追求更深的意義，但這種追求大多著眼於現象背後的本質而不以思索宇宙、本體為目的。

總體來說，西南聯大的詩歌創作並沒有脫離抗戰時期中國的社會現實，

仍然是紮根於時代現實之中的。也正是這樣，它在西方的現代藝術技巧、形式與中國社會生活之間找到了一條可以溝通的橋梁，在許多方面完成了對此前白話新詩的超越，爲中國新詩的發展開闢了另一條路徑和可能。而在戰時的大後方與西南聯大文學相併肩的還有「七月派」的創作實踐，或許在二者的對比中我們能夠更好地瞭解它們。

第二節　現實主義的新拓展：「七月派」

民國以來由於近代新式教育制度的不斷實施，西學東漸的擴展，以及民國政府體制改革的不成功，造成了新式知識分子愈來愈城市化的局面，而民國「軍紳」社會中城鄉之間的漸趨二元分離的局面，造成了知識分子（尤其是中上層）常常僅僅接觸、瞭解城鎮的社會現實，而逐漸遠離廣大內地、農村的社會現實。由於當時中國現代化的程度相當低且分佈很不平衡，所以東南沿海城市中有限的現代化不能成爲中國社會的主體，在中國現代化道路上面臨的最大障礙就是廣大農村的落後、沉滯、衰敗與惡化，農村與城市之間的差別不是量的不同而是質的不同（在物質、精神兩方面都是）。文學就其本性總是或直接、或間接地反映社會現實的，但抗戰之前多數的知名作家乃至文藝青年，不但大都接受新式教育，而且長期生活、工作在城市，這就造成了一個困難，那就是即便是從主觀上想要熱烈地擁抱現實的文人作家，也由於生活上與廣大農村社會的遠離而失去全面表現社會現實（農村的現實是主體）的先決條件。

於是，學院派在高牆內靠著現代學院體制的庇護享受優越的生活，拒斥政治、商業對文學的干預，雖然也有其合理性，但其作品與日益苦難深重的社會現實（有其是基層農村）有較大距離，這也許主要就因爲學院派文人在生活上與絕大多數民眾拉開了距離；從「新月派」到「現代派」的文人們，也較多的醉心於西方的現代藝術，雖然在藝術實踐上爲中國現代文學的豐富發展積累了一些經驗，但其創作在內容上迴避社會中的重要事件、重大現實，越來越局限於狹窄的空間之內。「海派」成員與基層社會（主要是鄉村）也相當隔膜，藝術上他們嘗試了許多較爲新潮的西方文學技巧，有一定的成績，但作品題材有限、內容狹小，不能眞正反映整個中國社會。前述幾種文學的成員基本上都屬於社會的中上階層，而從「革命文學」到「左翼」的一派與

前面相比，社會地位上相對較低，距離民眾似乎稍近，但實際上仍舊是長期漂泊在大都市中，並沒有真正深入鄉村基層，瞭解這個廣大的社會現實，所以創作上難以避免概念化、公式化的弊病，缺乏與社會現實的血肉聯繫。文學上這種局面的形成，有著深刻的民國「軍紳」社會的特殊根源，而想要在文學上有所改變，就得使作為文學創作主體的作家們的生活發生變化，使他們不僅瞭解城市也要接觸農村，不僅感受西方現代文明也要認識廣大中國社會的文明形態，不僅熟悉社會的上層人物也要實地接觸眾多的下層民眾，只有這樣，他們才有條件認識和描寫更全面的中國社會，才能真實地反映最重要的社會現實。抗戰就促成了這樣的變動，並且是根本性的變動。

「七月派」就是隨著抗戰、隨著這種文壇的根本性變動過程而崛起的一個文學流派。在開始創作的時候，年齡上大都是 20 多歲的青年；在成員構成上，他們大多「掙扎於底層生存界面上」，屬於社會的中下層；知識背景上，也大多沒有受過正規的高等教育（與西南聯大的學院身份有別），是知識者的中下層。正如研究者指出的，

> 戰爭著的中國社會又擠壓出了一批來自底層的平民青年，他們當中的許多人還沒有機會接受完整的學院化教育，暫時無緣享受胡適、周作人、林語堂、朱自清、冰心、徐志摩、梁實秋式的相對安定的文人生活，甚至也沒有機會發出像蔣光慈、蒲風那樣的轟轟烈烈的革命文學的吶喊，因為他們的革命之聲已淹沒在了全民族的抗戰合唱之中，在最底層的生存界面上艱難喘息。〔註50〕

這樣的創作群及流派的出現在此前的中國新文學史上是沒有過的。他們有許多自身的先天優勢，那就是：一方面他們也都是新式教育培養出來的知識者，具備一定的知識面和相當的思維能力、理解水平，這在某些成員那裡還表現得較為突出，且隨著他們不斷地堅持學習，各方面的能力也都持續提升；而另一方面，由於出身較低，他們大多沒有走高等教育這樣的「正規」路子，天然的與中國的下層社會、基層民眾相對接近，對他們的生活和現狀相對瞭解。所以，體現在文學上，為他們創作反映現實的文學作品提供了有利條件，事實上由此也形成了他們直面現實、擁抱現實、突入現實的現實主義創作風格。

由於「七月派」是以胡風為核心，且他們在創作上大都接受胡風的文藝

〔註50〕李怡：《七月派作家評傳》，重慶：重慶出版社，2000 年，第 3 頁。

思想爲指導，所以我們就從分析胡風的文藝思想開始考察「七月派」創作的出發點。

要分析胡風的文藝思想，一個較好的辦法是從當時中國的社會現實入手，具體得說就是「抗戰建國」。胡風對於中國社會「抗戰建國」的歷史任務有著清晰的自覺，而他的文藝思想總體上也服從於「抗戰建國」。

早在抗戰之初的 1937 年，《七月》創刊的時候，胡風已經意識到這個問題，他在發刊詞中指出，「如果這個戰爭不能不深刻地向前發展，如果這個戰爭的最後勝利不能不從抖去阻害民族活力的死的渣滓，啓發蘊藏在民眾裏面的偉大力量而得到，那麼，這個戰爭就不能是一個簡單的軍事行動，它對於意識戰線所提出的任務也是不小的」〔註 51〕。也就是說，胡風對抗戰的認識並不是單純的抗戰這麼簡單，而是想要在取得戰爭勝利的同時，也要取得「抖去阻害民族活力的死的渣滓，啓發蘊藏在民眾裏面的偉大力量」方面的勝利。所以，單純的軍事行動只能贏得戰爭，而要達到後一個目的（實際上就是「建國」），就需要文化戰線、意識戰線上的鬥爭，當然，文藝是其中一個重要的組成部分。

到 1938 年的時候，胡風在《要普及也要提高》中，就明確論述了兩者之間的關係：

> 我們把「抗戰」和「建國」連在一起，那就是說明了中國底民
> 族戰爭不能夠只是用武器把「鬼子」趕走了事，而是需要一面抵抗
> 強敵，一面改造自己。必須通過這個改造才能取得最後的勝利。和
> 最後的勝利同來的將是民主政治底實現，國民經濟底發展，以及國
> 民文化底繁昌，至少也是築成了堅實的基礎。〔註 52〕

很明顯，胡風對抗戰的期望不止於「抗戰」，還在於建國，而且他還把抗戰當成是促進建國的一個很好的機遇；在「抗戰」與「建國」中，前者是較爲基礎的目標，後者是更高的、更終極的目標；而胡風給建國設定的民主政治的實現、國民經濟的發展、國民文化的昌盛等目標，實際上就是「現代化」。胡風從事的文學活動就包含在這個「國民文化」裏面，他把文學看成是文化中

〔註51〕 胡風：《願和讀者一同成長》，《胡風全集》第 2 卷，武漢：湖北人民出版社，1999 年，第 498~499 頁。

〔註52〕 胡風：《要普及也要提高》，蔡儀主編：《抗日戰爭時期大後方文學書系・第二編・理論論爭第一集》，重慶：重慶出版社，1989 年，第 45 頁。

一個重要的部分，並且試圖通過文學來推動民族的「抗戰建國」。

在 1940 年的《民族戰爭與我們》中，胡風再一次從另一個角度論述了這個問題，「戰爭不但是爲祖國底解放的鬥爭，同時也是爲祖國底進步的鬥爭，不，應該說，正因爲戰爭是不經過艱苦的長期的過程就不能達到的爲祖國底解放的鬥爭。那麼，這一個對外抗戰的過程實際上就是一個內部發展過程」〔註53〕。在這裡，解放對應著抗戰，進步對應著建國（現代化）。不過，這句話中又增加了新的內容，那就是在實現「抗戰建國」的方式上，既有對外的抗戰過程，也有對內的發展過程。

回顧以上胡風關於「抗戰建國」的認識，是因爲「抗戰建國」體現著中國近代以來社會轉型的總任務，對這個問題的認識將很大程度上決定其他的方方面面。胡風文藝思想的一個核心問題是如何看待、評價並接續「五四」新文學傳統。「五四」的新文學其實面臨的也是「建國」（現代化）的問題，前者即是對後者的回答。胡風之所以在抗戰時期要繼承「五四」傳統，根本原因是胡風在面對「建國」（現代化）問題之時，與「五四」新文學有著相似的回答。而在具體的方面，可以體現在「文藝與社會生活現實」這一總問題上，其他的方面都是從這裡做出的延伸。

關於文藝與現實生活、文藝在生活中的位置、作家與生活的關係問題，「七月派」的立場是比較特殊的。這方面較有代表性的一篇文章是《關於人與詩‧關於第二義的詩人》，該文是胡風致詩人王晨牧的一封信。他在信中有這樣一段話：

> 一個爲人類底自由幸福的戰鬥者，一個爲億萬生靈底災難的苦行者，一個善良的心靈底所有者，即令他自己沒有寫過一行字，我們也能夠毫不躊躇地稱他爲詩人。有人說，魯迅的一生就是一首詩，我們決不能用修辭學上的一種什麼法來解釋這句話的意義。我以爲，在眞實含義上的聖者，在眞實含義上的戰士，即使是在眞實含義上的詩人也應該爲之低頭的。

> 世上最強之物莫過於人生，這並不是看輕了藝術而是把藝術提高到了極致，因爲它原是以人生作靈魂的肉體，而它的存在才所以是神聖的。〔註54〕

〔註53〕 胡風：《民族戰爭與我們》，《胡風全集》第 2 卷，武漢：湖北人民出版社，1999年，第 828～629 頁。

〔註54〕 胡風：《關於人與詩，關於第二義的詩人》，《胡風全集》第 3 卷，武漢：湖北

　　這段話，表明了胡風對詩人的看法，對藝術與人生（現實生活）的看法。首先，胡風不是一個藝術至上論者，在他看來現實生活（包括人生）始終是第一位的，所謂「世上最強之物莫過於人生」，原本藝術應該是第二位的。但在這裡，爲了進一步提高藝術的地位，「把藝術提高到了極致」，就是把藝術和現實生活（人生）最大限度的合而爲一。詩人，在胡風看來，首先應該是一個眞正的人，在無愧於一個眞正的人之後，才能在「人」字的前面加上「詩」這樣一個形容詞。那些「儘管在現實生活上不免惑於利欲，但在詩裏卻能夠寫出亦眞亦善的人生。但在我，即使果眞如此，這也只能是片面性的眞理。這樣的詩人……頂多也只能算是第二義的詩人」。〔註55〕這樣的詩人只能在藝術中與現實統一，而不能在生活中與現實統一。這第二義的詩人在胡風看來由於不能眞正在生活中與現實統一，因而他在藝術中與現實統一的程度也終究是有限的。因爲「一個詩人在人生祭壇上所保有的弱點和污點，即使他主觀上有著忠於藝術的心，但那些弱點和污點也要變形爲一種力量附著在他的藝術道路上面」。要想眞正達到在藝術中與生活現實的統一，就要使自己本身的生活與社會現實眞正統一起來，能做到這些的就是第一義的詩人，且在這兩者之間由於現實生活始終是第一位的，所以對於眞正的第一義的詩人來說，是否寫詩是否創作文藝都不是必須的、也不是最重要的。也可以說，最高的詩是存在於現實生活中的，無論它是否有藝術的形式來做表現。如亦門在 1941 年也說過類似的話：

> 　　我不能夠承認有所謂詩人的那種特殊的人。當農夫撫摩讚歎那
> 綠玉一樣的自己辛勤種植出來的瓜果的時候，那個農夫就是詩人。
> 當工人鏗鏘椎擊那赤屑飛迸的鑄鐵而情不自禁大發哼吼的時候，那
> 個工人就是詩人。當嬰孩注視母親滿臉笑窩咿呀學語的時候，那個
> 嬰孩就是詩人。所以，在今天詩人是歷史的人。〔註56〕

胡風也明確表示，「在眞實含義上的藝術卻正是堅決地否定這個分離，絕對地要求和人生道路的高度合致」。由此不難看出，這些觀點的核心在於：文藝（詩）、作家（詩人）及社會現實生活（人生）在最高的層面上，是三者一體

　　人民文學出版社，1999 年，第 74～75 頁。
〔註55〕胡風：《關於人與詩，關於第二義的詩人》，《胡風全集》第 3 卷，武漢：湖北
　　人民文學出版社，1999 年，第 75 頁。
〔註56〕亦門：《箭頭指向──》，《詩與現實・第一分冊》，北京：五十年代出版社，
　　1951 年，第 10 頁。

的、一元的。後來亦門把文藝的風格也加了進來的，成為「人，生活，詩，風格，是一元的」〔註57〕，其實所謂風格也屬於文藝的範疇之中。所以，在胡風等「七月派」諸人看來，這第一義的詩（文藝）才是詩（文藝）的本質，第一義的詩人（作家）才是詩人（作家）的本質，他們是在現實的生活中和歷史真理相結合的產物，是「一個為人類底自由幸福的戰鬥者，一個為億萬生靈底災難的苦行者，一個善良的心靈底所有者」。

胡風也承認，這種第一義的詩與詩人是一種較為理想的存在，一般意義上的詩人也都是第二義的，即那些「限定在把人生寫成字的場合」。並且，明確詩與詩人的第一義的本質性存在，這樣一個歷史真理性的存在，不是要以此去完全否定詩與詩人的第二義存在，恰恰相反，是為了給第二義的詩與詩人以清晰明確的目標與方向。因為，若沒有這個方向，現實存在的第二義的詩與詩人，就會出現各種各樣的混亂與迷惘。正如亦門所說，「詩人中有堂堂正正的革命者，有輝輝煌煌的天才，有慷慨激昂的戰士；但是也有偷偷摸摸的偽善者，也有聰明伶俐的反動分子，也有花花綠綠的庸人，也有鬼鬼祟祟的小偷，也有空空洞洞的，什麼也沒有，什麼也不是的那種無物之物」〔註58〕。所以在第一義的層面上確認了詩與詩人的本質，就能給第二義的詩與詩人有這樣的指導：

> 在生活道路上的荊棘和罪惡裏面有時閃擊、有時突圍、有時迂迴。有時游擊地不斷地前進，抱著為歷史真理獻身的心願再接再勵地向前突進的精神戰士。這樣的精神戰士，即使不免有時被對力量所侵蝕所壓潰，……不，正因為他必然地有時被敵對力量所侵蝕所壓潰，但在這裡面更能顯示他的作為詩人的光輝的生命。因而這就和無力或無心作決死的鬥爭的，隨遇而安的第二義的詩人有著本質上的區別了。

> 只有人生至上主義者才能夠成為藝術至上主義者；但不幸的是，對於許多詩人，這還是一個常常被顛倒了的致命的問題，他們常常忘記了丟掉了人生就等於丟掉了藝術自己。〔註59〕

〔註57〕 亦門：《風格片論》，《詩與現實·第二分冊》，北京：五十年代出版社，1951年，第 301 頁。

〔註58〕 亦門：《箭頭指向——》，《詩與現實·第一分冊》，北京：五十年代出版社，1951 年，第 25 頁。

〔註59〕 胡風：《關於人與詩，關於第二義的詩人》，《胡風全集》第 3 卷，武漢：湖北

胡風和「七月派」就是這樣把文藝和社會生活現實如此緊密地統一了起來，可以說已經把現實之於文學的重要性強調到了無以復加的程度，從而與同樣關注現實的西南聯大作者群體拉開了距離。胡風和亦門的觀點應該說代表了「七月派」在這個問題上的普遍看法，值得一提的是，他們之所以能夠有這樣的認識和觀點，與他們大體相同的人生經歷有較大關係。作為「七月派」領袖的胡風，雖然在 30 年代已經成為著名的左翼理論家，成為中上層知識分子中的一員，但其家庭出身卻相當貧寒，是從「田間」走出來的。而七月派的其他成員「田間從安徽無為來，魯藜從福建同安來，蘆甸從江西貴溪來，丘東平從廣東海豐來，彭柏山從湖南茶陵來，阿壠從浙江杭州來，胡風的同鄉鄒荻帆、胡徵、綠原、化鐵也從各自的鄉間步步走來，他們有著類似的境遇和類似的關於土地的『記憶』」〔註60〕。前面已經說過，在當時的中國社會，廣大的農村、農民是社會的主體，他們的生活和境遇也構成了中國社會現實的主體，而大多數新式知識分子久居在於鄉村隔膜很大的城市，使他們與這部分重要的現實隔離甚遠，而「七月派」多數成員的這種「土地」記憶、鄉間經驗，使他們一開始就感受著這種現實中的苦難，一開始就（一定程度上）生長在這個現實之中。並且，民國「軍紳」社會的那種畸形的、非常態的、不穩定的社會形態又隨著抗戰的爆發而進一步惡化，因而要從根本上改變這個現實是「七月派」成員們普遍的意識。這就體現在「抗戰建國」的上面。

「七月派」作家十分注意再現抗戰時期的歷史真實，他們的創作常常就誕生在軍隊中、在難民營、在前線戰場，作品中的許多人物、事件都是他們親身經歷、親眼所見過的，所以他們的許多作品有「詩史」的性質，這一點尤其在抗戰初期的作品中，表現得最為明顯。如丘東平的許多作品如《第七連》、《一個連長的戰鬥遭遇》、《給予者》（集體創作）等，再現了國民黨正面戰場的實景，和中國軍隊內部的荒謬、黑暗與英勇、血性交織的畫面。阿壠的《閘北打了起來》和《從攻擊到防禦》差不多是上海「八一三」抗戰的紀實，都是從下層兵士的角度，再現了軍隊中上下層官兵之間很多不協調的情形。阿壠的《南京血祭》是對南京失陷的紀實描寫，既控訴敵軍的殘忍、暴虐，又不迴避中國軍隊脫離群眾的戰略錯誤等方面。「七月派」的文學作品相

人民文學出版社，1999 年，第 76 頁。
〔註60〕李怡：《七月派作家評傳》，重慶：重慶出版社，2000 年，第 14 頁。

－245－

當全面地再現了抗戰時期社會的各個方面，他們並不迴避大後方社會存在種種不公正、不合理的現象，常常大膽地描寫和揭露這些事實。曹白在抗戰初期的一系列作品《這裡，生命也在呼吸》、《「活魂靈」的奪取》及《在死神的黑影下面》中，便真實地描寫了難民收容所中的情形。一方面是難民們處境的淒慘，收容所環境惡劣到處都擠滿了人，食物和藥品相當匱乏，人們時刻面臨著貧病的威脅，巨大的建築裏只有幾盞昏暗的燈，人們普遍的哀愁失落；但另一面，「軍紳」社會中形形色色的權勢者則爲了各自利益明爭暗鬥，利用難民發國難之財。

杜谷用懷念故鄉的手法，表達了對故鄉深摯的情感，表現了故鄉及人民的受難景象，有敵人的無恥殘暴，以及民眾最終決然的反抗：

> 呵，生我的故鄉／你全然改變了模樣／你往日寧靜的村莊／都已坍倒成爲廢墟／湖畔也象死去一樣悄寂／我彷彿看見／我們的仇敵／正在你濕潤的土地上／伸出鷹鉤一樣的手爪／撕裂著你的肢體／你的膏腴的泥土裏／浸透了殷紅的血液／我彷彿看見／呵呵／我的受難的故鄉／我的受難的兄弟／在這一年最後的夜裏／我怎能不想起你／……荒涼的村落凍僵在雪地裏／雪地上布滿殷紅的血迹／你往日的夢都逝滅了／那些在殘害中長大的小弟弟／正掩埋著哥哥的遺體／然後拿起武器／去追蹤父兄戰鬥的足迹／即使他們不幸死去／化爲骨粉，化爲塵泥／也要和你融化在一起／呵呵，我呵／也是你養育大的／我也要昂然奮起／越過叢生的荊棘／跟隨那些叩你火之門的兄弟／撲向你的懷裏〔註61〕

徐放的敘事詩《在動亂的城記》，描寫了大後方特務橫行人民生活朝不保夕的情形，指出在面對這種殘暴的獨裁統治面前，反抗是惟一的出路：

> 十二月，／中國在流血：／從南方到北方，／從昆明到瀋陽。／人民，／生活在恐怖的血海裏。
>
> 一夜／我從一條發生過事變的小巷中走過，／到一個住在大雜院的朋友家裏去；
>
> 在昏暗的桐油燈下呵，／我們爭辯著，／爲了修改一篇文章，／爲了把我們生命的火把，×投向黑暗的中國。

〔註61〕杜谷：《寫給故鄉》，綠原、牛漢編：《白色花》，北京：人民文學出版社，1981年，第144～146頁。

　　突然，／隔壁喊起一聲哀叫，／掙扎一會／又消失了！／接
著，／是一陣慌亂的腳步聲，／一團黑影，／從我們的窗前閃過；

　　我們知道／又是一次謀殺……／但我們有手／不能伸出來；／
我們有嘴，／卻說不出什麼！……

　　離開那朋友住的地方時，／馬路上的人已稀；／山城的夜，／
你是熟悉的：

　　娼妓出沒在街口，／強盜撲伏在屋頂上，／難民／在陰濕的牆
角哭泣，／肉體在公共廁所裏兜售；／就在這樣的黑夜，／反抗者，
／一個個／一批批／被帶向秘密牢獄！

　　朋友，／走在路上／我想起你常說的／那「黑暗的滿洲」的歲
月了，／我想起了／那「黑衫黨」、「棒喝團」／那皮鞭和枷鎖。

　　在這暴君的國度，／人／是沒有自由的；／人／生活著，／反
抗不反抗都一樣要流血。……

　　但是，不反抗的流血，／那時懦弱的血，／那時被宰殺的血；
／我要反抗／把自己的血／和敵人的血留在一起。……〔註62〕

詩歌開頭就指出中國在流血這一令人警醒的事實，並且用「從南方到北方」、
「從昆明到瀋陽」這樣簡單而又充滿空間感的概述刻畫這種流血現象的廣泛
與普遍。接著把目光聚焦在一個具體的暗殺事件上。不僅描寫了特務，還有
民眾的噤若寒蟬，淪落街邊的娼妓，隨時出沒的強盜，無家可歸的難民，公
廁裏的肉體買賣，一批批被帶進監牢的反抗者……

　　朱健在 1944 年的詩歌《沉默》中也為我們展示了一幅彷彿世界末日的瘋
狂局面：

　　啊，密雲期／啊，冬天……

　　肺結核菌／成團的飛滾著／人們閉緊嘴／不敢呼吸

　　臃腫而斑癩的瘋狗／細菌劇烈的蛀蝕它發臭的內臟，要它死／
夾著尾巴滿街溜Ｘ眼珠血紅，瞅著健康的生存者／隨時要咬一口／
發泄可恥的嫉妒／拖著全世界隨它一起死去

　　有人按著胸口，低聲的嗽咳／有人窒息得臉發青，象煤塊／啃
著氣，成群的倒下／

〔註62〕徐放：《在動亂的城記》，綠原、牛漢編：《白色花》，北京：人民文學出版社，
　　　　1981 年，第 246～249 頁。

　　　　有人急速而沉重的／用鐵鍬敲開冰凍的地殼／埋下死者／死
人的墓穴下／是積壓了萬年的／深黑的煤礦……
　　　　黑色的沉默／成熟了……／天文臺發出地震的警告／電已閃
過／請聽一聲雷響……〔註63〕

　　「五四」時期，中國社會面臨的是舊式社會已經逐漸解體，西方的經濟
侵略日益嚴重，晚清新政嘗試了多方面的改革，如諮議局的設立、科舉制廢
除新式教育體制的確立等，傳統的知識體系、價值體系逐漸崩裂……國家嘗
試過了器物、制度兩方面的革新都不能帶來應有的成效，思想上、觀念上的
革新已經逐步累積在許多知識分子心中成了刻不容緩的情緒。於是，「五四」
爆發的思想革命似乎以一種償還長期欠債的形式，相當激烈地對陳腐僵化的
舊思想、舊意識開火，飽含啓蒙的精神內容。魯迅便典型地體現了那種對舊
傳統的戰鬥意識以及對「改造國民性」的啓蒙意識的綜合。也就是說思想上、
觀念上的前現代性質是「五四」時期中國社會（在現代化上道路）面臨的最
大問題，也是其最嚴重的現實，「五四」新文化運動便是應這種社會現實而起
的一種歷史性反映。但「五四」新文化運動有其自身嚴重的缺陷，且不論它
所傳播的西方文化、觀念、思想等文化資源是否內在地契合中國的國情，就
其影響波及的範圍而言就相當有限。從對象上說，接觸新文化、新思想的是
學生群體與市民階層；從地域上說，新文化的傳播也主要限於城市。當然這
裡面有與新文化（主要是西方現代文化）相配套的新式教育體制的嚴重城市
化有關，知識分子只是在這個大的環境與體制中常常不能自已。所以，「五四」
的新文化運動有很大功績，但其成就相對於中國社會現實中問題的繁多和嚴
重性而言仍舊是相當有限的，它沒能解決的問題（如城鄉文明的二元分離）
滯留在民國「軍紳」社會當中，暫時地沉潛了下來。然而，這種問題的積壓
（而不是解決）終究會在將來某個歷史階段予以償還。

　　到了抗戰時期，中國所面臨的最大的社會現實在「建國」（現代化）之外
還多了一個「抗戰」，後者是更爲迫切、峻急的一方面。所以，「五四」的那
種用文藝來戰鬥的傳統很有必要被繼續突顯。胡風在《七月》發刊詞中一再
申明新文學的鬥爭、革命的一面，「中國的革命文學和反抗日本帝國主義的鬥
爭（五四運動）一同產生，一同受難，一同成長的。鬥爭養育了文學，從這

<hr>

〔註63〕朱健：《沉默》，綠原、牛漢編：《白色花》，北京：人民文學出版社，1981年，
　　　　第333頁。

鬥爭裏面成長的文學又反轉過來養育了這個鬥爭。」〔註 64〕他反覆強調「現實主義的第一義的任務是參加戰鬥，用他的文藝活動，也用他的全部行動」。而另一句名言也彰顯了這一點：「哪裏有生活，哪裏就有鬥爭，有生活有鬥爭的地方，就應該也能夠有詩。」〔註 65〕綠原在《白色花》序言中也總結了這種戰鬥的傳統，「把詩從沉寂的書齋裏、從肅穆的講壇上呼喚出來，讓它在人民的苦難和鬥爭中接受磨練，用樸素、自然、明朗的真誠的聲音為人民的今天和明天歌唱：這便是中國自由詩的戰鬥傳統」〔註 66〕。而七月派的作品，也突出了那個時代的作戰現實，鼓舞人民的鬥志。

孫鈿描寫戰鬥中的傷員：

醫生紅著眼珠／鉗出了敵人的子彈／從你的右臂／那顆尖長的子彈／想不到竟會抽出你那麼多的鮮血

香草的／馥鬱的風／撫著你的臉……／閉上眼吧／別讓一種混亂的思緒來侵襲你／沒幾天／你又將是一個茁壯的漢子〔註 67〕

彭燕郊描寫著冬日里中國軍隊進攻日軍的戰鬥，歌頌著戰士們的勇敢，昭示著民族反抗的意志：

昏黃地縱橫著／公路／把它的蒼白的手／興奮地探入城市／讓被破壞了的橋邊、堤下／滾下來「皇軍」的戰馬、輜重／讓戰士們在風中大笑／在雪裏射擊……／點綴在中國的土地上的／你可恥的瘡疤——「皇軍」的碉堡／用恐怖的洞眼／在不滿十里的距離中／互相凝視／被天際的風雪所包圍／從緊閉的門縫、瓦頂／漏出了／痙攣的煙霧／裏面／凹眼愁眉的「皇軍」們／在把潮濕的柴薪／投入火堆／濕煙薰出他們的淚水／永遠地不會／也不敢想到／此刻／有人敢突入重重的防線／去向他們襲擊〔註 68〕

冀汸從運送武器及戰略物資的勞工身上看到了「生命的力」，看到了「復

〔註 64〕 胡風：《願和讀者一同成長》，《胡風全集》第 2 卷，武漢：湖北人民文學出版社，1999 年，第 498 頁。

〔註 65〕 胡風：《給為人民而歌的歌手們》，《胡風全集》第 3 卷，武漢：湖北人民文學出版社，1999 年，第 439 頁。

〔註 66〕 綠原、牛漢編：《白色花·序》，北京：人民文學出版社，1981 年，第 2 頁。

〔註 67〕 孫鈿：《掛彩者》，綠原、牛漢編：《白色花》，北京：人民文學出版社，1981 年，第 54～55 頁。

〔註 68〕 彭燕郊：《冬日》，綠原、牛漢編：《白色花》，北京：人民文學出版社，1981 年，第 67～68 頁。

仇的心」，看到了樂觀的鬥爭精神：

> 向生命的力喲，╳我敬禮！╳╳從甲板上，╳跳下一個，又一個……╳滾一身行囊，╳提一支槍，╳活躍的身子，╳活躍的臉色，╳活躍的復仇的心。╳╳從薑船上，╳成群地向岸上飛奔╳擡著輜重，╳擡著曲射炮和機關槍；╳活躍的身子，活躍的臉色，活躍的復仇的心。〔註69〕

阿壠則描寫了一個軍隊中的少年兵，從這個少年為了參軍入伍而謊報年齡的細節不難看出埋藏在人民心中對侵略者的仇視、反抗的一面：

> 像闊大的手上的一個小指，／茁壯的行列裏特別顯得矮小：／戴一頂寬大的灰布軍帽，／郎當地蓋住了眉毛。／立正，／頭才比槍口高，／（當然是沒有上刺刀的）／問起幾歲，／回答個羞澀的一臉黃皮與一嘴白牙齒的笑，／伸出隻嫩楓葉樣的小手來，／卷了又卷的袖口還是太長的，／大指與小指好玩地向天一翹，／「十六了。」／「十六了敘……」／即使年齡是真實的，／體格絕對是沒有成熟的。〔註70〕

「七月派」文學作品中對戰爭、戰鬥、軍事場面的大量描寫，一方面當然是反映當時的社會現實，但另一方面，這也是他們的文學體現鬥爭精神的重要方式。通過大量充滿反抗力、反抗精神的作品，能夠喚醒更多人的抗戰救亡的意識與熱情。這不但體現在其詩歌中，小說中也都大量存在。如論文第三章中提到過的丘東平的《第七連》、《一個連長的戰鬥遭遇》，吳奚如的《蕭連長》等，雖然其中不同程度地揭露了國民黨軍隊中混亂的管理制度及陳腐的官僚主義作風，但另一方面也描寫中下層官兵的抗戰熱情、英勇鬥志，及戰鬥中表現出來的大無畏的犧牲精神。

不過，在抗戰時期當「七月派」想要繼承魯迅的那種戰鬥傳統的時候，就有了兩個對象：一個是促進救亡上的戰鬥，對應「抗戰」的現實；另一個是對「五四」沒有完成的整個民族思想、觀念、意識的現代更新的現實，仍舊需要繼續批判舊意識、舊思想、舊觀念。對於前者，一方面要喚醒、鼓舞國民的鬥爭意識、反抗意志，這就要求他們拉近與人民的距離，站在人民的

〔註69〕 冀汸：《躍動的夜》，綠原、牛漢編：《白色花》，北京：人民文學出版社，1981年，第96～97頁。

〔註70〕 阿壠：《小兵──為保安十二團五連二等兵趙雲南作》，《無弦琴》，北京：中國文聯出版公司，1998年，第1頁。

立場上去反映現實。如果說西南聯大的學院派作家群的創作，儘管也著眼於現實，但始終堅持著藝術本位、生命本位、個體本位的話，那麼「七月派」的創作始終是將自己融合在人民中，融合在群體、集體之中。有研究者這樣評述，「在 40 年代田間、艾青和整個七月派詩人那裡，個人的孤獨是包含在民族的孤獨當中的」〔註71〕。再結合他們之前對文藝和現實生活關係的分析，不難發現，「七月派」的文藝首先是歷史的、時代的、現實的，是人民的、民族的、國家的、集體的。亦門也有這樣的論述，「詩人是——而且必須是民族戰士，是——而且必須是人民底號手和炮手。是——而且必須是時代底發言人和預言人」〔註72〕。胡風更是堅持認為堅持文藝離不開時代、社會與人民，「詩人的聲音是由於時代精神底發酵，詩的情緒的花是人民的情緒的花，得循著社會的或歷史氣候」〔註73〕。所以，在「七月派」的作品中，詩人總是置身於民族、人民的「大我」之中，如魯藜的《在雁門關外放歌》中唱到：

啊，同志，你怎麼能夠知道，

我們住著破屋，

啃著苦菜根，填著樹皮的人民，

就是未來新中國建設的英雄呢！

喲，未來喲，

新的未來喲，幸福的未來喲，

向著未來前進吧！

我們的小女郎，我們的兄弟們，

我們的母親們，

我們的父親們，祖父們，

我們的滿臉皺紋的老祖母，

我們的苦難，親切，偉大的祖國喲！〔註74〕

當然，「七月派」之所以對人民的地位如此強調，也離不開那個容易突顯

〔註71〕王富仁：《中國現代主義文學論》，《天津社會科學》，1996 年第 5 期。
〔註72〕亦門：《我們今天需要政治內容，不是技巧》，《詩與現實·第一分冊》，北京：五十年代出版社，1951 年，第 41 頁。
〔註73〕胡風：《四年讀詩小記》，《胡風全集》第 3 卷，武漢：湖北人民文學出版社，1999 年，第 65～66 頁。
〔註74〕魯藜：《雁門關外放歌》，《醒來的時候》，希望社，1943 年。

人民的戰爭年代的大環境，因爲畢竟「沒有人民大衆的自由解放，沒有人民大衆的力量的勃起和成長，就不可能摧毀法西斯主義的暴力，不可能爭取到民族的自由解放」﹝註 75﹞。這裡的自由解放既具有「抗戰」方面的意味，也有「建國」（現代化）方面的含義。總之，無論「抗戰」還是「建國」其成敗都是最終要落實在人民的身上。

而另一方面，文藝也要與阻礙「抗戰」的思想意識、醜惡現象作鬥爭，這就要求他們毫不迴避地直面現實、突入現實，充分發現問題，並嘗試解決。對於後者，破壞的一面是批判陳腐的觀念，批判那些仍舊隱藏在人民（包括知識分子）身上的「精神奴役的創傷」；而建設的一面是樹立和傳播新觀念、新思想，即繼續啓蒙（提高）的工作。胡風能夠始終對人民身上的那種「精神奴役的創傷」有一種認識和體察，這在當時也是很有代表性的。抗戰是需要力、崇尚力的年代，而眞正能夠提供這種力的則是人民，是勞苦大衆，所以抗戰時期人民的地位顯著地凸顯了出來。對人民的肯定與關注，即是對民國「軍紳」社會以來漠視鄉村、農民（人民的主體）的歷史反駁，也是抗戰時期這個非常態歷史階段的現實需要，具有很大程度的合理性。但是另一個不容忽視的現實是，正因爲鄉村、農民長期處於被拋離的狀態，使得他們身上既帶有濃重的傳統重負，又帶有近代以來畸形的「軍紳」社會中文化生態失範之後的惡劣影響。所以，以農民爲主體的人民雖然孕育著希望，是民族振興的重要力量，但遠不是一種理想的、完美的存在。甚至即便是在「五四」以來一向以啓蒙者自居的新式知識分子身上，這種「精神奴役的創傷」也是不同程度地隱現著的。胡風在 1941 年的一篇文章中說：「戰爭爆發以後，大家都被捲進了其大無邊的興奮裏面，特別是熱情而純潔的青年人，覺得自由和光明已經得到了，一切黑暗和污穢都成了過去的回憶。那時候，似乎魯迅的鬥爭道路也已經過去了，因而魯迅這個名字也似乎和沉醉在炮火聲裏的他們隔得非常遙遠」﹝註 76﹞。在這樣普遍樂觀的氛圍中，胡風甚至判斷如果魯迅還活著仍舊執著於他的「國民性」批判，在那個時代只怕是要被「當做漢奸看待的」。所以胡風認爲，「在神聖的民族戰爭的今天，魯迅的信念是明白

﹝註 75﹞ 胡風：《置身在爲民主的鬥爭裏面》，《胡風全集》第 3 卷，武漢：湖北人民出版社，1999 年，第 186 頁。

﹝註 76﹞ 胡風：《如果現在他還活著》，《胡風全集》第 3 卷，武漢：湖北人民文學出版社，1999 年，第 670 頁。

地證實了：他所攻擊的黑暗和愚昧是怎樣地浪費了民族力量，怎樣地阻礙著抗戰怒潮的更廣大的發展」〔註77〕。

前面已經指出，抗戰前久居城市，長期接受與中國農村現實有很大距離的新式教育及知識體系，對農村與農民的情況並沒有全面深刻的瞭解。他們不大瞭解的內容，既包括鄉村的破壞、衰敗，農民的悲慘、苦難，也有農民身上勤勞、質樸、堅忍等優點，以及鄉民身上存在著的許多深刻的局限和弱點。抗戰爆發之後，知識者接觸了廣大的內地、農村後，在那個特殊的年代裏，容易放大他們身上充滿光明的、積極的一面（當然這裡面也有政治意識的推波助瀾），而對其消極、落後的一面體驗得不夠深刻。但「七月派」作家們卻正由於他們出身民間，更全面的瞭解民眾，所以在這個問題上普遍地貼近魯迅所走的道路。胡風告誡作家在與人民結合的過程中，要有這樣的認識：

> 作家應該去深入或結合人民，並不是抽象的概念，而是活生生的感性的存在。那麼，他們的生活欲求或生活鬥爭，雖然體現著歷史的要求，但卻是取著千變萬化的形態和複雜曲折的路徑；他們的精神要求雖然伸向著解放，但隨時隨地都潛伏著或擴展著幾千年的精神奴役的創作。〔註78〕

舒蕪也曾說，「所謂的具體的人民，是一方面固然作爲『人民』而存在，一方面也作爲具有許多現世的缺陷的個體而存在的。在他們身上，固然可以看出人民的意志和能力，同樣也可以看出許多不好的個人因素」〔註79〕。

而要達到這樣的目的，「七月派」主張用「主觀戰鬥精神」去突入現實，在與現實的掙扎、搏鬥中達到主觀與客觀相擁抱、融合的方式，因而與一般的現實主義風格有所不同，通常也被稱爲主觀的現實主義。胡風之所以重視「主觀戰鬥精神」，是與當時文壇的實際情況有關係的。「七月派」不滿那種遠離社會現實的文學，僅僅停留在自己的、藝術的小圈子，無視國家的危難、人民的疾苦。同時它也不滿於那種雖然反映現實，但在描寫現實生活的時候，很大程度上依靠主觀的臆想，或者流於客觀主義的描寫，常有膚淺化、概念

〔註77〕 胡風：《關於魯迅精神的二三基點》，《胡風全集》第2卷，武漢：湖北人民文學出版社，1999年，第502頁。

〔註78〕 胡風：《置身在爲民主的鬥爭裏面》，《胡風全集》第3卷，武漢：湖北人民文學出版社，1999年，第189頁。

〔註79〕 舒蕪：《個人‧歷史與人民》，《舒蕪集》第1卷，石家莊：河北人民出版社，2001年，第162頁。

化、表面化的弊病。造成這樣的狀況，客觀上與當時的知識者在生活上的隔離現實有關，主觀上與知識分子在知識、思想、意識、情趣上遠離民眾有關。「七月派」正是對這樣的情形極為不滿，他們主張知識分子要真正突入現實生活才能在作品中有深刻的體現，而這種突入現實生活包含著作家自身的某種精神上的磨練和搏鬥，只有經歷了這樣的過程，才能對人生有血肉相連的體驗和表現。

在抗戰之初《七月》創刊時，胡風就有這樣的看法，「我們認為，在神聖的火線後面，文藝作家不應只是空洞地狂叫，也不應作淡漠的細描，他得用堅實的愛憎真切地反映出蠢動著的生活形象。在這反映裏提高民眾的情緒和認識，趨向民族解放的總的路線」〔註 80〕。之後，胡風對這一問題的認識逐漸加深。1944 年，胡風在談文藝如何與現實擁抱，如何用主觀戰鬥精神突入現實的時候，認為「文藝創造，是從對於血肉的現實人生的搏鬥開始的」，之後還有思想上的鬥爭，胡風這樣描述這一過程：

> 在對於血肉的現實人生的搏鬥裏面，被體現者被克服者既然是活的感性的存在，那體現者克服者的作家本人的思維活動就不能夠超脫感性的機能。從這裡面，對於對象的體現過程或克服過程，在作為主體的作家這一面同時也就是不斷的自我擴張過程，不斷的自我鬥爭過程。在體現過程或克服過程裏面，對象的生命被作家的精神世界所擁入，使作家擴張了自己；但在這「擁入」的當中，作家的主觀一定要主動地表現出或迎合或選擇或抵抗的作用，而對象也要主動地用它的真實性來促成、修改、甚至推翻作家的或迎合或選擇或抵抗的作用，這就引起了深刻的自我鬥爭。經過了這樣的自我鬥爭，作家才能夠在歷史要求的真實性上得到自我擴張，這藝術創造的源泉。〔註 81〕

胡風還借用他所理解的魯迅精神來解釋這個創作中自我搏鬥的歷程，「什麼是魯迅精神？豈不就是生根在人民底要求裏面，而一下鞭子一個抽搐的對於過去的襲擊，一個步子一印血痕的向著未來的突進？」〔註 82〕他也常常借

〔註 80〕 胡風：《願和讀者一同成長》，《胡風全集》第 2 卷，武漢：湖北人民出版社，1999 年，第 499 頁。
〔註 81〕 胡風：《置身在為民主的鬥爭裏面》，《胡風全集》第 3 卷，武漢：湖北人民文學出版社，1999 年，第 188 頁。
〔註 82〕 路翎：《財主的兒女們·序》，北京：人民文學出版社，1985 年，第 6 頁。

著「一切偉大作家」的創作實踐，來解釋帶著「思想武裝」的作家在「擁入」現實、人民、生活的經驗；「一切偉大的作家們，他們所經受的熱情或心靈的苦痛，並不僅僅是對於時代重壓或人生煩惱的感應，同時也是他們內部的，伴著肉體的痛楚的精神擴展的過程」〔註83〕；「世界文學底戰鬥經驗應該指的是，那些文藝巨人們雖然各各在時代底限制和思想底限制下面，但卻能用著最高的真誠向現實人生突進，把人生世界裏的真實提高成藝術世界裏的真實的，那一種戰鬥的路徑和戰鬥的能力」〔註84〕。

「七月派」作家生活的地域主要是大後方的國統區，其「軍紳」社會這種社會形態的畸形性質就造成了社會現實的惡化，再加上戰爭這種極端形勢的壓榨，其社會狀況更是急劇惡化，逐漸走向崩潰。「七月派」作品中展現的種種特質，不能不與這個特殊的歷史階段的特定地域空間有特殊的對應。關於大後方的「軍紳」社會，先來看看胡風在一篇文章中的描述，

> 又有一句話，「在火山上跳舞」。這也可以當作舊勢力的瘋狂行為的一個形容。站在有可能被燒死的火山上面，人還會作樂麼？然而，居然會，而且作樂得那麼縱情，那麼毫無顧忌。舊勢力，貪欲成性，荒淫成性，而又宿命主義者似地，「死生有命，富貴在天」，即使臨到了使他們恐懼的程度，他們的意識深處也隱隱地潛存著不相信人民的力量能夠勝利的「信仰」做他們的支柱，而用人民的血肉和信心所換得的民族勝利的果實是那麼大，那麼豐美，值得拚命搶奪，馬上享受，「一不做，二不休」；使他們感到恐懼的動盪的社會情況又逼得他們拚命搶奪，馬上享受，「今朝有酒今朝醉」。從這裏，幾個月來我們看到了史無前例的貪欲橫流的現象，連「荒淫無恥」、「男盜女娼」這一類的用語都不能夠形容到應有的程度。

> 我們也只好把這叫做瘋狂。〔註85〕

這篇文章的題目就是《在瘋狂的時代裏面》，儘管文章寫在 1946 年，但他描述的事實則早在抗戰時期已經明顯地表露出來了。胡風在這裏分析的是統治階層「火山上跳舞」式的瘋狂，但從統治階層的瘋狂裏，同時又不難看到廣

〔註83〕胡風：《置身在為民主的鬥爭裏面》，《胡風全集》第3卷，武漢：湖北人民文學出版社，1999年，第190頁。

〔註84〕路翎：《財主的兒女們·序》，北京：人民文學出版社，1985年，第6頁。

〔註85〕胡風：《在瘋狂的時代裏面》，《胡風全集 3》，武漢：湖北人民出版社，1999年，第323頁。

大民眾是在怎樣的「瘋狂」裏承受著苦難的。所以，這種瘋狂的狀態會在社會的任何一個階層上都有或正或反的體現。「七月派」作品中的「力」、「精神奴役的創傷」等都與此相關。

前面我們已經提到，在抗戰時期，當國家最需要爆發出一種能夠抵抗外在強力的同樣堅硬的強力時，許多文人作家們在人民身上發現了這種「力」。這種力量一方面展現在對外的侵略者的反抗上面，但同時也不可能不體現在對內的壓迫者的反抗上。阿壠的《縴夫》便典型的展現了這種孕育在廣大民眾身上的強力，並且難能可貴的是他還把更強大的力體現在一種團結起來、組織起來的「群力」上：

> 一條縴繩維繫了一切／大木船和縴夫們／糧食和種子和縴夫們／力和方向和縴夫們／縴夫們自己——一個人，和一個集團，／一條縴繩組織了／腳步／組織了力／組織了群／組織了方向和道路，——／就是這一條細細的、長長的似乎很單薄的苧麻的縴繩。
> 〔註86〕

而化鐵在《暴雷雨岸然轟轟而至》中以暴風雨前的「雲塊」為喻進行了「力」的展示。不過，民眾身上的力量並不總能夠以一種群體的形態而存在，尤其是被「軍紳」政權控制的國統區。所以，民眾的「力」以一種自發的、個體的形式出現是更為普遍的現象。但表現「力」，無論是集團的力、狂暴的力、扭曲的力、畸形的力……都是緊扣時代主題的。在路翎的小說《飢餓的郭素娥》中，郭素娥對生活有強烈的美好願望，但這種願望被現實長期超負荷的擠壓，激起了這個強悍的婦人毀滅式的反抗；張振山也歷盡艱辛，流浪、賣報、小偵探、戰爭、火災、礦場等生活養成了他殘忍、獸性、仇恨、剛愎自負的充滿著「力」性格，而恰恰是這些使得郭素娥對他另眼相待。《王興發夫婦》中老實巴交常受鄉間官方流氓勢力欺辱的王興發，舉起了斧頭砍倒了鄉保隊的頭目。在這些人物身上都體現了民眾的那種「力」，那種原始的、盲目的、無路可走的困獸的掙扎、撕咬與毀滅，這是弱小的民眾們在受盡屈辱耗盡希望之後迸發出的一種畸形的求生強力。「七月派」的許多作品都描寫了這樣的場面，生活的殘酷、生命的被壓榨、力的原始與扭曲、迸發的悲壯與慘烈，都讓人印象深刻。

〔註86〕阿壠：《縴夫》，綠原、牛漢編：《白色花》，北京：人民文學出版社，1981年，第 16 頁。

　　正如有研究者指出的那樣，這只是那個時代社會中人物性格的一個方面，「勞動者的原始強力和精神創傷的交織，形成了人物的兩重性格」〔註87〕。而且，勞動者身上的精神創傷是與其身上的「原始強力」是互相糾葛的，常常惟其有如此深重的精神創傷才襯托著其「強力」的「原始」與盲目。從前者或許能更多地看到「人性」的一面，而後者中更多地看到「奴性」的一面，但實際上這種「人性」與「奴性」是複雜交織的。如《王興發夫婦》中當丈夫被抓走以後，農婦在街頭看到了傀儡戲中有冤魂的情節，就幻想自己也成了復仇的冤魂，舉起了復仇的尖刀。在這個細節裏，農婦的復仇願望表露出他反抗的、強力的一面，但這種表現確僅僅體現在幻想中，又不能不顯出其奴性，但無論反抗還是奴性都深深的刻在其性格之中。路翎小說《羅大斗底一生》中，羅大斗是抗戰時代宗法農村的破落戶的弟子，自小就面臨母親惡毒的咒罵和父親的鴉片煙燈，嚴重扭曲的傳統文化也侵蝕著人們的心靈，而社會現實的打擊又更是摧殘人的靈魂，最終原本就帶有奴才性格的羅大斗一步步越陷越深、無法自拔。如果說以上這些人物的反抗更多是灰色的、缺乏希望的話，那麼《王炳全底道路》可能不太一樣。王炳全雖然也遭受了種種的不公待遇，如替人當兵、田地被侵佔、妻子改嫁等，當返回家鄉的王炳全面臨這些的時候，也在內心裏展開了激烈的鬥爭，要不要復仇？當他明白其遭遇的複雜性使得即使復仇也難以找回失去的生活的時候，曾一度產生了幻滅。他復了仇，但沒有採取最激烈的形式，只是在酒醉後打了他姑父一拳，這個造成他悲慘遭遇的姑父在倉皇逃走時跌死。出獄後的王炳全看到自己原來的妻子現在有一個安定的生活之後，並沒有選擇爭奪，而是把幸福送給了別人，自己去尋找另一種道路。

　　路翎小說在人物形象上的這些刻畫，表明了作者對他們的認識沒有走向平面化、單線條化，在肯定他們身上的那些「原始強力」的同時，不忘啓蒙的重要性。儘管，路翎對這些人物身上「原始強力」的一面可能過多的喜愛或者「沉迷」了。

　　在農民、工人、藝人這些勞動人民中，自然也會有心靈上的複雜性、矛盾性和某種阿 Q 式的畸形心態，這些既是人自身複雜的本性使然，也帶有那個瘋狂的大時代的「精神創傷」。但他們和知識分子身上的那種「精神創傷」

〔註87〕楊義：《路翎——靈魂奧秘的探索者》，《文學評論》，1983 年第 5 期，第 117～118 頁。

是有區別的。對於知識分子而言，由於知識層面、精神層面的優勢和條件，使得他們在情感的豐富上、心靈的敏感上、思緒的紛擾上可能更爲繁雜糾纏，也就是說他們在內心糾結的程度上是有（相對的）不同的。另外，其靈魂的複雜性在內容上也會有不同，這取決於他們不同的生活背景、不同的思維方式、不同的情感情調。如果說勞動人民身上的「精神創傷」更多帶有傳統文化負累的話；那麼知識分子身上的「精神創傷」則更多帶有那個特定時代的迷惘和彷徨。如穆旦直到 1947 年還在《時感》中寫下了這樣的詩句，「我們希望我們能有一個希望，／然後再受辱，痛苦，掙扎，死亡，／因爲在我們明亮的血裏奔流著勇敢，／可是在勇敢的中心：茫然」〔註 88〕。中國近代的知識分子處於一種文化的轉型期，整個社會沒有一個統一的精神平臺（如傳統的儒家系統或西方近代的啓蒙系統），各種思想、學說都有不同的追隨者、信奉者，但一切都在摸索之中。在回答中國如何「抗戰建國」的問題上既沒有具體的一致的看法，又都不能保證其選擇的有效性。而且，普遍接受新式教育的知識分子階層不同程度地具有了西方文化中的那種崇尚個體、自由等氣質，而這種氣質是否能在戰時「軍紳」社會這塊地域中，能否在抗戰時期這個極端的歷史階段，仍舊發揮它在西方文化語境中類似的作用呢？在此，首先是一個西方色彩濃鬱的知識系統、思想系統、價值系統能否適合中國的社會土壤的問題，其次還有一個常態社會中通行的法則能否在變態、畸形、極端的歷史階段也同樣適用的問題。「七月派」的作品在某些方面就這些問題進行了探索，最典型而又最豐富地體現在路翎的《財主的兒女們》之中。

《財主的兒女們》集中了那個時代各種各樣的知識分子，如徐道明鄙視中國崇拜西方，但他所認識的西方文化極其膚淺、表面和物質化。

> 對於上海底物質享受，是極端讚美的；他認爲那種種東西以及那種種人類底形態，是人類文明底最高成就。徐道明帶著一種鑒賞家的態度講述著他們，而在講述中間憤怒地批評了中國人。他說，在那一個咖啡所裏，一共有兩百個座位，但寂靜得連一根針掉在地下的聲音都聽得見。這就證明，那一個社會，那一種民眾，是受了怎樣高的教育；而中國人，是永遠無法教育成功的。一個中國人，在走進大光明電影院的時候，便變得和外國人一樣雅靜了──他不

〔註88〕穆旦，《時感四首》，李方編：《穆旦詩全集》，北京：中國文學出版社，1996
年，第 222 頁。

敢說話——但一走進低級的電影院，他便仍然只是一個中國人；他便叫囂，放紙箭，任意吐痰和拋擲果皮。徐道明說：這便是奴才根性，和國家衰弱的根本原因。〔註89〕

也有在黑暗、殘酷、毀滅中對此前曾經堅持的信念的動搖與幻滅，也在這種內心的矛盾、折磨中留下深深創傷的朱谷良：

朱谷良被埋葬在地下，失去了一切，看著同伴慘死——各種樣的慘死——因此不懂得，不信仰熱愛，光明，和理性。他是曾經信仰過這些。但現在他只信仰力量。而因為憎恨和勝利的快感，他是在心裏深藏著壓伏人類的野心。

他是走上了這條艱苦的道路：較之帶著理想，寧是帶著毀滅。強烈的精神，在黑暗中生活，和周圍的一切搏鬥，是較之理想的，更能認識現實的經驗的。現實的經驗常常等於理想，但朱谷良強烈的偏執，像一切人底偏執一樣，使他底經驗成為獨特的。於是漸漸地，朱谷良，失去那種純潔的理想，並厭惡一切理想的說教了。而且，在愈來愈深的偏執裏，朱谷良是否認了一切人底經驗了。假如理想和共通的經驗只是戰鬥以求光明的生活，朱谷良是承認的；但對於怎樣是光明的生活。特別在深埋的黑暗中，而心中又領有力量的人，是有各樣的理解的。有的人認為衣食富裕，行動自由，是光明的生活；有的人認為高踞一切人之上是光明的生活；有的人認為消滅了敵人，佔據了世界上的一切，是光明的生活。但深埋在黑暗中，為戰爭底勝利而出賣過朋友，失去了一切，蒙受了心靈底毀滅的人，是不再能適應這些種類的光明的生活了。〔註90〕

這類知識分子曾經熱烈地信仰過新文化，但這新文化卻在自己的親身經歷中一點一點被舊社會的沉渣、同輩們的鮮血、深埋的黑暗、無情的戰火等衝擊得消散殆盡。於是不同程度地產生了分化，開始重新解釋自己所追尋的、被作為光明進步的對象。或者把光明看成是「衣食富裕，行動自由」，或者看成是「高踞一切人之上」，或者是「消滅了敵人，佔據了世界上的一切」，也或者曾因為經歷了背叛出賣和心靈毀滅而早已與光明無緣……這些種種情形都在體現知識者所憑藉的知識、信念、思想在黑暗勢力強大的現實面前的脆弱，

〔註89〕路翎：《財主的兒女們》下冊，北京：人民文學出版社，1985年，第16頁。
〔註90〕路翎：《財主的兒女們》下冊，北京：人民文學出版社，1985年，第20頁。

所以，他們在道路上攜帶著的理想常常成了毀滅。而最能體現這種毀滅的仍然是蔣家的兒子們。

　　大哥蔣蔚祖是一個較為扁平的人物，是一個軟弱的靈魂在舊式大家庭中被壓垮、臣服的代表。就本性而言蔣蔚祖性情較為淡泊、單純，在傳統文化和家族的馴化中逆來順受、並不排斥，既滿足於自己的小天地也對女人有深深的依戀，即便是對於包辦婚姻中的妻子金素痕也充滿真摯的愛。就傳統的標準而言，蔣蔚祖是一個相對聽話的乖孩子，在傳統社會中這種大家長房的地位似乎也能使他擁有一個安定祥和的生活。然而，在那個時代這些都沒有實現。父權的重壓是宗法社會中的常態，蔣蔚祖性格的養成便有這方面深刻的烙印，他的無爭、懦弱，他對女人的愛戀中帶著「戀母」成分的補償，這些雖然也和他命運的發展不無關聯，但考慮到宗法社會中的現實情況似乎也不能誇大這種影響。他在這種生命的壓抑面前，將希望和情感地釋放寄託在女人、愛情之上，而這個女人（金素痕）的強悍、荒淫、虛偽則沒有為他生命的逃避提供棲息地，他的軟弱在與各方面的交鋒中都無能為力，最終不能免於瘋癲的結局。蔣純祖曾經有一段關於其兄弟三人命運的一段話：

> 　　每一代的青年生長出來，都要在人們稱為社會秩序的那些牆壁和羅網中做一種強暴的奔突，然後，他們中間底大多數，便順從了，小的一部分，則因大的不幸和狂亂的感情而成為瘋人，或由冷酷的自我意志而找到了自己所渴望的，成為被當代認為比瘋人還要危險的激烈人物，散佈在祖先們所建築，子孫們所因襲的那些牆壁和羅網中，指望將來，追求光榮，營著陰暗的生活。〔註91〕

　　蔣蔚祖大概就屬於那種因為「大的不幸和狂亂的感情而成為瘋人」的「小的一部分」，他身上的「精神奴役的創傷」也更多得來自舊式傳統。至於蔣少祖則就相對複雜了，是那種曾經對「人們稱為社會秩序的那些牆壁和羅網中做一種強暴的奔突」之後，最終選擇順從的多數。他曾經是舊制度堅定的反叛者，曾受到西方的個性解放、個人自由、浪漫頹廢思想的影響，曾經熱情崇拜著伏爾泰、盧梭以及尼采。他厭惡家族中的腐朽與「銅臭的生活」，不但自己反抗，也表示過愛國，想通過科學和工業實現救國的夢想。但他立足於個人的奮鬥遠遠不足以打開革新社會的路徑，他個人化的資產階級思想武器敵不過黑暗社會的牆壁和羅網，因而在種種碰壁之後，重又回到傳統社會寧

〔註91〕路翎：《財主的兒女們》下冊，北京：人民文學出版社，1985年，第69頁。

靜恬淡的生活中去，對父親表示懺悔，開始「逐漸沉沒在封建主義的古舊傳統之中，做舊詩，搜集版本，買房賣地，躬耕於瓜田荳藿之間，做起『獨善其身』的在野派，懷戀起中世紀的溫柔夢鄉了」〔註92〕。

　　蔣少祖的命運深刻地揭示了這樣一個問題：那就是無論知識分子對舊社會、舊傳統及現實生活如何地叛逆和拒斥，只要他們不能找到一條替代這種現實的堅實有效的道路，實實在在地改造和革新這沒落腐朽的社會，那麼無論怎樣的叛逆和拒斥最終都是蒼白的──沒有結果；同時，無論知識分子怎樣在個人的身上爆發出多大的能量和強力，如果這種力量不能接通更大的能量（民眾的力量），不能在兩者之間找到一條聯通的橋梁，那麼這種個人的奮鬥也終究是徒勞的；還有，在那個特殊的、極端的大時代，無論思想上、精神上的力量多麼深刻和強大，這種「批判的武器」還必須和「武器的批判相結合」，使後者成為前者指導下的後者，而前者也依靠後者為其開闢現實性的道路，否則單一的精神性、思想性的革新，也同樣是沒有出路的。關於這一點，魯迅在 1930 年便有精闢的論述：

　　　　梁實秋先生們雖然很討厭多數，但多數的力量是偉大，要緊的，有志於改革者倘不深知民眾的心，設法利導，改進，則無論怎樣的高文宏議，浪漫古典，都和他們無干，僅止於幾個人在書房中互相歎賞，得些自己滿足。

　　　　真實的革命者，自有獨到的見解，例如烏略諾夫先生，他是將「風俗」和「習慣」，都包括在「文化」之內的，並且以為改革這些，很為困難。我想，但倘不將這些改革，則這革命即等於無成，如沙上建塔，頃刻倒壞。

　　　　……倘不深入民眾的大層中，於他們的風俗習慣，加以研究，解剖，分別好壞，立存廢的標準，而於存於廢，都慎選施行的方法，則無論怎樣的改革，都將為習慣的岩石所壓碎，或者只在表面上浮游一些時。

　　　　現在已不是在書齋中，捧書本高談宗教，法律，文藝，美術……等等的時候了，即使要談論這些，也必須先知道習慣和風俗，而且有正視這些的黑暗面的勇猛和毅力。因為倘不看清，就無從改革。

〔註92〕楊義：《路翎──靈魂奧秘的探索者》，《文學評論》，1983 年第 5 期，第 118 頁。

〔註93〕

第一段中，魯迅強調多數的力量是偉大的、要緊的，社會要真正地發生改革，不能夠撇開他們而能成功；而要能把握這多數的力量，就不能僅僅在書齋中發出與民眾無干的空想，哪怕這種空想在理論上、邏輯上多麼深刻、完美、令人欣賞，也終歸是一種淺薄、無聊，只能滿足自己而不能推動社會；還有一個令人警惕的事實是，知識者是很容易「討厭多數」的，如果在感性的層面已經埋下了這樣的情緒，又怎麼可能重視多數的力量，並憑藉著多數的力量改造社會。〔註94〕

第二段指出，真正的革命者應該有一種真正的深刻的見解和思想，這種思想不是抽象的而是植根於作為對象的現實社會之中，並深入到文化的層面上，因社會中的「風俗」、「習慣」的「勢」而「因勢利導」，而且對這種改革的困難有充分地理解和準備，有持久堅韌的意識和信心。第三段進一步闡述了社會改革如果不能深入「民眾的大層中」，依據民眾的現實制定革新的方法，最終「都將為習慣的岩石所壓碎，或者只在表面上浮游一時」。最終，不是重又回到過去，便是走向毀滅。

第四段就當時特定的歷史階段進行分析，認為中國最需要的並不是那些書齋中關於宗教、法律、文藝、美術的高談闊論，而是更為實在的社會實踐與改革；即令要談論這些，也必須建立在對民眾的風俗習慣地真切把握之上，並通過這些正視社會的「黑暗面的勇猛和毅力」，否則便無從改革。

蔣少祖反抗的道路便是完全無視這「多數的力量」、「民眾的大層」的，而蔣純祖在這一點上也沒能開闢出一條道路，犯了同樣的錯誤。不過，兩者的道路也並不相同。如果說蔣少祖的奮鬥根本沒有與舊家庭、舊社會完全決裂過，沒有完全衝出這些藩籬就已經退縮和屈服的話，那麼蔣純祖則走得更遠，衝出了這些牢籠，只不過衝出以後依舊無路可走、無計可施。

蔣純祖對整個家庭、整個石橋場做了反叛，在遭到封建勢力地聯合阻擊中毅然出走。但他並沒有找到理想的淨土，城市中的豪華墮落也令他厭惡和唾棄，並且這中間他的思想總沒有形成一種堅定的意識，常常在動搖、猶疑、徘徊之中。他的反抗指向了那些壓迫著他的冰冷的教條，及一切鼓吹、誇張、

〔註93〕魯迅：《習慣與改革》，《魯迅全集 4》，北京：人民文學出版社，2005 年，第
228～229 頁。
〔註94〕戰前城市化、知識化的知識者們，也許多數都有這樣的情緒。

偶像崇拜，只注重個人的成就與光榮。這一點上不難看出他所受的西方文化的影響，這種立場在演劇隊中也有典型的表現。不可否認作為群體存在的演劇隊以及劇隊中的管理必然會有強調集體、壓抑個人的情形，有些是合理的有些則不合理。但對於蔣純祖而言，這些區分都不重要，重要的是集團的紀律與自我內心的衝突。在蔣純祖看來這些集團應該為他的內心而存在，在二者衝突的時候也只有自己的內心才是最高的命令、最大的光榮和最善的存在。這種個人主義的立場，儘管他已經將自己個人的精神力度發揮到了極致，仍不能不在現實面前一次次的幻滅。於是他又不住地為填補自身的空虛而痛苦、自慰、沉淪以及良心譴責、自憐自傷。他常常有這樣的自我搏鬥：

> 蔣純祖，像一切具有強暴的，未經琢磨的感情的青年一樣，在
> 感情爆發的時候，覺得自己是雄偉的人物，在實際的人類關係中，
> 活在各種冷淡的，強有力的權威下，卻常常軟弱、恐懼、逃避、順
> 從。……尤其在這片曠野上，蔣純祖便不再遇到人們稱為社會秩序
> 或處世藝術的那些東西了。但這同時使蔣純祖無法做那種強暴的蹦
> 跳；他所遇到的那些實際的、奇異的道德和冷淡的、強力的權威，
> 是使他常常地軟弱、恐懼、逃避、順從。在這一片曠野上，在荒涼
> 的、或焚燒了的村落間，人們是可怕地赤裸，超過了這個赤裸著的，
> 感情暴亂的青年，以致於使這個青年想到了社會秩序和生活裏的道
> 德、尊敬、甚至禮節等等底必需。〔註95〕

　　蔣純祖的精神常常在自我肯定與自我否定、高傲與自卑、自責與自愛、英雄與懦弱、激情與空虛的極端情感中來回切換、跳躍，這是那個瘋狂的時代中知識分子的不幸，也可以說是他們所遭受的「精神的創傷」。他的神經質的特徵是在理想的美好與他在「曠野」中親眼目睹的黑暗、殘酷、醜陋的兩極對撞中無法調和的產物，這一點是與那些「書齋中的探索國家命運及家庭中進行新舊抗爭的知識分子所不具備的」〔註96〕。用魯迅上述的標準來說，他沒有停留在書齋中高談闊論的層次，跑到了民眾中間看到了他們的「風俗」與「習慣」，但可惜的是沒有找到一條聯通自己與這些「多數的力量」、「民眾的大層」的橋梁。其原因也許在於他太過於愛惜自己知識者的那種敏感、自

〔註95〕路翎：《財主的兒女們》下冊，北京：人民文學出版社，1985年，第69頁。
〔註96〕周燕芬：《中國現代知識分子的精神側影——路翎和〈財主的兒女們〉》，《現
　　　　代中國文化與文學》，2009年2期，第175頁。

傲、內心高貴的羽毛，既無法與那些苦難、愚蠢的民眾融合一片，又無法容忍革新過程中的不完美與缺陷。蔣純祖對自己的這一點在最後是有了意識的。小說結尾處在他死去之前，當萬同華含著眼淚宣讀斯大林發佈的國家文告的時候，蔣純祖有了這樣的感覺：

> 蔣純祖聽著她，但後來便不再聽著她，而隨著這些莊嚴的言詞走進了一個雄壯的、莊嚴的世界。他有些迷糊，他顯著地軟弱下去了，這些言詞，以及對照著這些言詞的他自己底一生的荒廢和自私震撼著他。在迷糊中他明白自己底軟弱，有著恐怖，同時他看見了無數的人們。他看見了朱谷良和石華貴，蔣少祖和汪卓倫，看見了高韻，陸積玉，萬同華和孫松鶴。他們消失了，而他在哪裏見過的、無數的人們在大風暴中向前奔跑，槍枝閃耀，旗幟在陽光下飄揚。他聽見有雄壯的軍號的聲音。最初，這些人們底奔跑顯示了他底軟弱，卑怯和罪惡。他告訴自己說：他一直忘記了這些人們。這是卑怯和罪惡。他繼續聽見嘹亮的進行曲，覺得空間是無限的。
>
> 「我爲什麼不能跑過去，和他們一道奔跑、抵抗、戰鬥？」蔣純祖想……〔註97〕

總之，「七月派」作品中這些知識分子身上的局限性和「精神創傷」不僅僅是人物自身的，還屬於「七月派」的作者們。他們很大程度上和作品中的人物一起，在當時的歷史進程之中，進行著自我的探索，小說中的某些人物正體現了他們探索的程度。所以，某種程度上他們確實實踐了其理論上的作家、文藝、生活的三位一體，並在這種形式下展開了多方面的開拓，爲現實主義文學的豐富增添了內容。儘管這種開拓，也有著他們所未能逾越的限度。

第三節 文藝「大衆化」作爲「抗戰建國」宣傳的內在需要

如果說西南聯大的現代派詩歌是從學院的立場上走出來跨到社會現實中來，非如此不足以在文學與「抗戰建國」中搭一條溝通的橋梁的話；那麼「七月派」就是想要在人民的立場上向更高的精神、思想的層面去提升，非如此

〔註97〕路翎：《財主的兒女們》下冊，北京：人民文學出版社，1985年，第548～549頁。

不足以真正完成更終極的「建國」（現代化）的歷史任務。這是他們追求上積極的一面，許多嘗試也取得了一定的成果。但從總體的方向來看，他們的探索雖然已有擁抱人民的意願，卻仍舊很大程度地堅守著知識分子的較為優越、精英、個體、生命的立場。他們所從事的工作，都屬於「抗戰建國」中那種較為上層的、高級文化的方面。

馮至在 1943 年的《工作而等待》中，接著奧登的一首十四行詩，從一戰中的里爾克寫到二戰中的中國，寫到了同樣在戰爭中的那種混沌、幽暗的情形。馮至對那種道德崩潰的現象，對這種混亂中的有人過分樂觀有人過分悲觀的局面感到擔憂。他的態度是「不要讓那些變態的繁華區域的形形色色奪去我們的希望，那些不過是海水的泡沫，並接觸不到海內的深藏」，認為在那些並不顯著的地方，用著極簡陋儀器不放鬆的在工作而忍耐的人們，有足夠的信賴，因為：

> 真正為戰後做積極準備的，正是這些不顧時代的艱虞、在幽暗處努力的人們。他們絕不是躲避現實，而是忍受著現實為將來工作，在混沌中他們是一些澄清的藥粉，若是混沌能夠過去，他們心血的結晶就會化為人間的福利。到那時他們也許會在夜裏走出去，撫摩他們曾經工作的地方，像是「一個龐然的大物」。〔註98〕

而沈從文在抗戰時期就有一篇《一般或特殊》〔註99〕，文中他認為那些現在被用於「宣傳」的一般性知識，在很久以前曾經是某些少數專家的特殊知識。所以，沈從文覺得那些表面上很沉默、很冷靜，似乎遠離了「宣傳」空氣和戰爭的浪漫情緒，「抱負一種雄心與大願，向歷史和科學中追究分析這個民族的過去當前種種因果」的工作，卻真正貼近戰爭。他的結論是，「文化人」知識一般化的努力和戰爭的通俗宣傳，固然值得重視，但真正的社會進步，卻還在於一些工作上具有特殊性的專門家。

從馮至和沈從文這些論述中，不難看出他們強調精英性的「特殊」的意圖是十分明顯的，他們很自信他們所做的工作雖然在抗戰中似乎很遙遠、很渺小，但在抗戰之後，總有一天會變成一般的，會成為「一個龐然大物」。或者說，他們從事的工作並不在於「抗戰」，而在與「建國」（現代化），並且是

〔註98〕馮至：《工作而等待》，《馮至學術論著自選集》，北京：北京師範大學出版社，1992 年，第 492 頁。

〔註99〕沈從文：《一般或特殊》，徐迺翔主編：《中國新文藝大系（1937～1949）·理論史料集》，北京：中國文聯出版公司，1998 年，第 47～49 頁。

「建國」（現代化）中那些上層的高級文化、精英文化的部分。所以，他們似乎在很大程度上不是活在那個當下的「抗戰」的時代，而是活在未來。正如有研究者所論：

> 生活在 20 世紀，卻仍然是一個野蠻專制社會裏，聯大知識分子實際上是一個十分無奈的群體。他們毫無選擇的要生活在一個漫長而痛苦的社會轉型時代，面對一個非中非西，非新非舊，文化形態畸形的現實環境，這就決定了他們中的相當一部分人的精神寄居的世界只能存在於過去或者未來，恰恰不是現在。在這樣的環境中，中國文人似乎注定不屬於現在，只能在沉默中等待。〔註100〕

「七月派」的立場雖然和西南聯大的學院派知識階層有所不同，但從前面詳細分析過的他們（尤其是胡風）對「抗戰」、「建國」（現代化）關係的認識，表面上看是兩者並重，實際上其重心也偏向了「建國」（現代化）的一面，在胡風的表述中是「民主政治底實現，國民經濟底發展，以及國民文化底繁昌」。所以，知識分子即便有走向人民的意願，也是困難重重：如何走向民眾，如何對待與民眾間的知識、情感、觀念的差距，以及應不應該克服這些差距，如何在結合民眾的過程中保持「提高」不陷入民粹主義的傾向……都是那個時代懸而未決的難題。「七月派」做了很好的嘗試，但很難跨過知識者自身的門檻，也很難真正找到一條富有成效的道路（也許很難說有誰真正做到了）。也正是由於他們的這種知識分子的、精英化的意識與色彩，很大程度造成了他們長久的邊緣、淹沒的狀態，儘管這種邊緣、淹沒也有其不合理的一面。

如果說學院派色彩較濃鬱的西南聯大文學主要是推進文學現代化的努力。「七月派」創作代表的是堅守「五四」啓蒙的知識者們如何在「抗戰」、「建國」中探索與民眾結合的道路；那麼抗戰時期的文藝「大眾化」的潮流則代表著另一種傾向。

抗戰時期的文學之所以要「大眾化」，並且不像 30 年代的「大眾化」運動大多停留在探討、論爭的層面，而是切切實實地產生出大量的作品，影響了眾多的知識貧乏乃至不識字的民眾。它在用文藝這種獨特的具體方式，試圖在知識者與民眾、現代與傳統、城市與鄉村搭起一條可供溝通的橋梁。這種溝通的方式就其現實性而言，與當時的抗戰歷史同步，發生了很大的影響

〔註100〕趙新林、張國龍著：《西南聯大：戰火的洗禮》，上海：上海教育出版社，2000年版，第 75 頁。

真正得活在了當下；就其內容而言，與解放區的「大眾化」中那種政黨領導的一體化運動，有更為複雜、豐富的內容；就其「大眾化」實踐的程度而言，雖然不及解放區深入、廣泛，但可能是一種既有知識分子參與領導也確實產生出了能夠打通知識者與民眾隔閡的實踐成果的一種道路、一種方式。筆者認為，發生在大後方的文藝「大眾化」既在當時發生了重大的影響為「抗戰」貢獻了力量，而且這個運動中所包含的對民眾的現代知識常識、國家觀念、民族意識、價值形態的普及中，融入了知識群體和政治力量的多重啓蒙意識，造成了事實上深刻的啓蒙效果。儘管這種啓蒙從知識分子的精英立場看，可能品質是相當低級，但對於那個時代「軍紳」社會裏被極度破壞的下層社會（主要是農村）及民眾而言，這種現代的常識層面的東西已經是一種提高和啓蒙了。只有具備了這些現代的國家觀念、民族意識，人們才能夠相對清醒的意識到這場對日作戰的性質與之前王朝更替的區別，才能真正意識到「家」與「國」的深刻聯繫。因為這場戰爭本身就是現代化的某種後果，而贏得戰爭後國家和人民能夠接受的也只能是一種嶄新的現代化。而要為建設現代化奠定基礎，不但需要物質方面的基礎，也需要人們心理、思想、精神方面的基礎。就後者而言，按道理講，這應該是一種更為高級、精英層面的工作，但中國歷史的特殊性恰恰在於這種更高級、精英性質的工作並不主要由那些精英們（如西南聯大的知識分子）來完成，而是恰恰在這種看似很不精英的「大眾化」中被承擔了起來。

原因在於，一種運動的性質並不是抽象的由思想、知識本身的層次性質決定的，還要參考它所面對的對象。在抗戰時期急劇惡化的「軍紳」社會中，面對下層民眾那種異常貧乏、落後的對象之時，那種西南聯大知識分子的「現代化」努力從他們的立場上看雖然已經正視現實、擁抱現實了，但從極度貧乏、落後的民眾來看卻仍然是曲高和寡，即便是「七月派」的那種嘗試也保留了太多不能為他們所理解、所接受的情緒或元素，它們的啓蒙性可能的確是屬於將來，而不屬於那個時代。這種情形是被民國以來長期造成的二元分裂的「軍紳」社會的性質決定的。因為，啓蒙就其本意而言，應該是對對象的開導蒙昧、傳授知識，其先決條件是讓啓蒙的對象明白啓蒙的內容。當面對一個孩童的時候，教會他加減乘除就是啓蒙，若去教他學微積分就不能算是啓蒙了。同樣，「五四」時期，當啓蒙的對象是青年學生和市民階層這些已經接觸了新式教育的對象而言，科學、民主、反傳統可以說是啓蒙，但在抗

戰時期「抗戰建國」成為最大的現實，且這個現實要求歷史要償還此前幾十年所欠下的隔離農村、拋離下層民眾的債務之時，民眾就成了「啓蒙」的主要對象，而面對這種精神層面貧困的、飢餓的、衰敗的對象而言，知識分子的那種追求個體、生命、藝術方式的啓蒙意義是極為有限的，而那些品質較低的「大眾化」反而因適應了時代的需要、對象的需要而具有了更大的啓蒙意義。民眾在文藝「大眾化」中所接受到的那些現代常識、觀念意識，不但在當時對完成「抗戰」的緊迫任務貢獻了力量，而且為此後的「建國」（現代化）準備了人們心理、思想、精神方面的基礎。而且，中國社會的二元隔離局面也內在的要求一種填補二者之間巨大鴻溝的運動，「大眾化」也就應時而生，這中間是有巨大必然性的，其意義不僅僅在於「抗戰」那麼簡單，而是牽涉到國家的整個「現代化」命運。

　　下面的內容就是從這個角度出發重新審視和研究戰時大後方的文學「大眾化」現象。

一、「力」的凸顯與戰時民眾地位上昇

　　近代以來的劇變，就整個社會而言導致了「力」的元素的凸顯，民國「軍紳」政權的形成即是其表現之一。而在抗戰期間，這種堅硬的強「力」元素也顯得空前的重要。「強力」元素一般體現在軍事、政治、經濟方面。政治上，雖然國共有第二次合作，但二者之間始終暗流湧動、摩擦不斷，再加上國民黨地方「軍紳」政權的林立，相互防範、制衡、對抗、滲透的情形時時發生，故而內耗嚴重。軍事上，中國的軍隊相比日軍而言裝備較為落後（一般來說各地方的雜牌軍裝備更差），指揮系統表面上統一而實際上中央軍內部、中央軍與雜牌軍之間仍舊矛盾重重。經濟方面，國民政府在東南沿海的現代化成果多被日軍破壞和侵佔，內遷的工業規模數量上均相當有限，財政來源上主要依賴農村、農民的支撐。農民和農村成為抗戰時期國家的支柱力量，這不僅體現在提供龐大的軍費及財政稅收方面，而且軍隊方面的巨大傷亡，各種軍事民用建設上的人力需求，都是由農村、農民來供給。所以，在抗戰時期，民眾在很大程度上成為了「力」的體現。

　　晚清為對抗列強的堅船利炮而進行的器物現代化以及訓練新軍等，使傳統的崇文抑武觀念發生了改變。中國傳統社會，向來以文官集團的治理為其特徵，由此才屢屢出現廣土眾民的大漢民族常常被少數民族以武力征服的情

形，但武力強盛一時的少數民族卻無一例外都被漢文化所征服。所以，中華文明歷來都不是漢文化的一元格局，而是不斷雜取諸多民族的文化融合而成。中國文化的真正精髓在「文治」而不在「武功」，在「融合」而不在「純粹」。也恰恰因為這一點，傳統社會在規模上才能夠保持「帝國」的龐大架構，若主要依靠武力統治勢必難以為繼。因此，傳統社會中，帶有武力因素的身份、職業常常被視為低下的行當，俗語中就有「好鐵不打釘，好男不當兵」之說。蔣夢麟回憶他家鄉的情形時，描寫了鄰村一位品行不端的人去當兵，在他告假返鄉時，大家把他看做瘟神似的，都遠遠地避開他，因為村民們有個牢不可破的觀念，認為當兵的都是壞人，可鄙可怕而且可憎。〔註101〕連國外觀察家也注意到：「兵」在中國向來被認為是比罪犯還不如的無知的寄生匪徒，而兵的主子則被目為強盜王。〔註102〕

　　然而，這種情況不可避免地在近代發生了改變，根本的原因是資本主義國家的全球擴張很大程度上表現為帝國主義侵略，而中國近代以來便長期處於這種被暴力凌辱的狀態之中，抗日戰爭也是這一過程的延續和高潮。李約瑟曾描述過西方世界長期大肆侵略培養出的一種統治心理，總結起來一句話就是：

　　　　……因為我們有

　　　　馬克沁機關槍，而他們沒有。〔註103〕

　　所以，近代以來中國人曾發生過心態上的重大轉變，這種轉變的根源來自生存上的危機：

　　　　最要緊的是救中國——北方由陸路來的東南由海道來的強敵都得應付。那麼，怎麼辦？趕快建立一支裝備現代武器的現代化軍隊吧！士兵必須訓練有素，而且精忠報國。我們怎麼可以瞧不起軍人呢？他們是保衛國土的英雄，是中國的救星，有了他們，中國才可以免受西方列強的分割。鄙視他們，千萬不可以——我們必須提高軍人的地位，尊敬他們，甚至崇拜他們。不然誰又肯當兵？

　　　　大家的心理開始轉變了。……從此以後只有好男才配當兵。

〔註101〕蔣夢麟：《西潮‧新潮》，長沙：嶽麓書社，2000年，第110頁。

〔註102〕〔英〕班威廉‧克蘭爾：《新西行漫記》，北京：新華出版社，1988年，第141頁。

〔註103〕〔英〕李約瑟：《基督教和亞洲文化》，《四海之內：東方和西方的對話》，北京：三聯書店1987年，第176頁。

〔註104〕

　　而聞一多經歷了西南聯大的小長征，目睹了文化衰頹、國家敗亡，而知識分子印象中最愚魯、遲鈍、畏縮的鄉下人身上卻閃現著原始的生命的「蠻力」。於是，他在《西南采風錄・序》中熱烈的讚頌這種「力」：

　　　　你說這是原始，是野蠻。對了，如今我們需要的正是它。我們
　　文明得太久了，如今人家逼得我們沒有路走，我們該拿出人性中最
　　後最神聖的一張牌來，讓我們那在人性的幽暗角落裏蟄伏了數千年
　　的獸性跳出來反噬他一口。打仗本不是一種文明姿態，當不起什麼
　　「正義感」，「自尊心」，「為國家爭人格」一類的奉承。乾脆的，是
　　人家要我們的命，我們是豁出去了，是困獸猶鬥。如今是千載一時
　　的機會，給我們試驗自己血中是否還有著那隻猙獰的動物，如果沒
　　有，只好自認是個精神上「天閹」的民族，休想在這地面上混下去
　　了。……還好，還好，四千年的文化，沒有把我們都變成「白臉斯
　　文人」！〔註105〕

也就是說，對於中國這個向來講究「文治」的後發現代國家而言，發生「力的自覺」實在是因為長期深受的外來武力、暴力刺激的痛楚。而「力的自覺」的發生，則不僅僅集中在軍隊上面，還體現在民間的原生態的「野蠻」的力，並延伸到廣義的「技」與「器」（的力）的層面：

　　　　在整個的自由中國，技術工藝的重要性有著從來未有的貨幣價
　　值乃至權威。到處的著重建設，促起了對雙手有訓練的人們的注意。
　　學者和政治家所全部靠賴的便是這些工人——石匠、木匠、鐵匠、
　　機械師，他們真正創造了自由中國，——除了他們之外，似乎都是
　　無用的人，只會說話不會做事情。就我看來，在這些有著有用的雙
　　手的人們中間，正日益產生一種力的自覺。〔註106〕

也就是說，「力」的範圍不僅僅表現為「武裝暴力」，還包括在技術、器物以及生產中蘊含的「物質」力量。

　　近代以來從晚清內部革新到辛亥革命，從「五四」運動到北伐的成功，

〔註104〕蔣夢麟：《西潮・新潮》，長沙：嶽麓書社，2000年，第110～111頁。
〔註105〕聞一多：《西南采風錄》序，《聞一多全集2》，武漢：湖北人民出版社，1993
　　　　年，第195～196頁。
〔註106〕〔美〕埃德加・斯諾：《為亞洲而戰》，《斯諾文集2》，北京：新華出版社，
　　　　1984年，第200頁。

其領導都是舊式的、新式的士大夫和軍人（即所謂「文臣武將」），更重要的問題在於這些運動不僅領導階層而且參與者也大都是「文臣武將」（北伐期間左派發動的部分群眾與軍閥軍隊裏的流民職業兵的地位是微不足道的）。由於近代以來知識階級的知識化、城市化、以及社會的「軍紳」化導致的城鄉分離，使得占中國 80%以上人口的農民以及廣大的農村處於文化生態的叢林，人力與財力都被大量的抽離出去而呈現每況愈下的凋敝與放任自流的「蠕變」狀態，而這些基本上都在歷次社會革新運動的視野之外，國家所面臨的邁上「現代」之路的歷史選擇似乎僅僅與上層的「文人武將」以及部分城市相關，很難想像一個國家的現代化在撇開其 80%的人口與國土的情形下能夠成功〔註 107〕，這是中國近代以來在現代化課堂上欠下的功課。

然而，抗戰的爆發卻改變了以往的局面，在最慘烈的戰爭考驗中，卻使得之前最被社會上層（包括知識分子）忽視的人民群眾映入知識分子的眼簾，並且迅速凸現出來，成為矚目的焦點。在抗戰這個最真實、迫切的感受著生死存亡的「大時代」，在促使民族新生的各種力量中，令知識分子自己驚訝的是他們發現了「民眾」的偉力。造成這種結果有以下幾個原因：

首先，隨著近代教育體制的確立而形成的現代知識分子，天然的與中國近代化過程中的城市化同步，且知識形態上的分門別類造就的是各種知識門類中的「專門家」、「技術家」。前者導致了知識分子與廣大鄉村、農民的隔離，後者也表現出較強的「知識化」的傾向，兩者的效果在客觀上造成了知識分子與民眾的陌生，他們之間互相都不瞭解對方。〔註 108〕而在戰時的漂泊、流亡、貧病中，知識分子也重新接觸、體驗了中國更全面的社會現實，在尋找國家富強、民族獨立的出路之時，民國「軍紳」社會中的兩大政權上的主導力量，無論是「軍」還是「紳」，它們的醜陋、腐朽、反動面目以一種集中爆發的方式展現在知識分子面前。〔註 109〕

其次，抗戰造成了知識分子與大眾生活的接近，提供了兩者相互瞭解的條件，於是，令他們震驚的是，恰恰是為「上層人」、「文明人」所瞧不起的鄉民，雖然他們生活的苦難與艱辛與社會中「軍」、「紳」生活的享受與奢華形成了戲劇化的強烈對比，但是，無論在前線還是後方都把支撐抗戰的最重

〔註 107〕日本的快速現代化是由於國家規模不大，通過使國民受普遍的強制教育的手
　　　　段將其納入到現代化軌道之中的。
〔註 108〕關於這一點，第一章第一節中有詳細論述。
〔註 109〕參見本書第三章。

要的人力物力資源扛在自己的肩上。這表現在各個方面。一來軍隊的主要來源是農村和農民，這一點在戰時的文人作家中是公認的事實，在 1938 年「文協」召開的一場「怎樣編製士兵通俗讀物」的座談會上，他們表達了一致的看法：

> 錫金　我覺得士兵和民眾所需要的，應該是有共同的地方的。
>
> 炳永　兵士本多來自田間，所以兵士與民眾的生活有相同之處。
>
> 振武　我以爲在目前軍民一致抗戰的現階段，兵與民是不必有顯著的分別的，目前在前線參加抗戰的隊伍，就有許多是新從農村裏出來的老百姓。
>
> 安娥　是的，現在的一般士兵多半來自農村，所以我們的作品也必須發導士兵愛家鄉保護家鄉的感情。〔註110〕

二來，後方的建設、運輸、生產等也都主要靠農民提供的人力資源來支撐。植山在他的報告文學中總結了農民在抗戰中的地位：農民，其實並不是當眞天生「落後的」，只要想一想多少壯丁在前線作戰，在後方運輸，便可了解最主要而且最基本地支持著抗戰的脊柱，其實還是農民。〔註111〕作家耕史在考察了戰時的西北公路之後，也發出這樣的感慨：沒有一個人能估計西北這些運輸的脈絡對當前的抗戰貢獻有多大，這些貢獻當然不是幾位負責人物獨有的功績，它是西北成千成萬無名英雄以他們的血肉築成的——歷史是屬於這些無名英雄的呵！〔註112〕

第三，除了人力、物力之外，抗戰的財源也主要來自農民。民國社會的「軍紳」結構使得眞正佔有權力和財富的「軍」、「紳」階層，不但逃避了他們應當上繳國家的賦稅，而且還依靠掌握國家征稅權這一便利大肆勾結、巧立名目、渾水摸魚、中飽私囊，致使抗戰造成的客觀上國家人力、物力、財力的激增，不但很少從他們身上得到貢獻，反而還成爲他們投機倒把、聚斂財富的天賜良機。因此，抗戰期間，國民黨主要從農民那兒獲得人力、財力

〔註110〕《怎樣編製士兵通俗讀物（座談會）》原載 1938 年 5 月 21 日《抗戰文藝》第一卷第五期。文天行等編：《中華全國文藝界抗敵協會資料彙編》，成都：四川省社科院出版社，1983 年，第 68～69 頁。

〔註111〕植山：《懷鄉病與難民》，碧野主編：《抗日戰爭時期大後方文學書系·第四編·報告文學第三集》，重慶：重慶出版社，1989 年，第 1783 頁。

〔註112〕耕史：《西北公路是怎樣築成的》，碧野主編：《抗日戰爭時期大後方文學書系·第四編·報告文學第二集》，重慶：重慶出版社，1989 年，第 1316 頁。

和糧食的供給以支持戰爭。〔註113〕

　　再次，下層民眾身上雖然有著愚昧、保守、落後等特徵〔註114〕，但更令他們震驚的是居然在這些最愚魯、遲鈍的農民身上卻存在著為他們所不瞭解的另一面，即那種淳樸、善良與堅忍，那種面對災變、苦難時默默的承受與樂觀。這個巨大的發現，使得越來越多的知識分子隨著戰事的展開，把「抗戰（民族獨立）」「建國（現代化）」的希望越來越多的投向民眾。有學者早就指出，

　　　　40 年代對「農民」的再發現，不僅是社會學、政治學，以至民族學意義的——這種意義因為抗日戰爭所特具的「以農民為主體的民族解放戰爭」性質而得到前所未有的強化，這是誰都可以看到的；而另一面，當戰爭於眨眼之間毀滅一切的殘酷性，使得人生活與觀念中的一切都變得不穩定、不可靠，顯示出生命的有限、短暫與脆弱時，「農民」就作為一個「永恒」的存在，被人們驚喜地發現。〔註115〕

農民在屈辱和苦難中的那種默默承受卻又生生不息的頑強，甚至不僅僅停留民族學的意義上，而是具有一種「存在」意義上的價值，即他們默默無言卻又內蘊堅韌的形象極大地提醒了作家：正是他們在任何時代，都是人類社會存在的主體部分，知識分子的所有努力，都應當主要以他們為目的和歸宿。穆旦經歷了西南聯大的小長征，穿過了祖國內地許多閉塞、落後的地方，看到了為他之前陌生的最卑微的人民，然而正是在這些「恥辱」和「佝僂」的人民中，他發現了支撐「一個民族已經起來」的力量。在穆旦的這首詩，表達了知識分子在苦難的、麻木的、無言的農民身上感受到的內蘊而深沉的力量：

　　　　一個農夫，他粗糙的身軀移動在田野中，／他是一個女人的孩子，許多孩子的父親，／多少朝代在他的身上昇起又降落了／而把

〔註113〕〔美〕易勞逸：《毀滅的種子——戰爭與革命中的國民黨中國（1937～1949）》，南京：江蘇人民出版社，2009 年，第 4 頁。

〔註114〕這一特徵在戰前一直是較為頑固的存留在大多數知識分子的「農民」想像中的，並且這種想像來源的重要途徑之一，便是代表工業文明的西方現代文明體系、知識體系對傳統農業社會的片面設定。

〔註115〕錢理群：《「流亡者文學」的心理指歸——抗戰時期知識分子精神史的一個側面》，《拒絕遺忘：錢理群文選》，北京：中國大百科全書出版社，2009 年，第 170 頁。

希望和失望壓在他身上，／而他永遠無言地跟在犁後旋轉，／翻起同樣的泥土溶解過他祖先的，／是同樣的受難的形象凝固在路旁。／在大路上多少次愉快的歌聲流過去了，／多少次跟來的是臨到他的憂患，／在大路上人們演說，叫囂，歡快，／然而他沒有，他只放下了古代的鋤頭，／再一次相信名辭，溶進了大眾的愛，／堅定地，他看著自己溶進死亡裏，／而這樣的路是無限的悠長的，／而他是不能夠流淚的，／他沒有流淚，因爲一個民族已經起來。〔註116〕

作家司馬文森戰時在粵北隨部隊開進一個遭到日軍蹂躪的村莊之時，遇到了飢餓而又淳樸的村民，他記述了如下的情景：

沿途都能看見農民的屍骸，燒毀的房子和許多敵人來不及搬走的贓物。……大家默默的集中在河岸的草坪上，等待我們的編遣。不久婦女和老人也回來了，她們親眼看見自己的田地荒蕪，房屋變成廢墟了，而青年人的屍體到處橫陳著，卻沒有一個人流淚或號哭，大家默默集中在河岸的大榕樹下，又久久的望著瀉江的流水。

「田地已經荒了，房子又被燒毀，你們以後將怎麼辦呢？」我在這群飢餓的人群中，拉到一個老人問。

「我們很快就會在這片火燒場上建起房子，並重新耕地。」他毫不猶豫的回答，好像已經很習慣這種生活似的。〔註117〕

當王西彥到臺兒莊考察的時候，看到了相似的情景。雖然村莊、房屋被敵人的炮火毀棄，但一位質樸的莊稼漢卻微笑著對中國的軍人說，「辛苦你們了」，「屋子『沒』了不打緊，地總是打不了的！……只要有的吃，慢慢來，一個好年成就行！……可不是嗎，鬼子打走了，什麼都好說！」〔註118〕

還有一種情況，即是「軍」與「紳」的互相依賴、勾結，雖然能形成面對下層民眾的利益掩護優勢，但在這種壓迫急劇惡化滑向毀滅的深淵之時，他們也是相互糾纏，很難有某些已經處於這種「軍紳」糾纏之中的勢力能夠隨意抽身並全身而退〔註119〕。所以，抗戰期間佔據政權中心的「軍紳」勢力

〔註116〕李方編：《穆旦詩全集》，北京：中國文學出版社，1996年，第134頁。
〔註117〕司馬文森《瀉江的水流》，碧野主編：《抗日戰爭時期大後方文學書系·第四編·報告文學第一集》，重慶：重慶出版社，1989年，第458頁。
〔註118〕王西彥：《被毀滅了的臺兒莊》，碧野主編：《抗日戰爭時期大後方文學書系·第四編·報告文學第一集》，重慶：重慶出版社，1989年，第108頁。
〔註119〕那些仍然或保留傳統儒家、「士大夫」觀念的紳士，或眞正信奉西方現代文明

很難在整體上發生向上的、積極的變化與進步，而戰前處於被拋棄狀態的民眾一經宣傳、教育和鼓動，反而能產生一些積極的變化。如果說，那種蘊含在下層民眾（主要是農民）身上面對苦難的堅忍、承受是「靜態」的話，那麼這種在抗戰中不斷進步的情形便是「動態」的，知識分子從這兩方面獲取了信心、希望〔註 120〕。比如，抗戰時期在軍隊中服務過的賈植芳就描寫了他在民眾的變化中，看到希望、受到鼓舞的情景。當時，他作為一個新近的文藝青年正在和胡風交往，他在給胡風的信中他寫道，

> 在這個只能生細菌的地方，主要的還要做內部消毒的工作，魯迅先生的改造精神論，我一直到現在都覺得是一種正論。……馬馬虎虎，自私自利二大潮流，還是河一樣的在人們中間流蕩，前方後方化，所得的戰爭教訓，不過是東西太貴一點而已，真是悲觀。不過把眼睛從高級人們的頭上擡過去，看看愚夫愚婦，士兵，鄉下小孩，都是進步了，大大進步著，我想，這裡就是希望。……也因此，覺得文學應該和群眾擁合，奉仕於群眾，是現在文學的真實結論。《七月》發行大眾版，極為擁護。〔註 121〕

並且，他把自己看到的這些鼓舞人心的現實，還用文學的方式表達出來，創作《手續劇》一篇寄給胡風，內容是：

> 寫著一個事實樣的東西，記得初經歷了這樣的題材，很為感歎，戰爭啟發了民眾的靈魂，而在好的民運工作下，群眾們雖還不能馬上跳出貧窮，但漸漸脫了愚昧，愚昧實在比貧窮更屬害，但是能脫出愚昧，也就能離去那天賦樣的貧窮。而啟發了的群眾，那力量是固執樣的，不可過止的。這是這次戰爭給中國民眾的變化，也就是將來希望的種子。〔註 122〕

最後，需要再次強調的是，知識分子對於「人民」的「偉力」的發現，及其這種心理、認識上的轉變，至少包含著兩方面的心態和考慮：一方面是

中的進步觀念的某些西化紳士，自然是處於這種政權形態的「軍紳」結構之外，或者至少是較為邊緣的。

〔註 120〕甚至由於情感與思想的衝擊、轉變過猛、過劇，因而從一開始就有「崇拜」的傾向，再加上中國共產黨意識形態上的引導，就更是加強了這一傾向。

〔註 121〕賈植芳：《賈植芳文集：書信日記卷》，上海：上海社會科學出版社，2004 年，第 9 頁。

〔註 122〕賈植芳：《賈植芳文集：書信日記卷》，上海：上海社會科學出版社，2004 年，第 13 頁。

作為知識分子群體，無論在傳統社會中是「志於道」「以天下為己任」，還是在現代社會中的強調的公共性與社會責任感〔註123〕，都要求他們能「為民請命」，成為社會的良心，但此前與廣大民眾的隔離和陌生（這客觀上造成了知識分子對於自身職責的逃離和背叛）使得知識分子在抗戰中普遍有一種愧疚感，時常在理性上主動要求反思，要求拋開昨日之我，以更激烈的姿態貼近人民。另一方面是，知識分子在先前他們熟悉的狹小空間內，找不到實際上能夠拯救國家民族的力量和出路，「人民」的驟然出現給了他們（或許是過多的）「希望」與驚喜。在大後方文學運動中的知識分子看來，社會的上層和下層分明是截然不同的兩樣：前者雖然在抗戰之初曾經一度有振作之勢，可此後「軍紳」的變本加厲、惡化墮落呈現出無可救藥的敗象；後者則有民眾默默的忍耐與承受，在這種無言的承受之中，知識分子在下層民眾身上發現了我們民族實現「抗戰」、「建國」的真正力量。

其實，群眾的以「量」取勝的歷史地位並不是在所有的歷史階段都同樣顯赫與奪目，在和平的常態社會中，當改良和漸變的方式成為社會演進的主要形式之時，群眾在歷史舞臺上的角色也許並不那麼耀眼，但是在以戰爭（這種動亂的極端形式）和革命為主題的歷史階段，社會在各個方面受到各種力量地壓迫、擠兌，處在類似於民國「軍紳」社會的「僵局」、「泥潭」或者「死結」的那樣一個狀態之時，當改良和漸變已不能在事實上奏效〔註124〕，只能無奈的選取革命手段的局面中，群眾的以「量」的累積展現出的力量才往往容易在歷史舞臺上佔據較為突出的地位。這一點，在各種各樣的知識分子中，都有較為普遍的表現，除了上述大後方文學運動中的文人作家之外，眾多外國知識分子也都有強烈的感受。如白修德、賈安娜曾總結支撐中國抗戰的真正力量，他特別強調重慶的力量是極為有限的，且只是在抗戰初期展示

〔註123〕這兩種要求有不同，也有相通之處，在那個民國時期的中國知識分子中間，兩者是共存的。

〔註124〕如貝克曾言「中國已經到了急需這種激烈變革的關鍵時刻」（參見〔美〕貝克《一個美國人看舊中國》三聯書店1987年版，第77頁）；費正清也曾說過「在中國，我清楚看到：改良的要求被扼殺，剩下的路只有造反……當我花費更多時間考慮，如果我來作主，對中國這種一團糟的局面該怎麼辦，我的結論日益趨向於我也會採用中共的做法。如果不激烈，便不能打破這種局面。」（〔美〕費正清：我發現了左派，參見張鳴、吳靜妍主編《外國人眼中的中國》第5卷，《中國國民黨人、抗戰》，吉林攝影出版社，2000年版，第422～465頁。）

過一些精神與力量：

　　一九三九至一九四一年之間，重慶的脈搏裏，跳動著戰時全民族的力量。因此，匆促的旅客很容易造成一個錯誤，認爲重慶城本身是強有力的，力量是從它那兒產生而流注到鄉下。實情恰恰相反。中國的力量是在於農村，在於千百萬農民的精力，農民的意志才使重慶感染了力量，光是重慶是沒有什麼的。對戰爭的眞正的答覆，是在於遍佈在大陸上的星星似的鄉村。重慶過去的精神僅止於轟炸完結時，止於太平洋戰爭爆發時。危險過去，這精神就死了。〔註125〕

像愛波斯坦、貝克、克蘭爾這樣在戰時的中國，冒著風險經歷過長期的旅行，深入到一般知識分子也難以接觸到的內地和農村，親身體驗了與美國國情有著天然不同的中國社會，較全面地觀察和了解了國民黨政府上層與下層民眾的情形之後，得出了較爲一致的結論：

　　後來，對於中國這個戰爭中的盟國，美國的最高決策者總是把眼睛盯著蔣介石統治集團，而對中國人民和他們的武裝力量卻不屑一顧。其實那才是眞正抗日的核心。……現在看來，我在中國居住的那幾年正值變革成熟的關鍵時刻，舊社會已腐朽得再也不能苟延殘喘下去了。……鑒於在這樣一個混亂與變革時期中，發生在普通老百姓中的那些小事情可能比正規史書中的重大事件更爲重要。於是，這就形成了本書的主體部分。我認爲，只有那些名不見經傳的千百萬人民才眞正是歷史的締造者。〔註126〕

　　普通一般史家，新聞記者，和外交家只會注意一個國家或政黨的首領和巨頭，從這些要人們的言論行動中去估計一國或一黨的前途，但是中國的前途決不是單純從幾個巨頭身上所能窺測。中國人民大眾的眞正生活也不是幾個巨頭們所能代表。政治方面的變化，不過是下層沸揚著的洪流上所泛出的一點飽沫而已，而中國內在的力量亦只有在接觸到下層洪流時才能感覺到。這個洪流是靜靜的不

〔註125〕　〔美〕白修德、賈安娜：《中國的驚雷》，北京：新華出版社1988年，第19頁。

〔註126〕　〔美〕貝克：《一個美國人看舊中國》序言，北京：三聯書店，1987年，第2～6頁。

斷的在進行著，它的力量日益增加，誰也不能加以遏制。〔註 127〕

弗雷達·阿特麗曾經在日本長期觀察，熟悉日本國內各階層生活狀況與形勢，寫出了《日本的泥足》一書，剖析了日本對外侵略這一舉動的內部深層原因，描寫了日本國內政府與民眾、內閣與軍方等的重重矛盾。在抗戰時期阿特麗又來到中國，在目睹了中國軍民頑強抗戰的事實之後，這位對交戰雙方都了解較深的觀察家更是直言不諱地宣稱，「無論知識階層和富裕的人們有多少缺點，中國平民的驚人的頑強的抵抗力，中國兵士，農民和勞工的勇敢和堅忍，已經使中國繼續抗戰了兩年了，我相信他們到底要使日本所有的優勢失卻效力的。」〔註 128〕

「力的自覺」也還有歷史的因。近代以來中國社會處於劇烈的轉型期之中，外有帝國主義國家的虎視眈眈，內有政局動盪、軍閥混戰，在這樣的「亂世」，暴力、武力元素的滋生也有其必然性。在和平穩定的社會常態被打破，傳統的文化價值體系也失去規範的效力的情勢下，「武裝暴力」走上歷史舞臺的情形在過往人類史中屢見不鮮，民國的「軍紳」社會就是在這種局面下形成的。只不過蘊藏在「軍」、「紳」中的武裝強力只是在面對手無寸鐵且無組織、一盤散沙的普通民眾之時，才彰顯其淫威，若單憑「軍」、「紳」自身的力量，在面對帝國主義現代化的鋼鐵軍團之時，則難逃失敗命運，支撐抗戰走向勝利的最根本力量是（尤其是下層）中國的人民。抗戰是「大時代」中的「大時代」，是「亂世」中的「亂世」，所以更是極大地突出外在的、物質的「強力」的時代，畢竟「批判的武器當然不能代替武器的批判，物質力量只能用物質力量來摧毀」〔註 129〕。

所以，抗戰之初的一個短暫時期內，文藝界曾經一度亂了方寸，找不到自己在抗戰中的位置。「在抗戰初期，一般的作家們受著戰爭的強烈刺激，都顯示著異常的激越，而較少平穩的靜觀，這是無可否認的事實。」〔註 130〕。

〔註 127〕〔英〕班威廉·克蘭爾：《新西行漫記》，北京：新華出版社，1988 年，第 393 ～394 頁。

〔註 128〕〔英〕弗雷達·阿特麗：《揚子前線》，北京：新華出版社，1988 年，第 228 頁。

〔註 129〕〔德〕馬克思：《〈黑格爾法哲學批判〉導言》，《馬克思恩格斯選集》第 1 卷，北京：人民出版社，1972 年，第 9 頁。

〔註 130〕郭沫若：《新文藝的使命——紀念文協五週年》，原載 1943 年 3 月 27 日《新華日報》，參見文天行等編：《中華全國文藝界抗敵協會資料彙編》，成都：四川省社科院出版社，1983 年，第 214 頁。

於是，許多作家表示恨不得投筆從戎，還常常感慨所謂書生之百無一用。並且，當時確實有不少文人處於極度亢奮之中，意欲脫下長袍、放下筆桿而奔赴抗戰前線，或者直接參戰，或者從事戰地勤務。還有一些欲上戰場而未得者，也投身於組織群眾或協助政府處理日常行政等事務中。〔註131〕如從日本匆匆回國的郭沫若，就曾寫下「又當投筆請纓時，別婦拋雛斷藕絲。去國十年餘淚血，登舟三宿見旌旗。欣將殘骨埋諸夏，哭吐精誠賦此詩。四萬萬人齊蹈厲，同心同德一戎衣」〔註132〕的詩句。而逃到重慶的一位學者的詩句更是簡單明瞭又富有代表性：「早識書生無一用，當年悔不著戎衣。」〔註133〕在近代以來一直趨向集中於城市的知識分子，別棄了洋樓大廈和抽水馬桶而接受內地的茅屋泥房與毛坑木盆，變成了所謂的「馬路文人」，對於他們柳湜曾著文指明出路：「戰爭向全民族將打開救國之門，歡迎一切知識者到戰鬥中來，戰爭也將鍛鍊一切知識者，武裝自己，丟掉西裝、長袍、書齋研究室、講壇，而換一個崗位。」〔註134〕

然而，「對於多數文人來說，他們越發『投筆從戎』越發暴露出他們的『無用』」，因為他們在戰鬥和運輸、救護等工作中，處處都比不上普通的士兵、工友或農民」〔註135〕。不過，只要知識分子真誠地想要湧入抗戰救亡的浪潮中，接觸了他們之前沒有經歷過的人和事，在一段時間的冷靜觀察和思索之後，一方面認識到自己的缺點，另一方面卻又能發現自己的優勢，找到自己合理的位置。這就是為什麼，當時參與抗戰的絕大多數知識分子，哪怕此前並沒有與文藝工作有太大關聯，也都紛紛加入到文藝運動的行列中去。因為，文人們的筆桿與喉舌在抗戰救亡工作中實際是大有用武之地的，它們同樣可以成為抗擊日軍侵略的有力武器，其中最大的效用就是通過報刊、演出、歌詠等文藝形式的抗戰宣傳和動員，把散亂的、缺乏現代「國家」意識的民眾鼓動並組織起來，把民眾身上蘊藏著的潛在「力量」引入到「抗戰建國」的軌道上來。

〔註131〕馮崇義：《國魂，在苦難中掙扎——抗戰時期的中國文化》，桂林：廣西師範大學出版社1995年，第117頁。

〔註132〕郭沫若：《郭沫若全集・文學編》，北京：人民文學出版社，1982年。

〔註133〕楊玉清：《國難客重慶有感》，《民意》第42號。

〔註134〕柳湜：《雲集武漢的文化人往何處去？》，《全民周刊》第2卷，第2號。

〔註135〕馮崇義：《國魂，在苦難中掙扎——抗戰時期的中國文化》，桂林：廣西師範大學出版社，1995年，第117頁。

也因此，抗戰時期大後方的文學運動具備了與此前歷次運動都全然不同的一大特性，即它的目的不是爲了造就某種嶄新的文藝形態（如「五四」時期的白話新文學等），而是一場以實現「抗戰（民族獨立）」、「建國（實質是現代化）」這樣的社會目標爲重心的社會運動；而運動中的眾多文藝作品的讀者與對象，並沒有像「五四」文學革命時代及其後的革命文學時代，雖然也有不同程度面向大眾的意願，在實際中卻並沒有實現，城市化的知識分子聽眾仍然難以突破青年學生和小市民的圈子，但抗戰期間知識者無論被迫還是主觀情願地走向落後的內地、農村，接觸陌生的農民與鄉村社會，都使得這場文學運動的對象較大程度地直接指向以（大多數並不識字的）農民、工人、士兵爲對象的下層民眾。

或者，簡單地總結這個轉變，就是大後方文學運動中「人民本位」的凸顯，至少有兩個突出表現：一是程度上的深（如果說任何時代的文學都不可能完全不體現「人民」的話）；二是表現方式上的直接、眞切與具體，因爲以往歷次文學運動中呼喊的「平民」、「大眾」要麼對象群體較狹窄，要麼停留在抽象的或想像的層面。總之，「人民本位」的凸顯不僅是時代的必然，也是抗戰、建國（現代化）的客觀需要，也是中共意識形態自覺推動的結果。

二、「軍紳」鄉村社會形態與「救亡（抗戰）」宣傳的必要

大後方文學大眾化運動很大程度上是以下層民眾爲對象的宣傳活動，這引起了一系列的變化。在探討諸多變化之前，首先需要澄清的是，爲什麼抗戰時期以文學爲主要形式的宣傳活動是一種歷史的必要，這裡面其實有比較深層的社會文化因素。

前面在第一章就已經簡單地分析了傳統社會的結構形式，即是以傳統華夏（儒家）文化爲維繫方式的一種鬆散的社會模式，而不是近代以來爲西方所設定的現代民族國家。受過新式教育的知識分者們，對現代世界的以（民族）國家爲單位的國際格局較爲熟悉，而那些絕大多數沒有機會接觸現代教育的民眾，其頭腦中古老的（通常是模糊的）「天下」觀念已經鬆散、變遷，但對於現代的國家（主義）的世界格局仍舊是較爲陌生的。甚至，廣大的民眾不僅僅對國際世界是陌生的，而且還保留了較大程度上的「鄉土」特性，即費孝通所指出的禮治秩序、無爲政治、長老統治、血緣與地緣等特徵〔註136〕，他們大體上

〔註136〕參見費孝通《鄉土中國》一書，人民出版社2008年版。

還生存在這樣一套社會系統之中，往往還是「只知有家而不知有國」。這種前現代的狀況，使得中國社會不能迸發出現代社會中高超的生產效率和組織的強力，因爲在前者個人效忠的對象仍舊是家族、宗族、地方社團等主要以血緣、地緣爲紐帶的群體單位，而在後者每個人都直接面對國家、以國家爲優先的服務對象。

於是，在某些條件下，民眾對於外來的侵略者可能會出現較爲麻木、漠然的情況。如邱東平在他的小說《武裝的整治工作隊》中，寫下了這樣的文字：

> 被占區中的人民，並不全是瞭解自己的地位，有著高度的抗日情緒，積極參加抗戰的標準人民，還有少數是做著他們苟且偷安的迷夢，以爲敵軍一來，如果不和他們反抗，好好地接待他們，便能免受塗炭。烏溪人起初也是這樣苟且偷安的一群。在黃池被焚的前後，有一天日本兵到來了，在紳士保甲長們的領導之下，烏溪人完全做了日本「皇軍」的順民，他們排列在河岸上歡迎日本兵。紳士保甲長拿著日本旗子，小孩子拿著香，像敬奉菩薩似的對日本兵表示敬奉。又送給日本兵一隻牛。〔註137〕

作品中所描寫的這種情形和這樣的心理，在當時的中國是比較普遍的。老舍在《四世同堂》中也描寫了祈老太爺，在北京面臨日軍入侵的時候，雖然也感覺出不妙，但他始終還是認爲「北平什麼事都不過仨月」。於是，以爲挪了口破缸裏面放點石頭頂院門，便能萬事大吉。這種事情的發生，顯然與民眾對日軍侵略中國的目的與性質的麻木認識有關。1937 年 8 月 28 日的《申報夕刊》曾有這樣一則消息：

> 石洞（羅店附近海口，即小川沙口）平時泊有漁船一百四十餘艘，此輩漁民，於沿江水陸交通非常熟悉。戰事爆發後，彼輩受當地漢奸之煽惑，由敵方維持其生活，故全部漁船，一律資敵應用。石洞口敵軍利用熟悉港汊地理之漁民爲嚮導，故登陸較其他各港爲便利，且石洞小港汊甚多，港之正面有我重兵抵禦，而敵從側面小港左活動。〔註138〕

〔註137〕邱東平：《武裝的整治工作隊》，《邱東平作品全集》，上海：復旦大學出版社，2010 年，第 393 頁。

〔註138〕轉引自孫冶方《從漢奸之多談到鄉村工作》一文，《抗戰半月刊‧第一卷合訂本》第 12 號，第 30 頁，戰時出版社刊行，1937 年。

這些現象如此普遍，表明民國時期的那種城鄉分離的「軍紳」社會中，在沒有接受新式近代教育的民眾當中，現代的國家觀念、民族意識相當缺乏。在他們的理解中，很難明白這些日本侵略者和歷來的軍閥兵匪有什麼本質的不同。阿英在《抗戰時期的文學》一文中，記錄下了這樣的情形，「在後方，現在無處不是擁擠著民眾，雖然在每個人臉上表現了對民族抗戰的熱情，但散漫無組織，對這一回戰爭沒有深切的理解，卻是不可掩的事實」〔註139〕。所以，在一個廣大的鄉村民眾還整體上處於農業（農耕）文明的階段時，那種前現代的國家、民族意識是很不利於一致對外，全面抗戰的。而要改變這種局面，需要廣泛的、大眾化的宣傳。

在宣傳的必要性上，敵方的日軍則給出了有利的反證。孫冶方在一篇文章中談到日本人在宣傳上的積極：

> 然而在這時期中，敵人卻沒有忘記在我們國內做它的「群眾工作」：宣揚「王道」，提倡復古，散放「眞命天子出世」的妖言，看中了民眾的痛苦和不滿而頌揚「皇軍」的「弔民伐罪」的「功績」，誇張軍備實力養成恐日心理：——這些就是敵人的政治宣傳工作；以威迫利誘的辦法勾結我國的上層分子，收買無知愚民成立漢奸團體——這便是敵人的群眾組織工作。敵人的政治工作早已先於軍事侵略而深入了我們的內地。

日本人的這種奴化宣傳，是在思想、文化上配合軍事和政治的行動，是有著周密的計劃和預謀的。賈植芳在1938年致胡風的信中，談到了他在山西看到的情形，說在那裡敵軍的民眾工作比我方還要出色，軍隊裏都有專門的政治員（宣撫員），他們隨軍工作經常利用貼標語、開民眾大會等方式搞奴化宣傳。〔註140〕

此外，在一個社會轉型期的非常態情境下，那種自私自利型個人主義風潮容易愈演愈烈，原因主要有二。一來而近代以來的亂世格局，傳統正日趨消失，現代卻姍姍來遲，故而道義的約束（無論是舊的還是新的）每況愈下，而遇到軍閥混戰、民不聊生及抗戰這樣大規模戰爭的年代，當人們的生命財產受到嚴重威脅的時候，在這個文化衰敗的年代便容易滋生純自私自利型的個人主義。「西方的自私自利的個人主義，可由『他力』的宗教、法、國家社

〔註139〕阿英：《抗戰時期的文學》，《抗戰半月刊·第一卷合訂本》第12號，戰時出版社刊行，1937年，第39頁。
〔註140〕見一九三八年十月十四日致胡風的信，參見賈植芳《賈植芳文集：書信日記卷》，上海：上海社會科學出版社，2004年，第6頁。

會等加以限制；而中國的知識分子的自私自利的個人主義，則沒有，也不接受這些『他力』的限制，只有聽其『人欲橫流』的『橫』下去」〔註141〕。另一方面是現代西方文明中作爲國家主義另一極的個人主義思潮的影響，個人主義是資本主義生產方式的必要條件之一，而在近代中國這樣一個處於轉型之中的不成熟時段，人們容易受到西方現代「文明的比較表面的一些因素，如追求物質的舒適和享受」〔註142〕的影響，而造成自私自利的個人主義的流行。

自私自利型的個人主義的蔓延與現代國家、民族意識的淡漠，都容易使全社會難以形成一種團結的強力。可是，在抗戰中處於落後一方的中國要取得戰爭的勝利，這種鬆散、混亂的狀態是難以達成的，這個時候，客觀形勢就需要以某種方式進行廣泛的民眾宣傳、教育，把民眾從那種前現代的懵懂狀態中喚醒，使他們懂得最基本的道理：在抗戰中，沒有國就難以有家，而想要保家衛國就需要團結起來，一致對外。眾多的材料都證明，這樣的抗戰宣傳是極爲必要的。

其一，廣大的抗戰大後方地區，無論城市還是鄉村，受到的現代文明的薰染都相對較小，尤其是農村。傳統依然破敗，但真正的現代卻沒有建立起來。正如費正清在 1943 年的觀察：

> 人們很難理解，在這片土地上，有那樣多的老百姓，而統治階級，以及鄉紳只是那樣一小撮。農民與鄉紳都是舊中國遺留下來的，新中國只不過是很薄的一層，其中包括維持現代社會運轉的一小批人。現代中國的物質裝備也很單薄。如果當權者把中國與世界隔開，不消幾年，所有裝潢門面的現代化道具就將一一消失。〔註143〕

這既道出了中國社會的組織結構，又反映了內地、農村與現代文明之間的巨大鴻溝。這一點，被當時的人們深切地感受到。且不說更落後的中小城鎮及農村，即便在當時的陪都重慶，白修德也有這樣的觀察：

> 戰前重慶的一切，差不多都在城牆以內。二十萬人擠塞在這個

〔註141〕徐復觀：《中國知識分子的歷史性格及其歷史的命運》，黃克劍、林少敏編：《徐復觀集》，北京：群言出版社，1993 年，第 143 頁。

〔註142〕費孝通：《農村社區中的社會腐蝕》，《中國紳士》，中國社會科學出版社，2006年，第 97 頁。

〔註143〕〔美〕費正清：《我發現了左派》，張鳴、吳靜妍主編：《外國人眼中的中國》第 5 卷，長春：吉林攝影出版社，2000 年，第 448 頁。

窄小的區域內。社會上的少數有錢人,軍閥,大銀行家和富裕的地主,則在市外數英里擁有私人的宮殿似的家宅。城牆彌漫著渾渾噩噩,不知時間的空氣。二十世紀之侵入,只不過抗戰以前十來年的事情。第一輛黃包車在一九二七年才出現,那在當時是一個奇迹;兩條汽車路也是如此。電話於一九三一年來到,自來水是一九三二年,日夜供電制,是一九三五年。第一艘輪船於本世紀之初溯長江而達重慶,這之後,跟著溯江而上的輪船隻有很少幾艘。〔註144〕

　　在更廣泛的意義上說,往華北的旅行猶如從重慶的公路上一下子墜入它的山谷中一樣——時間在慢慢往回倒流,回覆到古老中國的那種農民文化中去。〔註145〕

另一方面,更重要的是,人們頭腦中的觀念仍然有濃重的地緣、鄉土意識,無論「外國人,流亡者和四川人有一樣東西是共有的,那就是陌生之感。海邊來的流亡者對時間和空間都感陌生。他們在中國的土地上撤退,每後退一步,他們就和不久以前剛脫離的民族古老傳統接近一步,他們到達重慶時,就進入了封建時代。重慶本地人對於時代是有陌生之感的,新的世界走到他們身上,他們不能瞭解」〔註146〕。在受戰火驅趕的外來「下江人」和土生土長的「本地人」之間,一開始有著很深的隔閡。前者大多長期讀書、工作、生活在沿海的都市,現代物質文明的諸多設施已成為他們生活中習以為常的部分,如「電燈、抽水馬桶、污物處理系統、汽車、電車、報紙、圖書館等;他們的太太則習慣於現代化的廚房、淋浴、汽車、電影院和西藥。這些現代化的東西在重慶幾乎是見不到的。例如,這裡有一家電影院,在 1940 年還放映 1936 年的新聞短片。」〔註147〕而後者在前者眼裏,幾乎處處都會產生不滿。如 1938 年的《中央日報》上就有文章點明,重慶人幾乎是愚昧、落後、懶惰、不思進取的代名詞;在「下江人」看來,重慶是一個骯髒、落後、沒有同情心的地方,是一個「垃圾堆」和「文明終止點」;甚至「本地

〔註144〕〔美〕白修德、賈安娜《中國的驚雷》,北京:新華出版社,1988 年,第 4 頁。

〔註145〕〔美〕白修德:《中國抗戰秘聞——白修德回憶錄》,鄭州:河南人民出版社,1988 年,第 39 頁。

〔註146〕〔美〕白修德、賈安娜:《中國的驚雷》,北京:新華出版社,1988 年,第 10 頁。

〔註147〕〔美〕白修德:《中國抗戰秘聞——白修德回憶錄》,鄭州:河南人民出版社,1988 年,第 18 頁。

人」傳統的裝束──白布包頭，也被抨擊為「野蠻民族的裝飾，有礙都市觀瞻」，認為「當空襲來臨時，尤給敵機顯明的目標」，所以應當取締。〔註148〕後者甚至還有這樣的舉動，即重慶第一次遭大轟炸之夜，四川恰巧遇到月蝕。據中國的民間傳說，月蝕是由於天狗吞月。只有敲打銅鑼，才能把天狗嚇走，使它不致把月吞掉。於是，五月三日空襲至五月四日空襲之間的夜裏，救月的銅鑼通宵在敲打，鑼聲響徹城中，和火爆聲及許多受難者的哀痛之聲混成一片。〔註149〕

　　一方面是物質生活上的巨大差異，另一方面是現代文明自身把傳統與現代、農業與工業、鄉村與城市之間的差異設定為野蠻與文明的兩兩對應，造成了人們心理上的隔閡──這兩者是傳統社會與現代社會差異的兩個方面，一是物質的，另一是精神的。在精神的層面上，一個很重要的區別是，接受現代文明的「下江人」有著現代的民族、國家意識，而「本地人」（乃至整個內地人、農村人）則沒有這方面的觀念，他們頭腦中原有的「朝廷」、「天下」觀念已然遠去，僅剩下自己的鄉土地域意識。所以，「下江人」大多有著「文明人」自居的心理，且流亡中深受顛沛流離之苦，也有「義民（相對於淪陷區的順民而言）」心態，故常有一種優越心理，在「本地人」跟前高人一等。而「本地人」一方面既對「下江人」在物質、精神方面的優越性表示羨慕，另一方面也把他們當做客人、當做外人、當做闖入者看待：「下江人」對他們的輕視、譏笑引起他們的反感，他們不喜歡這些闖入者帶來的捲髮、女孩子嘴上的口紅、青年男女公開在餐館吃飯等；日軍飛機轟炸重慶，在「本地人」看來這也是「下江人」把日本鬼子的炸彈引來的；當糧食漲價的時候，也是外來人把米價搞漲了；甚至重慶下起雪來，也是由於「下江人」所致。持有這種心理的還不僅僅是一般的老百姓，對於當地的「軍」、「紳」而言，也有這樣的心理：四川的軍閥在抗戰期間服從蔣介石，但這只是表面的服從，在他們的心理上並不是要像現代國家的軍隊那樣完全聽命、臣服於國家、政府的號令，而是僅僅把這種表面的服從當成是暫時的抗日聯盟而已，重慶政府只是一個客人的政府，他們一心想的還是割據一方〔註150〕；另有些紳士反對地方軍閥，歡迎蔣介石入川，但他們卻不接受國民黨及其他

〔註148〕思明：《重慶人的白布包頭》[N].中央日報，1938 年 10 月 10 日。
〔註149〕〔美〕白修德、賈安娜：《中國的驚雷》，北京：新華出版社，1988 年，第 10 頁。
〔註150〕參見白修德、賈安娜著《中國的驚雷》第 3 頁，新華出版社 1988 年版。

政客，其目的也不是（像現代國家那樣）要將川政完全歸於政府，而是想借助蔣介石平衡軍閥勢力，以實現「川人治川」，而所謂「川人」主要是當地的紳士、地主〔註151〕。

至於當時的軍隊，上層軍官軍閥特性濃厚，下層兵士多由農民組成，因而自上到下都缺乏現代的國家、民族意識。侵略前曾對中國進行過深入調查研究的日本，也發出這樣的聲音：中國的軍人只知道自私自利，只知陞官發財，沒有國家觀念〔註152〕。

抗戰爆發時中國內地的農村生活還處於這樣的狀態：無數的佃農，花費著一生的勞力，換得飢餓和無告，婦女們的腳纏得比金蓮還小，用著大拇指尖扭著走路，她們的一生是受著買賣婚姻的決定。愚昧和迷信籠罩著農村。秘密教門，形成勞苦農民的麻醉休息場所。兒童們是在窮困勞苦與無知中掙扎。教育的福分永不會光臨到他們的頭上，念幾本《三字經》，《百家姓》，《千字文》，已是分外的事。老頭子臨死的時候還在念念著，「人心不古，世風日下，不是年頭兒了！」〔註153〕而北方的婦女則是一生下來命運便被決定了：在娘家，小時候挨打挨罵，半成人便勤操苦做；到了二十來歲，不合理的社會假父母的手把她們送到別人家裏，受公婆無情的虐待，小小的丈夫又不懂事，得不到愛情的安慰，就這樣無聲無息的埋葬了一生。一種頑固的封建鐐銬鎖著她們。她們沒有意志，沒有地位，沒有路。一輩子不見陽光。歡樂，幸福沒有在她們的字匯裏。而婚姻上的痼疾更是致命的傷害。一點最低的自由，沒有；一點做女人的趣味，也沒有。什麼戀愛的結合更是談不上。〔註154〕

而在山西南部，中條山裏的女人頭上還梳著古趣盎然的唐代的髮髻；腳纏的只有二三寸，甚至走路時用用膝而不用腳，把腳拖在後面；與通常的「重男輕女」不同，在這裡生了女孩則皆大歡喜，而生男孩則有被溺死的危險，因為女孩越多財產就越富，女孩和財產是成正比的。就這樣，這些內地的近似「桃花源」中人的民眾，過著昏昏然的「不知有漢，無論魏晉」的日子，

〔註151〕參見費正清《中國之行》第78頁，新華出版社1988年版。

〔註152〕長江：《「東方弗朗哥」之死》，碧野主編：《抗日戰爭時期大後方文學書系‧第四編‧報告文學第一集》，重慶：重慶出版社，1989年，第221頁。

〔註153〕李公樸：《民主政治撫育下的五臺》，碧野主編：《抗日戰爭時期大後方文學書系‧第四編‧報告文學第一集》，重慶：重慶出版社，1989年，第692頁。

〔註154〕方敬：《雨夜，我想著》，碧野主編：《抗日戰爭時期大後方文學書系‧第四編‧報告文學第一集》，重慶：重慶出版社，1989年，第280頁。

渾不知外部世界已變成什麼模樣。在知識者看來，他們就像是自己爲自己築起一道牢不可破的牆，把自己圈在裏面，這牆是傳統的封建勢力的總和，上面寄生著的是迷信、自私、無識、愚蠢的各種各樣的腐蝕物。〔註155〕

民國「軍紳」社會中農村的這種情況，使得當地的民眾（不僅是農村的還有部分城市的，地區差異、地方文化的差異）與外來的政府（在很多當地人看來，地緣意識還很濃重）、（新）紳士、知識者都有相當的距離與隔膜；而對於農民與政府、知識者之間橫亙的「農耕意識－現代意識」的差異，及由此造成的理解、溝通、團結上的障礙，都會抗戰造成許多不利的影響。

不但鄉村的落後、閉塞不利於抗戰，內地的城市中也有相當沉滯的現象。抗戰初期，何其芳曾留下這樣的詩句：

> 然而我在成都，
> 這裡有著享樂，懶惰的風氣，
> 和羅馬衰亡時代一樣講究著美食，
> 而且因爲污穢，陳腐，罪惡
> 把它無所不包的肚子裝飽，
> 遂在陽光燦爛的早晨還睡著覺，
>
> 雖然也曾有過遊行的火炬的燃燒，
> 雖然也曾有過淩厲的警報。
>
> 讓我打開你的窗子，你的門，
> 成都，讓我把你搖醒，
> 在這陽光燦爛的早晨！〔註156〕

其二，戰爭客觀上造成了傳統的家族觀念、地域觀念的難以爲繼，爲新的國家意識、民族覺醒、文明更新提供了契機。

抗日戰爭使中國人民經受了空前的重大災難，給國家造成了難以估量的損失，然而戰爭也促進了中國從一個傳統、鬆散的社會型、文化型國家向統一的現代國家轉型。埃德加·斯諾把日軍侵華所引起的中國對日本的普遍憎

〔註155〕參見宋之的作品《牆》，碧野主編：《抗日戰爭時期大後方文學書系·第四編·報告文學第二集》，重慶：重慶出版社，1989年，第983頁。
〔註156〕何其芳：《成都，讓我把你搖醒》，《中國新文學大系（1937～1949）·第十四集》，上海：上海文藝出版社，1990年，第457頁。

恨，看做是日本對於中國統一的最大貢獻。而這種情緒是由於這樣的經歷而
產生的：

> 一切被炸城市裏的幾百萬劫後餘生卻因此激起了深深的狂怒
> 和厭惡，他們對於侵略者有一種特別切身的憎恨，你如果沒有鑽過
> 地洞，沒有伏在田野上躲過直插下來的轟炸機，沒有看見過母親找
> 尋她兒子的屍體的破碎頭顱的光榮，沒有聞過被燒死的學童的氣
> 味，你決不能完全瞭解這種憎恨。這恐怕是日本對於中國的統一的
> 最大貢獻。〔註 157〕

這樣對敵人殘暴、野蠻行徑的憎恨，激起的既是反抗，也有重建國家、促使
民族新生的鬥志和決心。野蠻、殘暴的侵略造成了這樣弔詭的後果：它不但
沒有如預期的那樣瓦解中國人抵抗的勇氣，反而「激起反侵略的浪潮，它們
不過更加提高了人民大眾的抗戰精神，同樣提高了他們的物質力量，使人們
加強自己的團結，準備支持必要的措置，以實行更大的持久戰鬥」〔註 158〕。
在日軍炮火、轟炸中，原本那些千千萬萬彼此陌生、互相隔膜的「本地人」、
「下江人」、內地人、沿海人、工農兵、知識者，在面對大轟炸、大災難的時
候，才逐漸明白他們無論來自何方，都使用共同的文字，說著大體一致的語
言，有著共同的敵人，面臨著同樣的生命威脅，捍衛者同樣的一片土地……
這才在相互的心靈中因對外部的「同仇」、「敵愾」而產生內部的緊縮、團結。
白修德就注意到，「使重慶成為偉大，而把各種各樣參差不齊的男女融合成為
一個社會的是大轟炸」〔註 159〕。侵略戰爭這種最讓人無法迴避、沒有退路的
形式，同時激發著從最落後、麻木到最進步、昂揚的人們：日軍的殘暴和在
全中國的轟炸也已經使最貧窮的，受壓迫最深的中國大眾認識了日本是非加
以抵抗不可的敵人……日軍士兵的殘暴，他們在中國市鎮和鄉村的屠殺，姦
淫和擄掠，補償了中國政府和地方行政的一切缺點。全中國的知識青年都有
燃燒般的強烈的愛國反日情緒。〔註 160〕

〔註 157〕 參見埃德加·斯諾《為亞洲而戰》第 127～128 頁，《斯諾文集 2》，新華出版
　　　　　社 1984 年版。

〔註 158〕 〔美〕埃德加·斯諾：《為亞洲而戰》，《斯諾文集 2》，北京：新華出版社，
　　　　　1984 年，第 127 頁。

〔註 159〕 〔美〕白修德、賈安娜：《中國的驚雷》，北京：新華出版社，1988 年，第 10
　　　　　頁。

〔註 160〕 〔英〕弗雷達·阿特麗：《揚子前線》，北京：新華出版社，1988 年，第 216、
　　　　　218 頁。

　　而要眞正做到團結一致、共同禦敵，就要求人們必須首先拋棄傳統社會中的那種個人對家庭、家族、地方組織負責的態度，這種態度的維繫紐帶主要是血緣、地緣以及與此密切相關的禮俗。建立在這種心態上的國家是一盤散沙、缺乏效率的，因爲社會內部各種地方組織的衝突與內耗大大削弱了它在對外上的力量。正如某些觀察家所看到的那樣，中國要想在這場戰爭中獲得勝利，就需要在很多方面學習自身的敵人，尤其是國家、軍隊的組織方面，道理很簡單：要對抗外來的巨大強力，就需要在內部產生同樣強大的力量。

　　　　這次戰爭也許比以前任何災難更深刻地動搖了中國的家族制度。……全體性戰爭把嚴重而複雜的問題課給每個中國人，家族主義有限的手段再也不能單獨應付了。群眾在空前的災難之前需要安全，結果便造成了社會結合和互相依賴的新形式，以及順從廣泛集團權力的更大願望。

　　　　幾百萬的人民離開了他們的親戚和父母，有的由於軍隊的徵募，有的在混亂中死裏逃生，但千萬的人卻是自願別離家庭去爲國效勞的。〔註161〕

　　那種近代以來由於內憂外患造成的文化生態失範的局面，以及這種非常態社會中迅速滋生蔓延的自私自利，雖然在戰爭年代日趨惡化，但這種狀況是無法避免失敗、被奴役命運的，事實上，客觀情勢反而需要打破這種狹隘的利己觀念、傳統的家族地緣意識，由此形成更爲統一的現代國家。於是，戰爭意想不到的積極作用體現在：舊式的中國生活秩序已經被這次戰爭所推翻，比前代任何事變更爲厲害。要創造一種新生活，要以服務軍役，愛國主義，「全體性」戰爭代替只顧身家，苟活自保，是需要很長時間和經過許多周折的。……這一次戰爭使中國人產生了社會意識和社會服務，不像以前似的只肯擔任家義務了。〔註162〕也有作家發現：敵人越深入，國民受敵人的欺侮越深，則他們的民族意識益爲覺醒，反日鬥爭情緒益高，抗戰意志，勝利信心益堅，國家潛力量愈益能夠發揮出來〔註163〕；日本帝國主義的魔手撕碎了

〔註161〕〔美〕埃德加・斯諾：《爲亞洲而戰》，《斯諾文集 2》，北京：新華出版社，1984 年，第 196～197 頁。

〔註162〕〔英〕弗雷達・阿特麗：《揚子前線》，北京：新華出版社，1988 年，第 145 頁。

〔註163〕林煥平：《論現階段的抗戰文藝》，樓適夷主編：《抗日戰爭時期大後方文學書系・第一編・文學運動》，重慶：重慶出版社，1989 年，第 230～231 頁。

中國廣大的版圖，它從政治、經濟、文化的侵略進而軍事的佔領，一些國內的買辦階級豪紳地主高利貸者從中漁利更撕毀了農村的編制，這兩種暴力，喚起了民族意識的覺醒〔註 164〕。

也就是說，面對外來的侵略，反而在客觀形勢上造成了有利於或者有必要養成國民統一的現代民族觀念、國家意識，使得那種絕大多數還處於前現代的社會型、文化型國民向現代的公民轉變。而這種轉變的客觀局勢，只是外在的有利條件，即便是它所造成的人們心理、態度上的需要態勢，也只是處於自發的、零散的狀態，而真正要切實地轉化為事實，還需要國家內部某種力量的努力和領導。就中國現代史而言，承擔這種任務的是現代政黨與知識者群體（兩者有交叉）。發生在戰時中國大後方的文學大眾化運動就是這一歷史任務之中的一部分，甚至可以說是將民眾的那種散落的、自發的現代民族、國家意識激發和組織的主力軍。

戰前就曾經有過文藝大眾化的呼聲，然而實踐的方面始終十分薄弱，很大的原因在於大部分作家、文人集中於城市，不瞭解中國社會中大多數人的生活實情，不但在知識上、觀念上與下層民眾有巨大的鴻溝，而且情感上也沒有同情與理解，甚至輕視民眾、鄙視農村的心態依然根深蒂固，再加上作家們也和其他（所謂的）現代中國人一樣，貪戀或者說習慣於現代文明提供的物質生活上的舒適、便利、享受的感官「快樂」，所以注定戰前的「大眾化」口號難以在實踐上有什麼實質的進展。〔註 165〕戰爭的驅趕反而促使文人作家接觸到了更廣闊的現實，瞭解了更廣泛的人民，在度過了抗戰初期的一段既激昂又惶惑的階段之後，他們找到了真正適合自己的崗位，開始深入農村、進入軍隊，用筆桿子來彌補槍桿子的不足，為抗戰凝聚力量。這時候他們就發現，需要筆桿子完成的任務或許還更為艱巨。

老舍在《抗戰中的中國文藝》一文中，就發出這樣的呼聲：

> 有組織有計劃地動員文藝工作者到前方和後方去，是目前最重要的事情！沒到過前方或深遠後方去的，不會曉得那些地方對於精神食糧的需要是何等的迫切呵！前方的民眾苦悶著，看不到指導抗

〔註 164〕柳倩：《中國新詩歌的檢討及其前途》，碧野主編：《抗日戰爭時期大後方文學書系・第四編・報告文學第二集》，重慶：重慶出版社，1989 年，第 1105 頁。

〔註 165〕若要問一句：如果沒有抗戰，即便社會的現實依舊糟糕、惡化，為了拯救國家促進它的新生與現代化，作家們會不會像戰時那樣較普遍、深入的接觸鄉村、農民呢？我想答案應該是否定的。

戰的書報，沒人領導參加戰地工作。後方的民眾也苦悶著，只覺得
生活上一天天的煩擾著，不知道這是遇到了什麼年月。抗戰這名詞，
他們是知道的，究竟是怎樣一回事，他們並不完全清楚。這問題還
不算嚴重嗎？〔註166〕

的確，在內地民眾的那種「前現代」的觀念中，只怕連抗戰中「敵人是誰、
自己人是誰」的問題都未必真正清楚。如一些地方「軍」、「紳」，常常把蔣介
石及中央政府看成是比日軍更爲危險、兇狠的敵手，山西的閻錫山即是這樣。
甚至許多地方的民眾也不把外地人看作自己人（中國人），而是視爲暫時停留
於此的客人，而日本人也許只是另一種不同的客人而已。而在軍隊中情況更
爲嚴重，中央軍鄙視、排擠、壓迫地方軍，甚至有時候樂於看到這些「雜牌
軍」被日軍消滅，以削弱它背後的地方「軍紳」的勢力；地方軍之間互不信
任、互相猜忌，對於中央軍更是常常敵視有加，既痛恨中央政府在裝備、薪
餉上的不平等待遇，又要隨時提防中央試圖將其削弱、消滅的陰謀。這些都
是民國時期那個變態的「軍紳」社會中特有的現象。所以，大後方的文學運
動就是要通過宣傳、教育改變造成這些非常態的「怪現象」掩藏在人們心理
上的思想根源——前現代的觀念意識。

事實上，抗戰中的這種需要在客觀上是很強烈的。老舍就對那種指責文
藝總是拉住抗戰死不放手的論調進行批駁，在他看來，這都是不瞭解戰時中
國社會的實際情況才會有的看法，因爲「事實上，卻是前方將士，病院裏的
受傷的弟兄，政治的宣傳，民眾的教育，敵後方的爭取民眾……都急切的需
要文藝」〔註167〕。

只有在這樣的角度我們才可能理解茅盾的這樣一段話：

最後特別重要的，是因爲抗戰所引起的一些問題逼著大多數人
民要求更多的智識，——抗戰提高了人民的求知欲，抗戰亦教育了
民眾，把他們的文化水準大大的提高了。在這上邊，文藝工作是起
了巨大的作用的。抗戰給我們的文藝運動造成了空前的有利的條
件，同時，抗戰的現實，——充滿了英勇的鬥爭，可歌可泣的悲壯
與矛盾現象的，刺激著人民大眾的心靈，覺醒了的人民大眾的創造

的才能，大批的青年文藝工作者從社會的各階層湧現出來，支持了
抗戰文藝的廣長的陣線。〔註168〕

為什麼抗戰逼著人們要求更多的智識，提高了他們的求知欲？為什麼抗戰給
文藝運動造成了空前的有利條件？抗戰這個嚴酷的現實，以及這現實造成的
種種新形勢、矛盾及困境，都以「逼問」的形式驅使人們尋求回答，不同的
答案決定了他們不同的抉擇、不同的道路及承擔了不同的歷史任務。〔註169〕
於是，我們也才能理解那些參與大後方文學運動的作家們，在從事工作的時
候，為什麼會再三強調文化力量的重要，以及這種文化的「大眾」身份、「人
民」立場的重要：

> 我們不能否認文化力量的發揚和光大，直至今天還沒有達到它
> 應有的高度，萬萬千千浴血苦鬥於抗戰前線的將士，在切盼著文化
> 的供應；廣大的戰區，淪陷區域的民眾，在受著敵人的肉體以外的
> 精神的迫害，廣大的農村還不少被埋葬於無知的黑暗之中，急切地
> 需要文化的救濟。文化人已應該深刻地覺醒，把文化局限於知識分
> 子的狹小範圍內，在今日的新形勢之下，已經是一種不可自恕的犯
> 罪，沒有普遍的大眾的基礎，絕不能有真實崇高的文化，每個執筆
> 桿的人應該在紀念第二十次五四的今天，宣誓為大眾的文化而戰
> 鬥。〔註170〕

由以上分析，我們不難看出，抗戰時期轟轟烈烈的宣傳、教育運動，有著中
國社會在抗戰這個複雜嚴峻歷史時期的強大的內在需要，它是對民國「軍紳」
社會結構帶來的一系列問題堆積在中國現代化道路上形成前進「鐐銬」地強
烈反駁。非如此，既不足以完成「抗戰」以求民族獨立，也不足以完成「建
國」以求實現真正的「現代」。

　　總之，內地、農村觀念的封閉落後，人們頭腦中的民族、國家觀念常常
還是傳統的、前現代的，沒有現代知識體系中包含的現代民族、國家觀念，

〔註168〕茅盾：《抗戰期間中國文藝運動的發展》，《中國新文學大系（1937～1949）·
　　　　第一集·文學理論卷一》，上海：上海文藝出版社，1990年，第132頁。
〔註169〕如缺乏知識的下層民眾是宣傳、教育的對象，是被進步者，而知識者們是宣
　　　　傳、教育的領導者、參與者、主力軍，卻也在宣傳、教育民眾的過程中，自
　　　　身也同樣經受著某種被大眾教育的過程。
〔註170〕適夷：《紀念「五四」──為大眾的文化而戰鬥》，蔡儀主編：《抗日戰爭時期
　　　　大後方文學書系·第二編·理論論爭第一集》，重慶：重慶出版社，1989年，
　　　　第26頁。

而這些觀念的形成對於國家的無論「抗戰」還是「建國」都非常重要，這需要知識者的激發和引導；戰爭的新形勢也引發了民眾在客觀上理解國家、民族當前處境、戰事進展的需要，這些也都要在廣泛的宣傳中獲得；戰爭也給國人提出了許多迫切的問題，逼迫人們去尋找答案，對於普通的老百姓而言他們缺乏去深入思考這些問題的能力，需要知識者的幫助與解答；此外戰爭還激起了民眾的仇恨，但這種情緒大多是自發的，需要政黨及知識者的組織與領導，使其轉化爲抗戰的自覺的堅硬力量。

三、「宣傳」對文藝的選擇及「大眾化」的要求

　　文藝形式的特殊性，是戰時宣傳、教育最優先、最自然的選擇，就文藝本性而言在這方面有天然的優越性。在大後方的宣傳、教育運動中，廣大的下層民眾成爲文學的讀者、受眾，而由於當時「軍紳」社會中農村的遲滯、閉塞，文化上幾近眞空，所以民眾的識字率非常低〔註171〕。面對這一實際情況，就需要找到一條合適的途徑和形式，去承載那些民眾需要的「現代」內容，而在所有的形式中，文藝形式所具備的天然優勢使它能更多地承擔這個歷史使命。

　　實際上，若從改變人們思想意識的深刻程度層面上講，這應該屬於理性認識的範圍，最合適的形式自然是戰時在知識者們之間流傳甚廣的社科類書籍或小冊子，如《大眾哲學》、《聯共黨史》等，但這種較爲理想的形式只能在受過相當教育、有一定程度的理解能力、具備某種現代知識基礎的知識者中間才能奏效，無法被移植到下層民眾的身上。以農民爲主體的下層民眾，基本沒受過教育，識字人數很少，（封建）傳統意識既陳舊又濃厚，常常對那些在知識者看來幾乎是常識的名詞、事物都極爲陌生。

　　1938 年中華全國文藝界抗敵協會曾召開過一個《怎樣編製士兵通俗讀物》〔註172〕的座談會，探討編訂士兵通俗讀物的問題，座談會上眾多作家結合自

〔註171〕抗戰時期，江津師範學校的師生在當地的調查顯示，在白沙鎮的 2663 戶 8770 人中，文盲占總人口數的百分 60%，而在三口鄉的 1567 戶 8477 人中，文盲則占總人口的 96.5%。參見張壽康：《一所別具特色的江津師範學校》，《抗戰時期西南的教育事業》，貴州省文史書店，1994 年，第 284 頁。各地情形不一，但基層民眾識字率之低則較爲確切。

〔註172〕以下列舉的例子均出自該座談會的記錄，《中華全國文藝界抗敵協會資料彙編》第 71～74 頁，文天行等編，成都：四川省社科院出版社，1983 年。

己在實際工作中的經歷進行了交流，他們所提到的一些細節很典型的反映了農民的觀念意識及他們所能理解的限度相對於現代文明而言是多麼遙遠。徐炳昶舉了個例子，談字彙和字彙所傳達的觀念要能夠滲透大眾的生活的重要性，如「送一封信」最爲大眾所懂得，而「傳達消息」大約還能夠懂，但若改爲「傳遞情報」這樣的表達許多人就不大能懂了。老向也提到以往流行在知識分子之間的某些歌曲，在鄉下一點效用都沒有，如「起來，不願做奴隸的人們」這句歌詞，老百姓就不懂「奴隸」是什麼，所以他們在金華的下鄉宣傳以失敗告終。柳倩也認爲在面對鄉民爲主的對象時，知識者坐在從前的上海亭子間想出的文字是要碰釘子的，比如「飢寒」二字農民就不懂何意，而改爲餓肚子就明白了。亞平也列舉了一個事實，即啞劇在鄉村裏的效果相當不錯，因爲倘若是話劇，要用國語演出，就往往爲觀眾所不懂，而啞劇純粹用動作表現，反而讓大家能夠看懂。

以上所舉的例子，主要是由於現代的新字句不能爲鄉民理解而造成的困難，但問題常常並不是僅僅表現在字彙的上面，而是背後所代表的不同的文明階段。當時還有一個故事也頗能表現內地鄉民與現代文明的巨大隔閡：說一個賣汽車的人到鄉下去宣傳，說了一大堆汽車的好處，之後問大家懂不懂？農民則反問他，沒有牛拉，汽車怎麼會走？內燃機驅動的汽車是現代工業文明最具代表性的旗幟，而農民的思維、觀念則完全還處於以「牛耕」爲典型代表的農業時代。

並且有時候，知識分子主觀的嗜好、習慣、思維方式、表達方式都在宣傳、教育的過程中造成意想不到的障礙。田漢就舉了一個他親歷的事情，在長沙宣傳時有好些標語，是用美術字來寫的，可是鄉下人連正楷字都認不清楚，美術字就更是不懂，但知識分子這樣做實際上往往是下意識的，常常覺得非用些美術字就不過癮，似乎就不能滿足自己，於是爲了滿足自己而無意間爲宣傳、教育工作設置了障礙。老舍也認爲在一些作家身上還存留著很重的歐化、唯美的傾向，諸如類似「老舍的眼光投了一個弧形，心中起了微茫的傷感」的句子，從藝術、美感的角度看還頗能投合許多文藝家的胃口，但即便是這樣的句子，在當時「連初中程度的學生也不見得十分瞭解」，更遑論勞苦大眾了。〔註173〕

〔註173〕這就是爲什麼，要想眞正使文藝大眾化，就必須對文藝創作的主體——作家——的文藝觀、世界觀、價值觀進行某種程度的調整與改造的原因。

　　人們常說「語言是思維的外殼」，語言很大程度上只是一個符號系統，每一個詞語、概念的背後都有它所要傳達的內容和對象，而這些內容、對象都指向為整個作家群體所接受的現代知識體系、文明體系，民眾所不能瞭解的實際上正是這些，只不過以「字句」的形式表現出來而已。郭沫若就提到過，現代中國的新文藝雖然已經十分歐化、西化〔註174〕，但是相比其他的知識門類，文藝還算是最為中國化的：

> 　　中國近百年來的新的事物，比較上「中國化」了的，還當推數文藝這一部門。其它多半還是直接使用舶來品，竟連《中國社會史》之類還在使用東洋貨。就拿自然科學來講吧，高級一點的學校都還在使用外國教本，且以使用外國教本為榮，各項部門的術語學名都還沒有譯定，或者也竟直接使用東洋貨。和這些比較起來，文藝不能不說較勝一籌的。〔註175〕

　　因此，在宣傳、教育運動中，由於受眾、對象成了以農民為主的大眾，故只能採用較為中國化的方式才能為他們所懂得、理解和接受，才能在事實上發生效用，契合民眾心理上被殘暴、野蠻的侵略戰爭激起的反抗、覺醒、求知的欲求，把民眾身上散落的自發的力量真正調動、激發、組織起來，將其轉化為「抗戰建國」的力量。而較為中國化的文藝自然是轉化工具的重中之重。

　　請看下面的王季思創作的《抗戰軍歌》：

> 好難要當兵，好鐵要打槍；
> 當兵上前線，拿槍打東洋；
> 一槍打一個，兩槍打一雙；
> 中華有男子，中國永不亡！〔註176〕

歌詞在形式上採取了中國傳統五言詩的樣式；音韻鏗鏘、流暢，語言上相當口語化，非常通俗易懂；更重要的是，在內容上它能夠鼓勵入伍抗戰，明顯有破除中國傳統意識中的「好男不當兵、好鐵不打釘」的觀念。而老向所做

〔註174〕上面所舉的《怎樣編製士兵通俗讀物》座談會的例子，就是新文藝不那麼中國化的證據。
〔註175〕郭沫若：《「民族形式」商兌》，蔡儀主編：《抗日戰爭時期大後方文學書系·第二編·理論論爭第一集》，重慶：重慶出版社，1989年，第280頁。
〔註176〕王季思：《抗戰軍歌》，臧克家主編：《中國抗日戰爭時期大後方文學書系·第六編·詩歌第一集》，重慶：重慶出版社，1989年，第200頁。

的詩歌更是通俗：

> 小日本兒，
>
> 不講理兒，
>
> 偷東西兒，
>
> 賽耗子兒。
>
> 我是狸貓捉耗子兒，
>
> 我要當兵打日本兒。〔註177〕

這篇作品是模仿民謠的形式而作的，利用口語中常見的兒話音來押韻，既詼諧幽默又朗朗上口，利於傳唱，但傳達的內容主旨卻很明確、清晰。在眾多智識低下、文盲眾多的民眾當中，這樣的作品反而因爲能夠被人們聽懂、接受而產生影響的。也有的地方民謠也發出了喚醒民眾抗戰的呼聲：

> 送郎送到門外頭，
>
> 郎的眼睛大如牛；
>
> 問郎在恨那一個，
>
> 恨的日本賊骨頭。（貴州民謠）〔註178〕

> 月亮出來月亮黃，
>
> 日本鬼子好猖狂；
>
> 與其留著來等死，
>
> 不如送郎到戰場。（雲南民謠）〔註179〕

另外，文藝作爲宣傳、教育的工具，有著自身天然的優勢。譬如哲學、歷史、社會學等知識門類大都是訴諸人們的理性，雖然在思想、認識、理論的深刻程度上較有優勢，但其對象只能劃定在受過良好教育、有一定知識基礎的群體；而文藝的形式運用的是感性、形象、寓教於樂的方式，用生動活潑的人物形象、故事情節等方式去表現所要傳達的較爲抽象的內容、激發人們自覺的情感。哲學家賀麟在抗戰時期也大力提倡對民眾的宣傳、教育，他有一篇文章題目就是《宣傳與教育》。文中賀麟先是指出以往士大夫階層對宣傳的鄙視和輕蔑，追溯了宣傳在西方源於宗教的歷史，並認爲在近代世界以

〔註177〕老向：《不講理兒》，鍾敬文主編：《中國抗日戰爭時期大後方文學書系·第九編·通俗文學》，重慶出版社，1989年。

〔註178〕劉兆吉編：《西南采風錄》，商務印書館，1939年，第155頁。

〔註179〕劉兆吉編：《西南采風錄》，商務印書館，1939年，第155～156頁。

來，「宣傳成爲任何大眾化或社會化的運動所不可少的憑藉。近代社會化的運動，也可以說是一種擴大宣傳的運動」。賀麟把宣傳的性質看成是「由少數人的『知識』，過渡到集體的行爲的一種媒介，也就是以先知覺後知，以先覺覺後覺，引起社會廣大的運動，在多數人的行爲上，發生偉大的影響所必須經歷的過程」。並且宣傳的最大特點就在於「將高深的通俗化，將複雜的簡單化，將系統的直切化」，而要達到這一目的，

> 宣傳的方法，需要藝術化。詩歌、戲劇、圖畫種種的表演，都是宣傳決不可少的條件。宣傳的方法是拿眞摯的熱情來感動人或感化人。枯燥乏味的宣傳，純粹注入式的宣傳，宣傳者本身就感覺勉強，聽眾自然更感覺無味。不過我們說宣傳要藝術化，並不是說藝術應該宣傳化，或說拿藝術來作宣傳的工具。我們只是說宣傳應當受藝術的陶冶以感人於無形。這樣的宣傳，才能給人以具體美化的印象，而不只是吶喊些空洞抽象的口號，以引起旁人的反感。〔註180〕

這是賀麟從哲學家的角度就文藝的本質特性而得出的認識。前面提到過就影響、改變人們的思想、立場而言，或許社科類的讀物能起到更爲直接、有效的結果，事實上在戰時的知識分子中間也確實發生了很大的效果。但抗戰時期整個國家面臨的歷史任務是要找到一條「抗戰（民族獨立）」、「建國（現代化）」的道路，所以就不能無視占中國人口 80%以上的農民，發生在大後方的文學運動就是這一歷史使命的最重要承擔者之一，它要起到宣傳、鼓動、團結的效果，就只能採用廣大不識字民眾所能夠接受的方式去推進。而文藝是訴諸人們情感的方式來發生效用的，並且情感與感性的形象、美感都是人類共有的質素，即便是那些不識字的人們（甚至是許多沒有文字的民族）也能夠領受，它影響人們的方式是「感動」、「感化」和「陶冶」，而不是既「枯燥乏味」又較難理解的「空洞抽象的口號」。

其實，在面對知識貧乏的農村、農民之時，文藝的宣傳、教育效果一直都是是最爲突出的，這是被文藝的特性決定了的。比如在 1930 年代中國的鄉村建設運動的潮流中，晏陽初等領導的中華平民教育總會是其中較爲重要的一支。晏陽初的鄉村建設理論中有「四大教育」、「三大方式」之說，而「四大教育」是他領導的鄉村建設的主要內容，包括文藝教育、生計教育、衛生

〔註180〕賀麟：《宣傳與教育》，《文化與人生》，北京：商務印書館，1988 年，第 224 頁。

教育、公民教育。其中的「文藝教育」一項就頗為引人矚目，它包含兩方面內容，即文字教育和藝術教育兩部分。文字教育是為了獲取知識，而藝術教育則是利用文學藝術的特性達到文化教育的目的。「文藝教育就是以文學藝術為工具，逐漸培養農民的文藝興趣。使他們能在欣賞文藝時見到民族精神的偉大與無限的前途；更要他們能取得現代的科學知識，使能適應現代的生活，所以文藝教育的目的是文化教育。」〔註181〕可見，即便是以改造鄉村為宗旨的鄉村建設運動中，文藝也因其特殊的性質而被當做是有效的工具，文藝教育的最重要目的並不僅僅是文藝本身，而是要瞭解由文藝承載的「民族精神」、「現代的科學知識」，以期適應現代的生活。

　　「平教總會」推行的藝術教育以圖畫、音樂、無線電及戲劇教育為具體形式，這四種形式都充分利用了直觀、直感教育的特性，其中晏陽初尤為重視的是戲劇，認為戲劇是培養農民知識力的一個「有效的方法」。「他不同意那種認為唱戲聽戲是公子哥兒的事，毫無教育作用的觀點，而認為戲有很大的吸引力、感染力，能使人於娛樂中不知不覺地接受教育，並且可以打破文字障礙，所以是最理想的教育方法之一。」〔註182〕其實，在漫長的傳統社會歷史中，農民價值觀的形成來大都來自鄉村中的各種戲曲、說書等說唱型娛樂節目，晏陽初看重的正是文藝的這種潛移默化的寓教於樂的力量，並且文藝的形式可以跨越文字的障礙，這也是文藝在宣傳、教育中最具特殊性的一點。「平教總會」在定縣的建設中大力發展戲劇實驗，不久熊佛西發現了一個奇迹：一般農民對於話劇的興趣非常濃厚，便自動地起來組織劇團，演戲給他們自己看。〔註183〕可見，農民的識字率雖低但並不說明他們沒有感性的欣賞、領悟能力，而他們智識低下也主要是由於沒有得到受教育的機會，並不能說明其稟賦便天然的愚昧、低劣。

　　所以，抗戰時期大後方的宣傳、教育運動選擇以文藝為主的形式是有著內在的必然性的。許多新名詞、新知識、新觀念如果以直接的方式面對民眾，常常令他們摸不著頭腦，但如果用文藝的方式將它們排演出來則因其生動、

〔註181〕吳相湘：《晏陽初傳——為全球鄉村改造奮鬥六十年》，長沙：嶽麓書社，2001年，第184頁。
〔註182〕鄭大華：《民國鄉村建設運動》，北京：社會科學文獻出版社，2000年，第144頁。
〔註183〕吳相湘：《晏陽初傳——為全球鄉村改造奮鬥六十年》，長沙：嶽麓書社，2001年，第191頁。

形象、直觀而迅速被人們接受。比如「活報」這樣一種戲劇形式，原本來自蘇聯，曾在喚醒民眾、建立集體農莊的群眾運動中起到過極大的影響：

> 「活報」是戲劇中一種輕騎式的短小雜劇，內容包括唱歌、對白、舞蹈、演說，並且配有音樂；由一群天眞活潑的小孩子表演，做得非常有趣。「活報」的任務是以趣味的方式報告新的社會情形、政治消息、學術思想，和「報告文學」具有同樣的性質和優點。它不需要布景，不用特別的衣飾道具，處處可以因環境之需要而演出。用筷子敲飯碗，用鋸子代替梵亞林，用洋鐵罐作鼓，用木棍擊破缸，可以配合一組很齊全的音樂隊。在秋收的農場上可以出演，在盛大的會場中也可以出演，把新的內容用土語灌入當地最流行的歌調中，所以，很容易流行普遍。〔註184〕

「活報」這種戲劇形式簡單、靈活卻又生動、活潑，很適合在農村進行宣傳，在抗戰時期大後方的文學運動中被較廣泛的採用，它的任務在於「報告新的社會情形、政治消息、學術思想」，而如何傳達這些內容，此處特舉一例。「聯合戰線」這個名詞對於普通的鄉下老百姓而言是較爲陌生的，但「聯合戰線」所蘊含的內容在抗戰中具有至關重要的作用，急需在民眾間宣傳普及，而「活報」劇則用一種十分簡單卻又形象的方式就能夠使不識字的鄉間民眾瞭解其基本的含義。如在一幕叫做「聯合戰線」的「活報」中，「啓幕時爲一個某某人分頭向幾個兄弟挑撥，令他們互相打架，一等到兄弟們打得你死我活時，奪取他們的家產。後來，大家發現某某人和漢奸的陰謀，才知被騙了，拉起手來接成『聯合戰線』同打某某人。」〔註185〕

　　文藝就是這樣通過自身特殊的表現方式、傳達形式在抗戰中最爲突出的承擔了「抗戰建國」宣傳的任務。因而，戰時大後方文學運動中的文學在整體上發生了「工具化」的轉向；且由於在「抗戰建國」宣傳方面的任務重心在於發動、喚醒、教育廣大民眾，因而與文學的「工具化」密切相連的是作品方面的「量壓倒質」、「普及壓倒提高」。這一點將在後面詳加探討。

〔註184〕任天馬：《活躍的膚施》（節錄），碧野主編：《抗日戰爭時期大後方文學書系・第四編・報告文學第一集》，重慶：重慶出版社，1989年，第520～521頁。

〔註185〕任天馬：《活躍的膚施》（節錄），碧野主編：《抗日戰爭時期大後方文學書系・第四編・報告文學第一集》，重慶：重慶出版社，1989年，第521頁。

第五章 「軍紳」社會中的「抗戰建國」 與大後方文學（下）

第四節 文藝「救亡」運動與政治意識形態的關係

如果拿「言志」與「載道」來審視大後方文藝的大眾化運動中的文學的話，那麼從總體上可以說，它是「載道」的文學。文學的藝術追求、審美準則、言志特徵都已經不是它的主要目標和追求方向，經受抗戰洗禮的文人作家們，在經歷了從城市到農村，從沿海到內地的的流亡及對國家、社會、人民的重新審視之後，已經對文學的看法、理解發生了較大的轉變（尤其是投身文學運動中的作家）。他們已經不同程度地摒棄（或正在摒棄）了戰前對文學的認識與定位，在抗戰這個非常時期，這個「大時代」（非生即死）中的「大時代」，把文學放在了「載道」的位置上。

也許有人會說，新文學自發生以來，從來都沒有脫去其「載道」性質，這種看法是有道理的。蕭乾在《戰時中國文藝》中回顧此前新文學的歷史，有這樣的認識：

> 當代中國文藝的頭十年，主要的是一種語言解放，目的在利用白話的體裁使文藝更加民主。動機本是教育的，而非藝術的。

> 其次的十年是隨著一個革命文學運動，本質上是一個意識正確的論爭。

> 現代中國文學最特別的一點是它與一般社會運動的不可分的

關係。逃避主義的文學從未被寬容。如我剛才所說，它作為一種教育改革開始。其實可以說是政治運動的一個副產品，一個意外的孩子。〔註1〕

把新文學看成是一個「意外的孩子」，並且在解釋兩個十年的新文學時，把第一個十年看成是教育性的（或思想的、啓蒙的），把第二個十年看成是政治性的——這些都是所謂的文學外部的因素。與此類似，胡適在戰前就曾說過，如果要劃分中國現代思想的話，可分為兩期：第一是維多利亞時代，從梁任公到新青年，多是側重個人的解放；第二是集團主義（Collectivism）時代，1923 年以後，無論為民族主義運動，或共產革命運動，皆屬於這個反個人主義的傾向。〔註2〕胡適所談的雖然不專指文學而言，卻也包含文學在內。所謂「言志」側重的就是個人，而「載道」則主要側重個人的集合了。因此，大後方文學的「載道」性，主要是想強調兩個方面：

其一，在廣度上，戰前的文學雖也有「載道」的，但「言志」派的、藝術至上傾向的也有很多。而在抗戰期間，文藝的「載道」性在作家中的體認，範圍已經明顯地擴大，幾乎成了共識。即令西南聯大這樣的一貫學院派、貴族氣較濃的知識者們，也開始有人認定「文學史上第一流的文章都是載道的文章」（馮至語），且開始肯定「（政治意識形態的）紅綠燈是好東西，不顧紅綠燈是不對的」，〔註3〕更遑論像聞一多這樣高呼這是「人民的世紀」，向「人民本位」轉向的作家了。

其二，在深度上，戰前的文學雖也「載道」，但載什麼「道」呢？其實並不清晰，即便「載道」性最濃的左翼文學界也有關於「國防文學」和「民族革命戰爭的大眾文學」這兩個口號的論爭。抗戰爆發後，政府頒佈了《抗戰建國綱領》，這才有了明確的「道」。賀麟在文章中便有這樣的高呼：

中國多年來內政外交的病根，就在缺乏一個可以集中力量，統一人心，指定趨向，可以實施有效，使全國國民皆可熱烈參加工作的國策。而中國國民黨臨時全國代表大會，卻正式公佈了這樣偉大的中心國策。這國策就是「抗戰建國」。抗戰建國就是中華民國當今

〔註1〕 蕭乾講、尹幹譯：《戰時中國文藝》，樓適夷主編：《抗日戰爭時期大後方文學書系·第一編·文學運動》，重慶：重慶出版社，1989 年，第 290 頁。
〔註2〕 胡適：《胡適日記全編 6》，合肥：安徽教育出版社，2001 年，第 257 頁。
〔註3〕 范智紅：《世變緣常——四十年代小說論》，北京：人民文學出版社，2002 年，第 21 頁。

集中力量，統一人心，指定趨向的中心國策或國是。這國策不是空言，不是理想。它是已經在實施著，而且已經實施得有效可驗。在這偉大的國策指導之下，全國國民已經熱烈奮發地參與著，或正在準備參與著。這個國策從遠看可以說是積民國成立以來二、三十年的經驗與教訓，從近看可以說是積盧溝橋事變以來幾個月艱苦支持，死中求活，敗中求勝的經驗與教訓而逐漸形成的至當無疑的國策。〔註4〕

《抗戰建國綱領》是一個較為進步的國策，但實際上，國共雙方及知識分子對「抗戰建國」的理解各不相同，具體執行上更是齟齬很大。不過「抗戰建國」至少在術語的意義上準確地點出了時代的關鍵癥結，那就是：為當前的生存計，必須奮起抗戰；為未來的發展、富強計，必須「建國」（實質就是現代化）。

既然已經有了「道」，那麼該問題的另一個方面就是：如何「載道」？怎樣才能真正載得起這個「道」？中國雖是大國，但現代化只是很薄的一層（費正清語），覆蓋在有限的東南沿海，且基本上對應於社會上層，而下層的廣大內地、農村則被東南沿海的城市遠遠地拋棄，仍舊處在落後的農耕時代。這種社會構成決定了中國雖「大」但卻不「強」，無論在軍事還是科技、文化方面都是十足的「弱國」。要面對日軍的全面侵華，不最大限度地凝聚力量，調動廣大的農民參與進來，何以完成「抗戰」？在東南沿海已被日軍霸佔、有限的現代化成果被破壞和侵吞之後，國府西遷，農村與農民更是成為抗戰的支柱，此時若仍然無視民眾（主要是農民）的利益，仍舊想令其保持戰前的那種被遺棄的狀態，又何以可能？為求長遠的發展與自鴉片戰爭以來無數國人「國富民強」、「偉大復興」願望和夢想的實現，若始終把在人口上占總數80%以上的農民排除在外，何以完成「建國（現代化）」？現代社會是知識、法理的時代，而廣大的內地與農村在知識、觀念、思想乃至生產方式上仍舊處於農耕時代。農民們沒有能力自我更新其知識體系、價值系統，而中國近代以來原本應該承擔此使命的知識階級卻日益城市化、知識化，令農民以農耕時代的弱勢姿態與強大、堅硬、高效的現代文明相對峙，其結果只能是前者的不斷衰敗與惡化。於是，社會不可避免發生嚴重的二元分裂，試問以此

〔註4〕 賀麟：《抗戰建國與學術建國》，《文化與人生》，北京：商務印書館，1988年，第18頁。

來「建國（現代化）」又何以可能？

所以，我們說的抗戰時期大後方文學的「載道」特性，指的是「載道」這樣一個在戰前似乎是可有可無的選擇，卻在抗戰爆發後，以一種空前的、不容置辯的姿態出現在人們面前。造成這種情勢的自然是「抗戰」，抗戰對於大後方文學的「載道」而言，既是一種逼迫，也是一個契機。

就逼迫來說，戰爭作為歷史事件中一種最極端的形式，擊碎了社會的常態，冷兵器時代的戰爭已足夠酷烈，更何況這場燃燒在中國土地上的抗戰面臨的是敵人的現代化機械、炸彈與鋼鐵。戰爭的嚴酷，使得和平年代、常態社會裏的許多方式與法則都發生了改變。無數已逝生命留下的殘肢與鮮血在眼前展開；無數尚且鮮活的生命在轟炸與驚恐中挨過漫漫長夜。無數的生命被擠壓到逼仄的角落，似乎生與死只在一瞬；這是真正嚴酷的時代，真正的「大時代」。於是，在不同的人、不同的心靈那裡有了不同的或清醒或盲目、或自覺或不由自主的抉擇：投降的投降，堅守的堅守；墮落的墮落，奮起的奮起；反動的反動，革命的革命！一切都在分化，非生即死式的兩極分化，文學也是一樣。而參與到大後方文學運動中的文學則大都是那種堅守的、奮起的、戰鬥的、抗爭的文學。魯迅有句話：一要生存，二要溫飽，三要發展，而戰爭似乎就使一切都變得那麼「原始」，在生存成了第一要務的抗戰時代，留給作家們的又有多大的選擇空間呢？因此，可以說大後方文學的「載道」是有著抗戰的壓迫的。

就契機而言。既然前面已經分析過，無論是「抗戰」還是最終的「建國」都不能不把農村、農民納入到這個軌道之中，不得不填補城市工業文明與鄉村農耕文明之間的二元鴻溝，不得不建立起一種連接二者的橋梁，那麼試問若沒有戰爭炮火的驅趕，那些常年蜷縮在城市的已經習慣了現代物質文明的舒適與便利的、并沉浸在現代知識體系的嚴密、思辨、華美、高妙之中的知識分子群體會主動下鄉、深入農村、幫助農民（完成他們本應承擔的責任）嗎？從當時許多作家留下的言論和材料看來，答案是不會的。這就是為什麼許多知識者在抗戰的爆發的時候感到興奮、激動的原因了。當然，也還有其他的因素制約著知識者，如與知識分子密切相關的印刷、出版、編輯行業，也總是集中在城市，也會對知識分子走近農村造成一定的障礙（這個並不是絕對的，如鄉村建設運動中的知識分子），但即便這點障礙，也被「抗戰」在某種程度上一併解決了。因為東南沿海的眾多印刷、出版機構，無論在硬件

上還是軟件上在戰時大都完成了內遷，與農村大大地拉近了距離。

　　「抗戰」更深一層的推動是在思想的層面，說的大一些，即是在世界觀、價值觀的層面。戰前在城市裏生活的作家們，無論自身還是作品中都不免充斥著「知識分子氣，洋氣，紳士氣，賣弄半升墨水的學究氣，以及『語不驚人死不休』的才子氣」（茅盾語），無論主觀上還是客觀上都距離廣大農村、農民的生活很遠。但又沒有一種社會性的變動能改變這一狀況，城鄉的二元隔離、智識階級與大眾的隔離仍然在不斷地延續，似乎陷入了一種僵局。不過，「還好戰爭來了」（胡風語）。戰火摧毀了新文學的「老巢」，把他們驅趕向原野，或西遷或南渡，流亡中使他們重新發現了「內地」與「農村」，地方上「軍紳」社會的猙獰面目呈現在他們面前，既使他們震驚、痛苦又令其內疚、慚愧。震驚於鄉村社會的沉滯、衰敗、落後、黑暗與光明、力量、希望的交織：婦女們裹著的小腳，頭上梳著的唐代的髮髻，孩童們在私塾中念著的《三字經》與《論語》，田野中盛開著的罌粟花，兇神惡煞的地主豪強，惡霸家中高聳的碉樓，多如牛毛的土匪強盜，仍舊囤積居奇的奸商，厚顏無恥的貪官污吏與幾乎承受了一切重擔卻又沉默無言的，在炮火中仍舊耕種著的，似乎隨時都可能倒下卻又頑強的延續著不息生命的農民。這就是為什麼聞一多會說「國難當頭，應該認識認識祖國了」的真正意義！這種在顛沛流離中對社會的更加全面深刻地再認識，有力地激盪著知識者的魂靈，或多或少、或濃或淡地在作家的心靈中或有意識或無意識地產生對此前城市化、知識化生活的懷疑、愧疚和反思。促使他們重新確證自己作為知識分子應當是一種怎樣的身份？應當承擔怎樣的責任與使命？最終，大多數的知識者都在「抗戰建國」的旗幟下集結，開始學著團結一致、參加救亡。從這個意義上說，抗戰應當說是一個「契機」。

　　大後方文學運動要載的「道」是「抗戰建國」，這是一個中華民族由古典走向現代的一個終極的任務。但「抗戰建國」絕非僅僅通過文學運動就能夠實現的，它需要政治、軍事、經濟、文化（文學包含其中）的齊頭並進，文學運動只是其中的一個方面。在一個和平的、常態的歷史階段，或許各種力量之間會有一定的距離，相對保持著一種「各行其是」的狀態，但在嚴酷的抗戰階段，無論政治、軍事、經濟還是文化似乎都被最大限度地擠壓在一起，歷史沒有給出寬鬆的時間與空間讓人們從容的思慮各個領域的邊界和特性，而其中政治力量的地位更加地突出。因為，要通過「抗戰」的關卡走向「建

國」的康莊大道，就需要克服民國以來造成社會長期動蕩、分裂、混亂的「軍紳」政權，改變「軍紳」社會的根本結構，並且在此基礎上尋找一種意識形態、思想系統、知識體系，帶領國家邁向「現代」，而能夠在這一進程中，在中國處於戰爭與革命的歷史年代時，擔任領導任務的，只能是政治力量。

前面已經分析過，蔣介石領導的「國民黨」政權，雖然一開始是以一個現代政黨的姿態登上歷史舞臺，但在其掌握國家政權的過程中卻不斷地在政治上倒退，與原本的「軍紳」相妥協，進而由於不能在根本上有效地改變中國基層社會的「軍紳」結構，而與這個構架漸漸地融爲一體。它在城市裏的現代化取得了一定的成績（雖然這很可能是靠犧牲鄉村換來的畸形發展——費孝通語），但在鄉村的局勢不但沒有好轉，反而恰恰因爲國民黨在鄉村爲擴大其政權勢力做出的種種舉措（如保甲制、大縣制等）而每況愈下，甚至在許多方面都不如一些地方「軍紳」（如新桂系、新滇系等）對基層社會的建設。而共產黨則一直是以一個現代政黨的身份參與到中國社會的歷史轉型之中的，自 1921 年成立以後，經歷過許多的沉浮曲折，在挫折中磨練終於不斷地從幼稚走向成熟，在抗戰中不斷壯大。從整個近現代史的宏觀視野下看，它最終擔負著對「軍紳」政權、社會結構的歷史性反駁的重任（而這個任務原本應當是國民黨來擔負的）。所以，它也自然而然地參與到了「抗戰建國」的進程中來。

政治力量在抗戰時期的突出地位使得大後方的文學運動不能不與其發生關係，而文學因其特殊性而擁有巨大的宣傳力、影響力，這就使得政治不能不重視文學運動的發展與走向。因此，梳理清楚文學運動與國、共兩股政治力量及地方「軍紳」之間的複雜關係，是確定這場運動性質的關鍵（文學運動與地方「軍紳」的關係已在第二章有過論述）。政治力量對這場文學運動的態度，取決於他們各自在民國「軍紳」社會中的（階級）地位，而他們的這種態度與地位也決定了參與文學運動的文人作家在它們之間的親疏遠近、乃至判定敵我的終極抉擇。而所有的這些又都交織在五彩斑斕的文學運動之中，形成了大後方「文學」與「運動」的豐富面貌。

一、引領與壓制：國民黨中央政府與文學運動

抗戰時期大後方的文學運動是一個極其複雜的歷史事件，裏面交織著太多的元素，總的來說，其中的一方是文人作家及他們所代表的文學，另外一

方是多種勢力錯綜交織的政治力量。在面對日本帝國主義全面侵華這一關乎全民族存亡的重要關頭，「抗戰」成了最重要、最核心的主題，而扛起全民「抗戰」的旗幟將會贏得最大多數的國人擁護。在此情境下，大多數的知識分子作出了積極的選擇，加入到抗日救亡活動的洪流之中，不僅帶著他們的文藝，還在對祖國內地農村以及在戰爭血火洗禮中凸顯的「人民」的重新認識中改變著觀念與思想。

相對於知識分子來說，政治集團的抉擇就顯得非常複雜。對於蔣介石為首的國民黨中央政府來說，他們的處境極為尷尬。在民族生死存亡之時，作為國家的合法政府，理應責無旁貸地擔負起他們所制定的「抗戰建國」的歷史重任，在中國的現代化程度不足以抵抗日軍侵略的時候，選擇依靠救國熱忱空前高昂的人民似乎也是最合理、最自然的題中應有之義，然而，事實卻絕非這樣（後面有詳細的分析）。國民黨中央政府內部的態度雖也非鐵板一塊，但蔣介石為首的國民黨集團卻不得不在最應當依靠民眾的時候去選擇壓制，他們所推行的是：對內實行依靠政府及軍隊的片面的抗戰，對外實行的是控制輿論、粉飾太平以竭力爭取外援（主要是美國）。熟悉國民黨和蔣介石的人，對這樣的政策實際上是不會感到意外的，因為國民黨在它自身未能改變民國「軍紳」社會的性質與結構，並且與這個非常態的結構妥協、融為一體的過程中確立了自身政權的性質，而這個政權的本性天然地排斥民眾的普遍覺醒，哪怕是因為抵抗外敵侵略而產生的覺醒。

1、能否發動群眾？

國民黨政權與大後方文學運動的作家之間關係的關鍵，在於在這樣一個問題上的態度，就是：在「抗戰建國」的過程中，能否發動民眾，能否依靠廣大民眾的力量？因為，參與大後方文學運動的作家們在歷經抗戰前後的生活思想變遷之後，較為普遍的發生了「人民本位」的轉向，他們參與並領導的文學運動一直就是以宣傳、教育、喚醒民眾為主要任務的。如果，國民黨也能夠在這個問題上與作家們保持一致，或至少並無尖銳的矛盾，那麼國民黨作為執政黨是能夠贏得這些知識者的支持（或至少不是反感或反對）；但倘若國民黨在這個關鍵問題上站在了廣大文人作家的反面，那麼後者對前者只能是越來越不信任，而前者對後者只能是越來越缺乏耐心、容忍，甚至變得粗暴。

但另一個更進一步的問題是，在能不能發動群眾（以農民為主體）的問

題上，國民黨的最終態度，這不是一個自己想怎麼選就能夠怎麼選的問題，因為它其實從一開始就設定好了，對這個問題的回答取決於國民黨集團在整個民國「軍紳」社會中的地位。這時候我們在前面章節中花費巨大篇幅分析過的民國的「軍紳」社會性質及其具體結構就顯現出其重要意義了，因為這些都與大後方文學運動的研究密切相關。下面我們來展開具體的探討。

前面第一章已經分析過，蔣介石領導的國民黨集團曾經試圖在鄉村推行現代的行政體系，但結果卻沒有成功，因為它既無法剷除地方上原有的地方貴族——「新紳士」階層，又無法根本上改變地方上的權力結構模式，也沒有能力真正建立新的、有效的現代官僚系統去替代舊式的系統。於是，國民黨集團總體上是和農村中的「新紳士」——越來越多的是地主、豪強、劣紳、強人、惡霸、土棍等——進行了聯合。「新紳士」階層能夠利用自己手中的資源、辦法替政府征稅、納糧，而政府能夠作為「新紳士」們的法定權威來源，使其在征稅過程中巧立名目、弄虛作假、中飽私囊。所以，倘若國民黨要發動民眾、喚醒民眾、依靠民眾的時候，關鍵是要讓民眾感到，政府是和自己站在一起的，跟著政府走符合自身的利益。抗日救亡、保家衛國，的確既符合國民黨政府的利益也符合人民群眾的利益，畢竟抗戰的目標瞄準的是外來的帝國主義，而帝國主義的侵略確實造成了千千萬萬勞苦大眾的家破人亡。但問題是，如果想讓老百姓明白抗戰能夠帶來他們期盼已久的好日子，僅僅反對帝國主義是不夠的。正如一位觀察家指出的那樣，

> 自從一九三八年十月間漢口廣州失陷以來，中國的抗戰逼近了一個新階段，在這新階段內，遲早不是動搖求和，就是全國物質精神總動員，後者已經成為最近一年來火急的政治問題。在中國那樣落後的國家，這顯然是一個艱巨的任務。這顯然有使那些直到今天還擁護抗戰的國民黨內保守勢力離開抗日陣線的嚴重危險。因為這種動員含有行政的和社會的改革，特別是土地制度的改革的意義。沒有這些改革，就不能期望全國民眾實際認識此次抗戰是他們自己的事情，認識士兵們是他們自己的保衛者。……明白得很，如果要人民大眾實際幫助軍隊爭取抗戰的勝利，就必須使他們感覺到擊敗日軍對他們有切身的利益，而要他們感覺到這個，就非有廣泛的經濟的和社會的改革不可。統治階級為要獲得勝利非支付不可的代價

就是對人民讓步，而它似乎至今還不願支付這一代價。〔註5〕

因為，帝國主義是給民眾帶來了慘痛的傷害，但這只是一方面的事實，而長久以來造成農村急劇惡化、人民生活每況愈下的還有那些盤踞在鄉村、統治鄉村的土豪劣紳、地主惡霸（當然不全是這樣，不過確實相當普遍）。「你總不能一方面要求人們來推翻外國的帝國主義和貪污的軍閥，同時卻寬恕直接打擊你的鄰居的鄉村裏的不義和壓迫」吧？在農民的立場看來，既反對帝國主義又反對那些直接欺壓他們的鄉村貴族、「新紳士」，才真正符合他們的利益，但事實卻是：

> 國民黨要把革命限制為實現幾個有限的目標，如打倒帝國主義和軍閥主義……（對於地主）政府倚靠著地主，地主倚靠著農民。要把農民的力量從年深月久的苦痛中解放出來，要把這些力量聚而抗日，是需要對於橫隔在重慶和糧田之間的地主，採取最嚴屬的行動的。地主中一部分人是從前的軍閥，現在依然擁有軍事力量，大部分人則是各地國民黨地方組織的基幹。政府覺得這機構太脆弱，如有任何基本的改革，它就活不了。〔註6〕

這裡所指的「機構」，就是民國「軍紳」社會中國民黨與鄉村貴族聯合、勾結的結構，一旦對鄉村的「新紳士」動手，那麼立刻將牽連到自身，把自己也作為革命的對象，這顯然是惹火燒身。比如，倘若國民黨政府堅定地制訂出發動民眾、喚醒民眾的政策，並忠實地執行，那麼當「喚起民眾的民族意識，動員他們來爭取抗戰勝利的時候，跟著也會引起了他們對自己苦惱的認識，對官僚階級的特權和物質享受的憤慨，對地主，高利貸者和剝削他們的雇主們的怨恨」〔註7〕。所以，政府在地方上通常的做法是，不准他們在日軍還沒有達到該地區之前訓練群眾、武裝群眾，而地主們也不願喚醒民眾，以免危及他們的地位和收入。在國民黨的政府能力不足以推行現代化改革（如現代政府、現代官僚體系）的情況下，與「軍紳」社會中原有的官僚、地主、買辦的妥協並形成新的官僚、地主、買辦，那麼他們的統治基礎就建立在民眾

〔註5〕 〔英〕弗雷達・阿特麗：《揚子前線》，北京：新華出版社，1988 年，第 216 ～220 頁。

〔註6〕 〔美〕白修德、賈安娜：《中國的驚雷》，北京：新華出版社，1988 年，第 76 頁。

〔註7〕 〔英〕弗雷達・阿特麗：《揚子前線》，北京：新華出版社，1988 年，第 217 頁。

覺醒後直接的革命對象上，這就是為什麼蔣介石不得不在抗戰中極力撇開民眾參與的根本原因。蔣介石無疑是個愛國者，也是個民族主義者，但這些因素最終都沒能真正促使他改變國民黨中央在抗戰中選擇的立場——相對於後者，前者的砝碼實在太輕！

於是，在作家到地方的抗敵組織進行採訪的時候，竟然聽到這樣的抱怨，「先生：抗敵救援會是一個『自己不做，也不願別人做』的機關」〔註8〕。其實，如果仔細研究一個民國的社會形態，就不難明白這樣的情況是不足為奇的。國民黨的基層政權不但自己不抗戰、也不讓別人抗戰，並且還假借抗戰之名胡作非為、大發橫財。沙汀在抗戰期間創作的一個短篇小說《聯保主任的消遣》便是對這種混亂情形的展現。

隨著抗戰的深入，國民黨原先的分佈在東南沿海的現代化基地紛紛淪陷，致使其財源、物資都十分短缺。作為抗戰領導者的政府一方面要肩負「救亡」重任，另一方面還要加大稅收保證軍費上的巨大開支，而與之聯合的地方豪強、鄉村貴族則變本加厲的利用政府擴展的稅收而謀取私利，因而社會的局勢既越來越惡化，又越來越緊張。於是，「當國民黨政權意識到自己已經病入膏肓了，政治上更加虛弱無力時，借著戰爭的延遲，它開始變本加厲地傾向集權專制，或確切地稱之為獨裁。蔣介石對任何批評毫不忍耐，孤身獨影，一心只想把權力操縱在自己手裏」〔註9〕。這種客觀上的緊張情勢，令國民黨自身心懷恐懼、疑慮重重，只是滿足於維持現狀，一切變動，甚至是合理進步的舉動都不能被容忍了。

比如，由中國工業合作協會的發起者路易·艾黎曾採取了一些諸如改善勞動條件，衛生條件，加強教育，社會服務等措施，顯然這些舉動是會在美國贏得稱讚的。並且，「工合」是號召工人以自己的團結與民主合作的手段來爭取實現這些福利，而不是靠等待一個家長政府的恩賜。然而，這種舉動在政治上的號召卻是爆炸性的，因為在國民黨統治區任何種類獨立的社團，一旦顯示出優越性就會擴散成為要求各種類型聯合與團結的連鎖反應，這恰恰足以把國民黨精心營造的那個藏污納垢的大廈化為灰燼。又如，寶雞的前縣長是個進步分子，他在「工合」開創階段曾給過大力贊助，國民黨對他的態

〔註8〕 唐其羅：《沙喉嚨的故事》，碧野主編：《抗日戰爭時期大後方文學書系·第四編·報告文學第三集》，重慶：重慶出版社，1989年，第1438頁。

〔註9〕 〔美〕易勞逸：《毀滅的種子——戰爭與革命中的國民黨中國（1937～1949）》，南京：江蘇人民出版社，2009年，第16頁。

度能清楚地說明它對一切改革的態度。這位前縣長曾被逐出寶雞達一年之久。倘使他僅致力於那些表面的現代化工作，專事築路造林，那就會討國民黨喜歡，就會保住烏紗帽。可他卻試圖改變舊的稅收和征兵征夫的辦法，他禁止把徵收農業稅的權力包給商人，因為他們比普通稅吏更加貪得無厭，他把手伸得太長了。當地的地主和頑固派都成了他的仇人。為了把他趕走，他們賄賂了本縣遠處的一些農民，種植鴉片，然後就向上級告發，說他有意縱容。〔註10〕

國民黨政府在抗戰的惡劣形勢下，所採取的刺蝟般內縮式的獨裁策略，逐漸把自己逼上絕路，為了維持自身地位，保證自身利益，竟然採取了非常極端的做法，這種做法把自己變得反動：在某些時候某些地方，政府寧願農民死去而把土地留給自己，也不能容忍共產黨組織群眾、喚醒群眾從而使政府失去土地；另外出於同樣的目的，政府也不惜同漢奸偽政府達成默契，甚至有時候是日本人。白修德在抗戰時期採訪一個軍官的時候，曾聽到這樣的話，「如果人民死了，土地還是中國的。如果軍隊挨餓，日本人就要來佔領土地了」〔註11〕。因此，他們可以在災區把農民的糧食搜刮的一乾二淨，對農民要求吃飯的聲音充耳不聞。無獨有偶，岡瑟·斯坦的採訪也發現了這樣的現象：

> 看來國民黨的確寧願把那些領土留在日軍手裏面不願讓中國共產黨收復它們。因為很明顯，人們覺得日軍所佔領的地區在盟國最後趕走日軍後，能夠重歸國民黨統治，然而在先前由共產黨解放的地區，事情就很難辦了。那裡由於人民對民主政治已經習以為常，戰後將不願再受戰前的政權的統治。即使發生另外一種情況：國民黨軍隊可以把日軍所佔領的一些地方加以收復，但如果這樣的收復必須在當地引進民眾企求的民主改革的話，國民黨似乎也寧願讓這些地方繼續留在日軍統治之下。〔註12〕

我至少知道有兩次，重慶的軍官們坦白地向盟軍軍官承認，他

〔註10〕 〔美〕貝克：《一個美國人看舊中國》，北京：三聯書店，1987 年，第 152～154 頁。

〔註11〕 〔美〕白修德：《中國抗戰秘聞——白修德回憶錄》，鄭州：河南人民出版社，1988 年，第 139 頁。

〔註12〕 〔美〕岡瑟·斯坦：《紅色中國的挑戰》，上海：上海譯文出版社，1999 年，第 358～359 頁。

們和各地政府軍投過去的傀儡軍有聯絡和合作。肯定有證據表明，那些部隊和其他傀儡部隊每天都在攻打共產黨；從重慶的戰報上看起來，除了當地徵集的一些便衣人員外，傀儡軍似乎極少被用來攻打國民政府的軍隊。〔註13〕

從以上分析不難看出，國民黨政府之所以最終選擇把民眾排除在「抗戰」之外，堅持由政府和軍隊的片面抗戰政策，並隨著抗戰加強獨裁的種種做法，都是有著深刻的必然性的。這一點在政府的教育政策上，也有典型的體現。在這個問題上還能夠反映國民黨政權對於「抗戰建國」國策的態度。

聞一多在總結抗戰期間的教育時，曾有這樣的評論，「我覺得在今天所有的不合理現象之中，教育，尤其是大學教育，是最不合理的。抗戰以來八九年教書生活的經驗，使我整個否定了我們的教育」〔註14〕。之所以會有這樣的看法，是因為當時有這種現象：

教授大都與政府的看法相同：認為我們應該努力研究，以待將來建國之用，何況學生受了訓，不見得比大兵打得更好，因為那時的中國軍隊確乎打得不壞，結果是兩派人各行其是，願意參加戰爭的上了前線，不願意的依然留在學校裏讀書。這一來，學校裏的教育便變得更單純的為教育而教育，也就是完全與抗戰脫節的教育。〔註15〕

在這一點上，其他的材料也能證明：

國民黨的保守分子……採取了更反動的政策。他們命令全國學生要埋頭讀死書，不問國事。據說是為國貯才，準備戰後建設。青年學生們失望憤慨極了，只有到延安去一途。

結果整個教育制度變為破壞民主的聯合政府，代之以變相的法西斯主義。每個學生必須讀《中國之命運》，這本不詳的小書出版之後，日本人便欣然說道，原來重慶的態度，事實上和南京傀儡政府的汪精衛竟毫無區別。〔註16〕

〔註13〕 〔美〕岡瑟·斯坦：《紅色中國的挑戰》，上海：上海譯文出版社，1999年，第410頁。

〔註14〕 聞一多：《八年的回憶與感想》，《聞一多全集2》，武漢：湖北人民出版社，1993年，第432頁。

〔註15〕 聞一多：《八年的回憶與感想》，《聞一多全集2》，武漢：湖北人民出版社，1993年，第429頁。

〔註16〕 〔英〕班威廉·克蘭爾：《新西行漫記》，北京：新華出版社，1988年，第379

　　這就是國民黨的「抗戰建國」政策的用意：把抗戰交給政府和軍隊，其他人則各司其職、各安其位，尤其是知識分子、青年學生應該「莫談國事」、埋頭讀書，以備將來建國之用。

　　所以，儘管「抗戰建國」的總目標是一致的，但國民政府對由知識分子及共產黨領導的波瀾壯闊的群眾宣傳、農民動員運動有一種本能的恐懼，原因可以濃縮爲一句話：發動群眾就是爲國民黨挖掘了墳墓。國民黨需要的是民眾只能反對日本帝國主義的壓迫，而對於民眾而言，不可能僅僅反對來自外部的壓迫而對自己身邊的種種壓迫視而不見，他們的根本利益要求其被壓迫現狀的根本改變。於是國民政府在抗戰方面國內依靠軍隊迷信武力，對外則積極粉飾太平、尋求援助；對於國內的種種發動民眾的行爲只能壓制和封鎖，結果越壓制在民眾看來政府就越是反動，它的根基就越是削弱。而在官方看來政府越是脆弱就越是無法容忍任何與政府不一致的行爲，甚至是那些能夠贏得國際稱讚的民主、進步的行爲，故而只有全力鎮壓，但壓制帶來的是更多的反對、更深的不滿和更強的反抗——最終陷入一個惡性循環的漩渦！

2、對文藝運動的引領與壓制

　　抗戰時期，國民黨對文藝、文化宣傳其實也相當重視。其總體的態度和做法經歷了一個從引領到壓制的過程。抗戰爆發之初，張道藩、潘公展等國民黨文化官僚便加入各種救亡組織（如中華全國文藝界抗敵協會等），和眾多知識分子頻頻往來，試圖吸引、團結一部分知識分子，以期能夠對文化界有所掌控或影響。陳立夫也在戰時被任命爲教育部部長，推行「黨化」教育，對知識分子從思想上、體制上進行箝制。而地方上也有各級黨部官員、行政官僚，對民眾自發組織的大量「救亡」團體，進行引導，使局勢在可控的範圍內發展。張天翼在戰時的一篇小說《華威先生》便是對這種情況的揭露與諷刺。華威先生就是一位以救亡爲職業的抗戰官僚，頻頻出現在各種各樣的戰時救亡協會的會議上，而且確保每個協會都要有他的出席；一旦有他缺席的會議、活動展開，不管緣由（實際是他不在家）立即怒不可遏；而他出現在每個協會的會議上時也是短短幾句話敷衍了事，總共不外乎兩點：一是要人們加緊幹活、不要消極怠工，二是要強調要以一個領導爲中心；其實重點只有一條就是要認清一個領導，實際就是他自己，就是他背後的國民黨政府。

　　～381頁。

　　但不管怎麼說，在抗戰初期國民黨在輿論上還是放得比較開，1939 年以後，尤其是以以「皖南事變」為分水嶺，以後的總體趨勢是逐漸收緊。至於那些仍舊存在的文藝運動的發生，是因為國民黨中央的控制力不夠，且「軍紳」社會裏的種種複雜局勢使然。〔註 17〕國民黨自身的本質特性，造成了它與知識分子立場之間的不能一致，所以在初期的「引領」方針不能奏效的情況下，只能乞靈與壓制。到抗戰後期，「在整個國民黨統治區，政治迫害日益加劇；而在國民黨內，各種反動勢力扶搖直上，特務分子更是有恃無恐。教育界受到了嚴密的監視，一些進步人士，像自由派的記者薩空了等，也都當上了政治囚犯。新聞檢查成了窒息言論的棍棒」〔註 18〕。而在國民黨軍中服役十多年的徐復觀，在多年後的回憶中也總結到，「由抗戰所開始的知識分子的團結，因（此處有刪節）國民黨若干人的愚忿，未能凝結成為一條中庸的路線，致使這一團結已完全歸於幻滅；而國民黨面對有異見的知識分子，已完全失掉了涵容與討論的精神力量」〔註 19〕。在此，大半生追隨蔣介石的徐復觀也坦白承認政府對任何不一致的言論、行為，喪失了容忍。不過，平心而論要做到容忍在和平年代是可能的，但在戰爭年代的確相當困難。於是：

> 　　一個 C.C.所指派的宣傳部長曾經發一個正式指令，命令一切作家應該避免現實主義和悲觀主義，應該寫作愉快歡欣的事情。有一張長長的表，列舉了禁止發表文字公開討論的許多題目，其中包括共產主義和共產黨問題，中蘇關係，動亂中的新疆，對美國或英國的批評，政府的貪污，前線部隊的痛苦，對農民的迫害等。分析稅項，批評政府財政政策，發表預算或通貨發行數字是禁止的。批評政府任何人員的為人，家庭及行為，是禁止的。甚至談談物價之高漲，也是禁止的！〔註 20〕

各地的文藝宣傳組織遭受國民黨迫害、壓制的例子不勝枚舉。〔註 21〕如

〔註 17〕這一點在第二章已有詳細論述。
〔註 18〕〔美〕易勞逸：《毀滅的種子——戰爭與革命中的國民黨中國（1937～1949）》，南京：江蘇人民出版社，2009 年，第 16 頁。
〔註 19〕徐復觀：《在非常變局下中國知識分子的悲劇命運》，《中國知識分子精神》，上海：華東師範大學出版社，2004 年，第 11 頁。
〔註 20〕〔美〕白修德、賈安娜：《中國的驚雷》，北京：新華出版社，1988 年，第 123 頁。
〔註 21〕當然，這裡面不純然是國民黨與知識者間的對立，還夾雜著與共產黨的政治對抗。

抗戰大後方著名的進步期刊《七月》，由胡風主編在抗戰初期的國統區影響巨大，但該刊進步的立場極爲國民黨政府所忌恨。在 1941 年 5 月國民黨中央圖書雜誌審查委員會致國民黨中宣部的函件中說：「《七月》企圖透過文藝形式達到其謬意宣傳之目的，本會審查該刊時向極嚴格，總期設法予以打擊，使其自動停刊」。果然，4 個月之後，1941 年 10 月左右《七月》就被迫停刊了。〔註22〕

　　1937 年 1 月 17 日在成都創刊的《大聲》周刊，在整個四川都有很大的影響，對抗戰初期發動民眾有很大貢獻，但就是這樣的刊物先後被國民黨四次查封，其遭遇非常具有代表性。

　　《大聲》周刊自創刊起，積極宣傳抗戰，但遭受種種打擊，到 1937 年 4 月 15 日被第一次查封；改名《大生周刊》繼續出版，6 月 5 日又遭第二次查封；7 月 9 日又改名《圖存周刊》，出版 3 期後，7 月 24 日又遭第三次查封；11 月 5 日復刊至 1938 年 8 月第四次遭查封；先後共出 61 期。國民黨政府封鎖《大聲》周刊的手段是多種多樣的，可以說是文武兼備。《大聲》的發行，主要通過兩條途徑：一是由報販沿街叫賣，二是外地訂戶由郵局寄送。但這兩條途徑都遭到國民黨的阻撓。在成都叫賣的報販，一般只能在四川地方實力派控制的區域內活動；如到國民黨頑固勢力控制的北門一帶叫賣，輕則刊物被搶、人挨打，重則報販無故遭抓。寄往外地的《大聲》，也多次被「西川郵務管理局」無故扣壓，致使外地訂戶因經常收不到刊物而來信詢問。〔註23〕在長期而持續地打壓之下，《大聲》雖然頑強卻也難以爲繼。

　　《星芒報》的遭遇與此類似。「七·七」事變以後，由川大經濟系學生胡績偉主編的成都民先隊的《星芒》周報出版了，並辦了「星芒通訊社」。《星芒》以及後來改名的《星芒報》，是一個比《大聲》影響更大的救亡刊物。它出版後，在全川發行，在當時全省報界發行量中居第一位。星芒通訊社在當時四川地區影響很大、被視爲抗日救亡的一面旗幟和重要的輿論中心。該報發出的許多重要消息和言論，較大程度上影響著四川的社會輿論。這自然引起國民黨當局的極大恐慌，面對政府的壓制，主編胡績偉凜然正氣，巧與周

〔註22〕戴知賢：《〈七月〉簡介》，《重慶文史資料選輯第 21 輯》，中國人民政治協商會議四川省重慶市委員會文史資料研究委員會，1984 年，第 160 頁。

〔註23〕參見肖志康的《〈大聲周刊〉的前前後後》以及何盛明、馬善思的《抗戰前期成都的革命文化活動紀略》兩篇文章，分別來自《成都文史資料選輯第 9 輯》和《成都文史資料選輯第 12 輯》。

旋，四次改名。先後以《蜀華報》、《新民報》三日增刊、《通俗文藝》旬刊等名稱出版，直到他 1939 年 11 月奔赴延安為止。〔註 24〕

再來看有名的「郫縣事件」。1938 年 4 月，成都進步救亡團體「群力社」成立後，即建立歌詠隊、演出隊，經常以歌詠、戲劇和講演等形式參加全市統一的宣傳活動，並到成都附近農村場鎮宣傳。到郫縣做宣傳時，縣政府卻以「散發荒謬傳單」為名，公然誣稱抗日救亡宣傳隊有「托派漢奸嫌疑」，竟派軍警對宣傳隊強行搜查，並扣留隊員，派軍警押送宣傳隊回成都。〔註 25〕

提倡改良雲南舊式花燈的王旦東，曾歷盡艱辛組織「農村救亡燈劇團」。然苦心經營期間，他受盡各種非禮的待遇，最後是特務寫信恐嚇他，逼他解散這個劇團。〔註 26〕而熊佛西的四川省立戲劇學校成立後，到各地組織巡演，1939 年 3 月從成都出發，到雙流、新津、溫江、灌縣、新都、金堂，在廣漢演出受到壓制，被迫提前返回成都。〔註 27〕

與以上各救亡團體、報刊有相似經歷的事情還有很多，在抗戰期間極為普遍，有一些從事文藝運動的愛國青年還慘遭特務的逮捕、綁架甚至獻出了生命。

總之，按道理來講，《抗戰建國綱領》是國民黨中央政府頒佈的，並且即便是為了維護自身的利益，國民黨也有擁護「抗戰建國」的必要。然而，要真正的發動民眾抗戰，就會造成群眾的某種程度的覺醒，就會對長期壓迫他們的「軍紳」採取行動。在「兩害相權」之中，國民黨選擇了「取其輕」。所以，國民黨的「抗戰建國」，在看待「抗戰」與「建國」的關係上把二者割裂開來，基本上是「抗戰的抗戰，建國的建國」。於是，在抗戰上它雖然口頭上也宣稱「地無分南北，人無分老幼，無論何人，皆有守土抗戰之責」，而且抗戰初期也確實做過一些發動群眾、宣傳抗戰的事情，但從八年抗戰的總體角

〔註 24〕陳光復、張明：《在抗戰激流中前進的四川大學》，《抗戰時期西南的教育事業》，貴陽：貴州省文史書店，1994 年，第 47～48 頁。

〔註 25〕參見林蒙的《七‧七事變前後成都的抗日救亡運動》與何盛明、馬善思的《抗戰前期成都的革命文化活動紀略》兩篇文章，分別來自《成都文史資料選輯第 16 輯》和《成都文史資料選輯第 12 輯》。

〔註 26〕戴旦：《花燈話舊》，《昆明文史資料選輯 4》，中國人民政治協商會議雲南省昆明市委員會文史資料研究委員會，1984 年，第 214 頁。

〔註 27〕何盛明、馬善思：《抗戰前期成都的革命文化活動紀略》，《成都文史資料選輯第 12 輯》，中國人民政治協商會議四川省成都市委員會文史資料研究委員會，1985 年，第 132 頁。

度上看，國民黨的實際做法是想要將民眾排除於抗戰之外，主要依靠的是：
對內憑藉政府和軍隊，對外爭取國際援助（美國、蘇聯等）。但大後方文學運
動則自始至終扮演著「載道」宣傳排頭兵的角色，對此國民黨政府的上策是
指導、引領，在實際中無法取得領導權的時候，就只能不斷地壓制。這就是
國民黨政府與大後方文藝運動之間的大體關係，兩者之間的對立主要在於對
——「抗戰」要不要發動群眾？——這一問題的不同回答。而在這個問題上
與知識分子取得一致的中國共產黨，則在「抗戰建國」的旗幟下實現了聯合，
共同領導和推動了波瀾壯闊的大後方文藝運動。

二、知識分子與中共在救亡宣傳上的聯合

現代知識分子在一些特殊的歷史階段與時代情境下與政治的聯合，在某
種程度上是由其本性決定的。現代知識分子不像傳統的士大夫，正如余英時
所說，『士』在傳統社會上是有定位的；現代知識分子則如社會學家所云，
是『自由浮動的』（free-floating）」〔註28〕所以，它自身不是一個實體階層。
相對於傳統社會的士大夫而言，現代的知識分子已經處於邊緣化的境地了。
知識分子不是一個獨立的社會階層，它沒有固定的經濟基礎，如傳統社會的
土地等實物性資源，要麼依賴政治獲得抽象的薪金，要麼依賴市場謀求商業
規則下的回報；而且背後也沒有士大夫所代表的凌駕於「政統」之上的「道
統」權威做憑藉，甚至可以說國家現代化道路上的「道」的設計，已經從知
識分子身上逐漸轉移到政黨的身上（不過政治的這種大包大攬孕育著危險）；
此外，知識分子還喪失了現實民眾的支持與認可，在野的紳士常常是地方自
治單位的領袖，文化教育、宗教家族的領導者，他們在地方上的威望和認可
是其作為政府與地方的中介充當地方保護人的資本，而現代的知識分子顯然
不具有這些特性。因此，現代知識分子在知識方面有不同程度的知識化現象
（與傳統的「志於道」不同），在「道」的方面又因為社會轉型舊「道」已去、
新「道」（無論是西式的「道」還是非資本主義的現代之「道」）未生的激盪、
過度的時代，不同知識者做出了不同的抉擇，缺乏統一的價值系統、觀念平
臺進一步使得整個知識分子群體零散化，最終造成了知識分子階層在社會中
的邊緣化與「游離態」現象。因此，當知識分子群體真正想以實踐的方式參

〔註28〕余英時：《中國知識分子的邊緣化》，《中國知識分子論》，鄭州：河南人民出
版社，1997年，第164頁。

與到國家的「抗戰建國」的這一歷史任務之時，不得不與社會的中心力量（如政治、政黨等）進行聯合。

抗戰時期的文學，一般而言大多按照地域分爲大後方（國統區）、解放區、淪陷區、孤島等幾個部分。儘管在這幾個地方文學都不同程度地和政治在發生聯繫，也不同程度地發生了文藝「大眾化」的嘗試，但這兩方面的特點在大後方文學中展現的更爲豐富。關於文學和政治的關係。在解放區中，中共和知識分子基本上是處於領導與被領導的關係，不是一種平等的聯合；但在大後方，中共是在野的一方，要爭取發展壯大，在政治上佔據優勢，就要求他們和知識分子群體進行聯合，雖然在某些方面、某種程度上也有領導與被領導的關係（如組織上、政治上），但在思想上、認識上，兩者大體上是由於對「抗戰建國」的相近立場而發生聯合的。在文藝「大眾化」的方面。由於解放區的意識形態較爲單一，所以文學的大眾化程度雖然較高，但形態上沒有大後方展示出的豐富。發生在大後方的文藝大眾化，幾乎將所有的傳統藝術形式納入其中，並進行了改編和更新，加上了時代性很強的內容，取得了較爲豐碩的成果。這些「大眾化」（包括通俗化、民族化、泛藝術化等）作品的傳播，不僅對抗戰救亡發動民眾產生了很大的作用，而且其中蘊含著的更爲進步、現代的知識因子、國家觀念、民族意識、新式倫理等，對縮小城鄉之間、知識者與大眾之間的鴻溝，促進之後「建國（即現代化）」也有非常深遠的意義。

參與大後方文學運動的知識分子，均是在新式西方現代教育體系培養出來的，（尤其是曾有出國留學經歷的中上層知識分子）有較嚴重的城市化與知識化的傾向，與中國社會「軍紳」結構的事實較爲隔膜和陌生。因而在需要動員全民抗戰完成「救亡」的使命之時，在文藝成爲喚醒民眾的重要宣傳工具之時，在所謂的全民、民眾已從智識階級、市民階級轉向廣大的基層農民之時，知識分子被迫重新認識自己的國家之後有著複雜的感觸：一是在跨越了長久的與廣大人民（主要是農民）的隔膜，跳出了以往狹小的城市圈、知識圈的天地之後，產生了眞誠的負罪感、引起了對知識者過往生活不同程度的否定，從而培養出以人民爲本位的立場——聞一多是典型的代表；二是他們發現所謂智識階級內部既分裂又矛盾重重，在動員農民方面，對於文藝直接應用於極度缺乏文化知識甚至絕大多數不識字的農村、農民之時，感到經驗缺乏，所以文人群體內部的團結、用於動員民眾的基層組織團體、以及文

藝轉型為宣傳工具的實踐經驗的缺乏，是他們面臨的重大難題。這些難題大多時候是知識分子自身難以解決的，而政治力量——在當時實際上只有共產黨——才擁有這方面的能力、經驗和資源。前者使作家在情感立場上發生了主動的轉向；後者使得在「抗戰建國」同一旗幟下集結的知識分子與政黨的合作成為一種客觀上的必要。

魯迅最早對這個問題有清醒的認識，他在 1930 年的《文藝的大眾化》一文中，就提到：「多作或一程度的大眾化的文藝，也固然是現今的急務。若是大規模的設施，就必須政治之力的幫助，一條腿是走不成路的，許多動聽的話，不過文人的聊以自慰罷了。」〔註 29〕胡風也較早得意識到這個問題，他在《大眾化問題在今天——提綱商討的綱要》中就指出，「作家向各地各個領域分散了，這就脫出了狹隘的文化圈子的束縛，使他們不得不和戰鬥的社會集團合流」〔註 30〕。而這個戰鬥的社會集團，無疑是共產黨代表的政治力量。作為大後方文學運動中的重要人物，主持「中華全國文藝界抗敵協會」日常工作的老舍，在實際的工作中對這一問題有深刻的體會，比如從文學運動實際操作上說，

> 可是這個運動，在實施方面，總是枝枝節節沒有風起雲湧的現象。我知道，這些作品始終沒有能到鄉間與軍隊中去——誰出大量的金錢，一印就印五百萬份？誰給它們運走？和准否大量的印，准否送到軍民中間去？都沒有解決。沒有政治力量在它的後邊，它只能成為一種文藝運動，一種沒有什麼實效的運動而已。〔註 31〕

下面從三個方面分析文學運動與中共政治力量聯合的必要性。

1、文人作家的團結與組織

戰時的客觀局勢，以及要獲得「抗戰」的勝利，就要求中華民族內部爆發出一種能和敵人的侵略相抗衡的堅硬的強力，其最基本的要求就是團結一致。然而，就是這「團結」二字在知識分子、文人作家中間中，最難做到。

馮友蘭在《國立西南聯合大學紀念碑碑文》中有這樣的感慨，「文人相

〔註 29〕魯迅：《文藝的大眾化》，《魯迅全集 07》，北京：人民文學出版社，2005 年，第 368 頁。

〔註 30〕胡風：《大眾化問題在今天——提討商討的綱要》，《胡風全集》第 2 卷，武漢：湖北人民出版社，1999 年，第 505 頁。

〔註 31〕老舍：《八方風雨》，樓適夷主編：《抗日戰爭時期大後方文學書系・第一編・文學運動》，重慶：重慶出版社，1989 年，第 138 頁。

輕，自古而然，昔人所言，今有同慨」〔註32〕。1938 年 6 月 23 日，胡適在日記中有這樣的記載：

> 李國欽兄從祖國飛回，來看我久談。他告我國內形勢，令人歎息。他說，「武人可算是盡了他們的責任，中國如不支，罪在文人」。此言可謂「一語破的」。
>
> 他說，國內士氣還好，軍士真可敬愛；最可歎的是一班文人至今不知大體，不能合作。〔註33〕

這正是抗戰爆發前後知識界的一般狀況。在新文學的歷史上，經歷了「五四」時期的「態度一致」之後，就開始迅速分化，難怪有人說過，「在這一新文學的全部簡短的歷史中，差不多每個自覺的作家都有所防禦或攻擊」〔註34〕。有魯迅與「新月派」的罵戰，有所謂有「海派」與「京派」的互鄙；有（後期）「創造社」、「太陽社」對魯迅、茅盾的攻擊；有所謂「左翼」、「右翼」、「第三種人」之分；左翼內部也有「兩個口號之爭」（即「國防文學」與「民族革命戰爭的大眾文學」）。所以，文壇如戰場，拉幫結派、互相攻訐的現象幾乎時刻都在發生。在抗戰爆發後，這種情形是與當時整個民族、國家面臨的嚴峻形勢極不相稱，文人們急需要團結起來。這種需要隨著抗戰的推進，越來越明顯，越來越急迫。於是有了「全國文藝界抗敵協會」的成立。

參與籌備發起「全國文協」的最初 14 位作家，對這種團結的需要有清晰一致的共識。他們認為無論從抗戰的角度上說，還是從文藝發展的角度考慮，都需要團結起來，因為「每一種人，每一種行業的徹底團結，是整個團結的基礎；基礎堅定，整個的團結，才能徹底的樹立」，文藝界的團結也是他們自身的責任，只有「堅強的團結起來，從每一個所站立的崗哨上，取得互相呼應；表裏一致的結合，必可使大家的意志，精力，毫不浪費地完全打擊到敵人的身上，使中國最後勝利的日子，盡可能地縮近」。因此，文藝界的團結「在抗戰的陣營上是急需；在文藝本身的發展上，是必需」。〔註35〕在抗戰的推動

〔註32〕 馮友蘭：《三松堂自序》，《三松堂全集》第 1 卷，鄭州：河南人民出版社，2001 年，301 頁。

〔註33〕 曹伯言整理：《胡適日記全編 7》，合肥：安徽教育出版社，2001 年，第 124 頁。

〔註34〕 蕭乾講、尹幹譯：《戰時中國文藝》，樓適夷主編：《抗日戰爭時期大後方文學書系·第一編·文學運動》，重慶：重慶出版社，1989 年，第 290 頁。

〔註35〕 草萊：《中華全國文藝界抗敵協會籌備經過》，文天行等編：《中華全國文藝界

下、壓迫下，「全國文協」的出現實現了文藝界第一次眞正的大聯合、大團結，
有研究者對這個知識者的團結給出了很高的評價：

> 一九三七年的對日抗戰，這是以「弱」抗「強」的救亡聖戰。
> 此聖戰的另一意義，是全國知識分子空前的大團結。共產黨發表了
> 實行三民主義，擁護政府的宣言，軍隊接受了政府所給予的番號。
> 過去因內戰，因思想等分歧而四分五裂的個人、團體，都響應政府
> 的號召，向領導中心集中。迫近戰區的學校、工廠、教員、學生、
> 工人、技師，都走上漫漫的崎嶇道路，冒著轟炸、突擊、飢寒、死
> 亡的危險，堅韌的移向作戰的準備位置。幾千年民族所蓄積的精靈，
> 顯現爲前方的血肉與後方的血汗。這是民族非常艱苦的時代，也正
> 是民族亙古未有的偉大而輝煌的時代。而其眞正的內容，則是知識
> 分子的大團結。〔註36〕

的確，知識界、文藝界的大團結，在整個中國近現代以來都是空前的，對國
家的「抗戰建國」有極爲重要的意義。儘管「文協」的成立是由一批作家文
人發起的，但成立之後的實際運作，以及貫穿八年之久的堅持戰鬥，離不開
共產黨這個政黨勢力的支持。如「全國文協」中的重要成員郭沫若、茅盾、
田漢、羅蓀等都是中共黨員。「全國文協」的機關刊物《抗戰文藝》的編委會
負責人的 3 人中，樓適夷、蔣錫金均爲中共黨員。中共的《新華日報》還經
常以社論的形式報導「全國文協」的工作與動向，並與之呼應和引導。

　　此外，郭沫若領導的政治部第三廳、及其後的「文化工作者委員會」（文
工會），也是政治力量與作家團結、聯合的成果。國民政府軍委會政治部是國
共第二次合作時期在武漢成立的，下設的第三廳由郭沫若領導，主管文化工
作。第三廳起初社下設五、六兩處，後又增加第七處，三個處分管動員工作、
藝術宣傳、對敵宣傳等業務。在成員組織方面，廳長郭沫若，五處處長胡愈
之，六處處長田漢，廳長辦公室主任秘書陽翰笙，科長杜國庠、馮乃超等均
是中國共產黨黨員，洪深也是「左聯」成員。所以，從領導結構上說，第三
廳基本上是由共產黨領導的機構。政治部第三廳這樣的合法身份，使得它在
抗日救亡宣傳中扮演了十分重要的角色，而中共也利用這個平臺吸引廣大的

　　　抗敵協會資料彙編》，成都：四川省社科院出版社，1983 年，第 5 頁。
〔註36〕徐復觀：《在非常變局下中國知識分子的悲劇命運》，《中國知識分子精神》，
　　　　上海：華東師範大學出版社，2004 年，第 9 頁。

愛國作家、文人參與到抗戰的洪流之中。所以，也可以說，第三廳在抗戰中的貢獻是中共與文人作家相互聯合的結果。

如洪深擔任科長的戲劇科，在抗戰時「組織了十個抗敵演劇隊、四個抗敵宣傳隊和領導了『孩子劇團』，深入前線和後方城鄉，進行了艱苦卓絕、出生入死的抗日救亡宣傳工作。」〔註37〕這些演劇隊的成員，跋山涉水，足迹遍及大後方的幾乎所有省份，他們在偏遠地區、鄉鎮農村所做宣傳的廣度與深度，都是空前的。並且，這些演劇隊的工作爲農村的抗日宣傳樹立了很好的模範與榜樣，大後方各省各地的演劇隊、劇團、宣傳隊等，也都與此有一定的關係。第三廳作爲國民政府的合法機構，擁有老舍所說的財力、人力、物力方面的資源，可以印刷大量的宣傳品和材料，投入到救亡宣傳之中。如其在抗戰時期用於宣傳的通俗書刊中，較有代表性的是郭沫若主持的政治部第三廳發行的《抗戰小叢書》，具體由掌管文字宣傳的第一科編印（科長杜國庠）。參加寫稿工作的作家有老舍、華崗、胡繩、羅森、葉以群、歐陽山、草明、徐盈、彭子岡、曾克、黑丁、老向等，廳內人員有潘念之、何成湘、蔡馥生、尚鉞、徐步、力揚、劉明凡、萬迪鶴、石嘯沖、陳乃昌、錢遠鐸、李拓之，翁植耘等；內容上除闡述堅持抗故、堅持團結的必要性，分析國內外形勢、闡述抗日戰爭進入持久階段的任務等外，不少選題是揭露日寇的暴行，描述國土淪喪、家破人亡的痛苦與慘狀，斥責漢奸賣國賊屈膝投降的可恥行爲，頌揚英勇殺敵慷慨報國的英雄業績等；這種小叢書，一般都用通俗的筆調寫，短小精悍，字數一般爲五六千，不超過一萬，每冊印數約 5 萬至 10 萬冊，前後一共大概編寫印行了 100 種左右，主要分發到前線及敵後士兵手中。〔註38〕

再如《新華日報》也成爲中共政治勢力與文人作家聯合的一個重要平臺。由於，抗戰期間是國共第二次合作時期，雙方雖互相勾心鬥角、爭權奪利，但在「抗戰」的旗幟下都不願徹底撕破臉，致使本方在政治上的被動。所以，中共的黨報《新華日報》在大後方的國統區仍有廣泛的發行。期間，各地的發行站雖遭受不同程度的打壓、迫害，仍舊流傳很廣。中共的「抗日民族統

〔註37〕陽翰笙《第三廳——國統區抗日統一戰線的一個戰鬥堡壘（節錄）》，樓適夷主編：《抗日戰爭時期大後方文學書系・第一編・文學運動》，重慶：重慶出版社，1989 年，第 101 頁。

〔註38〕翁植耘：《郭沫若在第三廳、文工會及其創作活動》，《抗戰時期西南的文化事業》，成都：成都出版社，1990 年版，第 60～61 頁。

一戰線」策略得到了大多數知識者的擁護和認同，其民主、進步的立場也對大後方的文人作家有很大的吸引力號召力。〔註39〕《新華日報》不但在重慶、成都、昆明、桂林、貴陽等各地廣開發行站，還團結了各種民主勢力、中間勢力，以擴大影響。一個較為奇特的事件是：《新華日報》與潘文華主持的武德學友會辦的《華西日報》約為兄弟報紙，商定以後，《華西日報》所撰有關民主論文，重慶《新華日報》予以選登，而《新華日報》的言論消息，《華西日報》亦予以轉載或改頭換面予以刊出。〔註40〕

　　《新華日報》廣泛的傳播面及中共進步的姿態與言論，影響了很多青年知識者和學生。如川東師範學校的部分師生，時常組織起來秘密閱讀、學習《新華日報》等進步書刊。貴陽的清華中學，受到西南聯大民主氛圍的影響，有濃厚的民主傳統，學校長期訂閱《新華日報》，供師生們學習探討。璧山的勉仁中學，校內不掛蔣介石像，不訂《中央日報》，只訂《新華日報》。滇南建民中學的進步師生，也時常相互傳閱《新華日報》。在國立第三中學，也有許多進步書刊、報紙被人們傳閱、張貼，其中就有《新華日報》。

　　從以上材料中不難看出，雖然《新華日報》只是一份報紙，並沒有像「全國文協」和「第三廳」那樣給作家和政黨提供了直接交往、合作的事實，但《新華日報》上體現出的中共的立場、主張、觀點在傳播、閱讀的過程中，實際上在知識者與政黨之間建立了一種觀念上的紐帶關係，這成為他們之間聯合的思想認識基礎，一旦遇到合適的機會，就會發生事實上的聯合。與《新華日報》類似的還有《大眾哲學》、《聯共黨史》、《新民主主義論》、《在延安文藝座談會上的講話》等等。

　　此外，中共方面還通過周恩來領導的中共南方局對廣大的文人、作家進行了許多統戰工作，團結了很多知識分子。

2、宣傳、教育經驗上

　　前面已經論析過，接受新式教育的文人作家，長期居留在城市，與農村較為隔膜，且抗戰所要求的救亡工作，需要深入內地、鄉村、基層，與最普通的老百姓打交道，如「文章下鄉、文章入伍」的口號要求的那樣。但當時許多作家就反映他們的宣傳工作最終失敗了，原因就在於他們根本就沒有過

〔註39〕 如李劼人就曾經表示，事事聽共產黨領導，遵照《新華日報》的指示辦。
〔註40〕 趙星洲：《川軍將領潘文華一生》，《成都文史資料選輯第 8 輯》，中國人民政
　　　　治協商會議四川省成都市委員會文史資料研究委員會，1985 年，第 207 頁。

任何與鄉村民眾打交道的經驗。他們口中的名詞老百姓不懂，他們擅長的美術字老百姓不認得，他們的欣賞趣味老百姓不接受……這種現象在當時極為普遍。所以，要想真正獻身抗日宣傳，也並不是僅有一腔熱血就可以的，還需要在長期的摸爬滾打中積累、摸索出來的經驗和有效的方法。30 年代的鄉村建設派就曾遇到過類似的問題。如「中華平民教育總會」的晏陽初就認為，要想真正在鄉村建設方面取得成果，需要知識分子，彎下腰去，虛心向民眾學習，於是「他和許多高級知識分子抱定誠心、熱心、虛心的精神，自都市深入鄉村，與農民共同生活和工作，向農民學習一切」〔註 41〕。鄉村建設派的工作因日軍的侵華而中斷了，儘管晏陽初等還在湖南、四川又努力持續了一段時間，但收效甚微。所以在抗戰期間，擁有這一經驗的組織似乎只有中國共產黨。

中共的這一經驗是在長期的革命實踐中，摸索出來的，帶有著強烈的革命色彩。請看白修德對此的描述：

> 在這次戰爭當中，中共所進行的主要工作就是戰爭本身，他們的一切行動，都是本於所有的戰爭都是全面戰爭這一原理而出發的，黨的主要任務就是把農民和軍隊溶成一片。單是共產黨人是不夠去打一場戰爭的，必須把農民教育出來去保衛他們自己，去管理他們自己，即使因此而每一種固有傳統水準都必須放棄，亦在所不惜。十五年無情的階級戰爭中，中共已經充分實習了群眾行動的技術。在與蔣介石作戰中，他們已經懂得了怎樣在每一村鎮去運用那積壓已久的不滿情緒，使它變成為新的力量。如今，他們為了進行抗日的民族戰爭，正進行著這種技術的改進。〔註42〕

中共的發動群眾不是非常膚淺的、簡單的控制，這樣的做法只能收效一時無法真正持久，他們的辦法是用教育的方式來動員民眾、喚醒民眾。只是從一開始起，這種教育就不是一般性的教育，而是革命化的教育。先來看看共產黨的這種教育模式在八路軍中的實施情況，就大概能一窺究竟。

抗戰時期，卞之琳曾到太行山一帶在八路軍第七七二團隨軍採訪，他記

〔註41〕 吳相湘《晏陽初傳——為全球鄉村改造奮鬥六十年》，長沙：嶽麓書社，2001年版，第 234 頁。

〔註42〕 〔美〕白修德、賈安娜《中國的驚雷》，北京：新華出版社，1988 年，第 225 頁。

錄下了軍中的生活、學習狀況。八路軍中的教育和革命是緊密結合的，即使在戰鬥環境裏，政治工作也從不放開；每逢戰鬥，各單位的教育幹事都跑上前線。在行軍的時候，每個戰士背上都背了一個生字，讓大家記認。只要軍情輕鬆一點，政治教育工作就立刻緊張起來：

> 政治處每逢軍隊在什麼地方有兩天的停留，就擬出一個兩日工作計劃大綱，有五天的停留，就擬出一個五日工作計劃大綱。所以部隊在哪一個村子裏一歇腳，政治處的教育股，組織股，敵軍工作股，宣傳隊就加倍活躍，一切課也就上起來了，軍事課、政治課、文化課、識字課……一切會也就開起來了，黨支部大會、討論會、軍事研究會、政治研究會……文化娛樂也並不忽視，劇團演劇，開同樂大會。跳遠用的淺坑也挖起來了。籃球架子也豎起來了。每天晚飯後，趁天還未黑，大家就嘻嘻哈哈地在那裡奔跑，或觀看，球聲澎澎地有時應和著二三十里以外的炮聲。八路軍的生活簡直無異學校生活，許多失學的小勤務員，甚至成年的戰士在那裡進了學校，而且成效顯著的學校。

八路軍不但在軍隊內部實行這種教育，也很注意對當地的百姓進行教育。如，每當八路軍離開某地，除了牆上的標語，其他的一律清理乾淨，給老百姓一個好的印象，也留給他們一些民族的覺醒，甚至會在當地組織一個農民救國會、自衛隊或游擊組織等，埋下革命的種子。〔註43〕無論如何，在老百姓的眼裏，這種作風是民國「軍紳」社會以來的軍隊中從未有過的，破天荒的，很容易贏得百姓的好感。駱方也在軍中做過採訪，他的記錄是：

> 每天上兩堂課：政治課，識字課；每人有兩本課本：《抗日軍人讀本》、《人民抗日紅軍識字課本》（後者每頁邊上注有拉丁化新文字）。時常開討論會。入伍幾年的沒有不識字的（識字多寡當然有程度上之差別），有不識一個漢字而能寫一手好拉丁化新文字的。他們有句標語：「學習是我們永久的工作！」〔註44〕

訪問過延安的剛瑟·斯坦在採訪延安大學校長周揚的時候，從周揚的回答中也能看出中共教育的某些特徵，「我可以肯定，從延大出來的男女學生具

〔註43〕 以上參見卞之琳《第七七二團在太行山一帶》一文，來自《抗日戰爭時期大後方文學書系·第四編·報告文學第一集》，重慶：重慶出版社，1989年。

〔註44〕 駱方：《走向戰鬥著的黃土層》，碧野主編：《抗日戰爭時期大後方文學書系·第四編·報告文學第二集》，重慶：重慶出版社，1989年，第1291頁。

有目前中國所需要的較多實際知識。他們更好地瞭解人民需要什麼，怎樣才能與人民合作，他們有更好機會能爲戰爭和社會發展出力」〔註45〕。可以說，周揚和共產黨人對他們教育中的革命功利主義因素是充滿自信的。

中共的這種教育模式，有根據地提供的充足的實踐檢驗爲依據的。共產黨在根據地的教育是根據對象的不同而教育的內容、方式都不太一樣，大體上有干部教育、群眾教育（普通教育）兩大類，分別針對不同的對象，因爲不同的對象其接受能力、革命性都是不一樣。普通教育中還有國民教育和初級小學教育，其中國民教育的國民教育的基本內容是掃盲，具體形式有識字組、識字班、讀報組、半日學校、冬學等等。當然掃盲往往是與政治思想教育、傳播生產技術及軍事知識緊密結合起來。這裡就體現其革命化的特色，在受到教育獲取知識的同時，就已經接受了革命的薰陶。所以，「中國共產黨抗日根據地中的群眾教育，成就主要在兩個方面：一是掃盲，一是普及共產黨人的革命思想。而且根據地的群眾教育在很大程度上也有培養和造就革命幹部的性質」。從正規的現代教育的角度說，共產黨抗日根據地的教育與現代教育確有相當距離。但是，共產黨在教育方面非常成功地實現了他們革命化目標。〔註46〕

中國共產黨的這些長期在農村工作的實際經驗，以及在經驗基礎上總結出來的這種革命化的教育模式，是能夠有效地發動群眾、喚醒民眾的方式。這種方式最基本的是教會農民開始識字；然後逐步引導他們學習革命材料、探討實際問題；使他們明白只有革命才能使農民擁有土地，過上好的生活，只有參與革命才是符合他們自身利益的方式。這些工作和經驗都是知識分子階層不曾擁有的，而當抗戰爆發後知識分子有深入鄉村、宣傳抗日、喚醒民眾的欲求時，兩者有著實際的聯合需求，而他們也確實聯合了起來，共同推進了大後方文學運動的展開。

3、組織資源的支撐

本章第一節論述了國民黨在對待大後方文學運動的從引領到壓制的態度變化，而面對國民黨中央政府的壓制之時，文人作家自身很難與之抗衡，他

〔註45〕〔美〕岡瑟・斯坦：《紅色中國的挑戰》，上海：上海譯文出版社，1999年，第254頁。

〔註46〕參考馮崇義的《國魂，在苦難中掙扎——抗戰時期的中國文化》一書第 177～180頁，廣西師範大學出版社1995年版。

們需要尋找一種力量加以對抗，共產黨、地方「軍紳」都成爲他們的目標。但實踐表明地方「軍紳」雖然在某些特定時候能提供一定的支持，但本質上並不可靠，始終堅定地和作家們站在「抗戰建國」旗幟下的常常只有中共產黨（至少在他們看起來是這樣），且這種聯合不是一開始就完全締結的，而是在過程中不斷地加深。

要眞正在政府的壓制下推動抗日救亡工作，有了熱情、經驗、具體方法仍然還是不夠的，還必須有一種堅強嚴密的組織網絡，能夠凝聚一定的力量，在某些局部場合能對壓制進行對抗和迎擊，並在某種程度上掌握這樣的鬥爭藝術。大後方的文學運動之所以能夠轟轟烈烈的開展，是與中國共產黨手中掌握著的一大張地下黨組織網絡密不可分的，他們中的很多黨員或秘密黨員都是文化人，滲透到了國民黨地方政府的各個部門及其掌控下的宣傳部門（如報刊雜誌社等）。這樣，政治力量加入到文學運動中，既能夠發揮政黨組織在開展文學活動方面的效力，又能爲文學活動的開展提供了陣地和空間，還能夠保證實際的文藝宣傳活動得以堅持下去，使文學運動有持久的延續性。下面試舉幾例。

在四川甜城內江，「七・七」事變後，當地人民便開展了一系列的抗日救亡文化活動。成立了「三・一三救亡歌劇社」等團體，特別是內江中學、沱江中學的愛國學生和青年教師，組織了「興華宣傳隊」。他們利用假期，深入到城郊的史家、富溪、便民、田家、觀音等鄉鎮，演出《放下你的鞭子》、《鳳陽花鼓》等抗日歌曲和話劇，以激發廣大民眾的愛國熱情。這樣的宣傳方式是下層知識分子自發組織的，成員主要是中學師生。爲了擴大救亡宣傳的成果，在當地的特別支部未建立以前，中共黨組織派遣黨員關汝詡以代課教師的身份來到內江。他將「興華宣傳隊」進行了改組，聯絡了一批具有強烈愛國激情的熱血青年，在宣傳隊的基礎上於 1938 年 8 月 19 日成立了「興華救亡歌詠話劇社」。關汝詡在籌建此一劇社的過程中，還幫助指導溫餘波等人於 8 月 4 日成立了「內江孩子劇團」。在他的組織推動下，內江的抗日救亡工作有了進一步的發展。〔註47〕

貴陽的大夏大學，在戰時成立了「大夏歌詠隊」公開宣傳抗日。這一組織在一開始就有共產黨的參與和領導。在歌詠隊最初發起的成員中，葉楚清、

〔註47〕參見黃劍慶的《甜城內江的抗日文化活動》一文，出自《抗戰時期西南的文化事業》，成都出版社 1990 年版。

劉永陶、郭連科三人是中共黨員，直接受貴州黨組織的王啓霖同志領導。在有效的組織領導下，歌詠隊發展較爲迅速，1938 年時，隊員即有 40 人左右，到 1940 年發展到 120 人左右。並且鬥爭的經驗也不斷增長，如 1939 年時國民黨官方的控制已比較嚴厲，大夏歌詠隊利用寒假仍舊到貴陽北郊狗場一帶農村進行抗日救亡宣傳活動，採用的是「貴陽基督教青年會」的名義。同學們身背行李，道具，翻山越嶺、走村串寨，一到目的地，就用自己被單縫製成帷幕，自搭舞臺，向群眾宣傳抗日救亡，表演抗日歌劇《黃花曲》、《送郎出征》，活報劇《放下你的鞭子》等，還採取舉行群眾集會、畫壁畫、寫標語等形式，以貴陽「二・四」轟炸爲例，控訴日本侵略者的暴行。〔註48〕

陶行知在四川鳳凰山古聖寺創辦的育才中學，在戰時也進行了許多救亡宣傳活動，並且這些活動曾直接受到過中共南方局書記周恩來的指導。1940年 9 月下旬，周恩來和鄧穎超來到古聖寺。當天夜晚，他和教師們一起講述抗戰的形勢。周恩來告訴大家，當前就是要反對投降危險，打擊國民黨反動派的投降活動。他還明確指出，鬥爭的形式很多，根本的一條則是發動群眾。可以通過音樂演奏、繪畫展覽、戲劇演出來表現堅持抗戰，反對投降，他鼓勵大家這都是掌握在你們手裏的有力的武器。這一談話指明了鬥爭的方向。這年冬天，賀綠汀先生帶著音樂組同學，到重慶去舉行兒童音樂演奏會。隨後，繪畫組同學也到重慶舉辦兒童繪畫展覽。戲劇組同學到重慶去演出兒童劇，演出的第一個戲是蘇聯劇本《錶》。該組同學還在重慶、北碚、合川去巡迴演出過《小主人》，戲中的主角是難童，而扮演難童的演員也就是難童，他們用親身的經歷，一字一句滿含著國破家亡的激情和血淚的控訴，一聲聲「救救孩子啊，孩子是國家的小主人」的呼籲，具有強烈的激動人心，喚起群眾挽救危亡的作用。〔註49〕

更具有典型性、代表性的是抗戰前就已經成立的「重慶市各界聯合救國會」（簡稱「重慶救國會」）。其主要發起人就是中共黨員漆魯魚，救國會成立後擔任總幹事一職。下屬的組織有學救、職救、文救、婦救等。組織發展都較快，如學救通過廣泛的活動，在全市 30 多所中等以上的學校中，學救佔優勢的就有 20 多所，這樣學生的活動便主要掌握在學救手裏。「七・七」之後，

〔註48〕參見楚林的《大夏歌詠隊在築城》一文，出自《抗戰時期西南的文化事業》，成都出版社 1990 年版。

〔註49〕參見《育才學校的誕生和成長》一文，出自《重慶文史資料選輯第 9 輯》，中國人民政治協商會議四川省重慶市委員會文史資料研究委員會，1981 年。

由於國共第二次合作，重慶的政治形勢有所好轉，再加上中共的直接領導，救國會的組織規模有很大發展，並爭取到一定合法地位。為了進一步擴大群眾基礎，文救於同年 11 月 23 日改名為「重慶市文化界救亡協會」（簡稱「文協」）。在文救和文協領導下，先後舉辦了 1937 年暑期文藝講習班，成立了「文藝研究會」、「移動演劇隊」、「兒童演劇隊」、「課餘農村宣傳隊」、「怒吼劇社街頭演劇隊」。

由重慶救國會領導和開展的活動也更加廣泛深入，充分利用各個紀念日，充分利用各種公開、合法的形式，開展宣傳活動。抗日戰爭開始後，重慶民眾反日鬥爭的聲勢越來越大。1937 年「九‧一八」六週年紀念日，救國會發起舉行了由 800 人開始、最後彙集到 3000 多人的歌詠大遊行；1938 年「七‧七」和「八‧一三」週年紀念，救國會所聯繫的十四個青年團體，發起組織了盛大的紀念會和上千人參加的火炬遊行，轟動了整個山城。1937 年至 1938 年間，抗日戲劇和歌詠活動最為頻繁，救國會系統的各個演劇隊，協同陸續從外地來渝的全國性戲劇團體共 20 多個，在一年多的時間內，共約舉行大型戲劇公演六、七十場次，演出劇目 50 多個，集中揭露了日寇在華罪行和歌頌了我國同胞的反日愛國鬥爭，觀眾達數十萬人。此外，以救國會成員為骨幹的各救亡團體的宣傳隊、歌詠隊、演劇隊，利用各種宣傳形式開展活動。如遍及城市、農村演出街頭劇，張貼壁報、漫畫，慰勞、募捐，舉辦暑期文藝講習班、文藝研究會、戰時知識訓練班、救亡圖書室、平民識字班、平民夜校，以及邀請我黨先驅吳玉章、鄧穎超和知名進步人士沈鈞儒、史良等主講的定期講演會等，各種形式緊密結合，廣泛宣傳聯合抗日和抗戰必勝的道理。〔註50〕

重慶救國會的抗日救亡活動與經歷，非常典型地體現了由政治力量參與的文藝宣傳活動能夠產生的巨大效果。儘管具體宣傳活動的展開往往需要知識分子（主要是下層的學校師生、文藝青年等）的參與和實施，但政治力量的作用也很重要。首先，僅憑作家文人的熱情與經驗，是很難組織起這麼大規模的抗日愛國組織的，如僅僅救國會下屬的「文救」（後改為重慶市文化界救亡協會）就成立了「文藝研究會」、「移動演劇隊」、「兒童演劇隊」、「課餘農村宣傳隊」、「怒吼劇社街頭演劇隊」這麼多團體；1937 年的「九‧一八」

〔註50〕參見蔡祐芬：重慶救國會與重慶抗日救亡運動，《重慶文史資料選輯第 25 輯》，中國人民政治協商會議四川省重慶市委員會文史資料研究委員會，1985 年。

紀念日彙集了 300 多人進行歌詠大遊行；1938 年「七‧七」和「八‧一三」週年紀念，救國會所聯繫的 14 個青年團體，發起組織了盛大的紀念會和 1000 多人參加的火炬遊行。其次，是否能夠充分利用各種合法節日、紀念日，合法的身份和各種名目開展活動，都是需要政治鬥爭中的豐富經驗與組織才能的。並且，救國會的宣傳活動無時無刻不面臨著政府的控制與反控制，要在那些微妙、險惡的環境下生存、壯大繼續抗日宣傳事業，沒有高超的政治藝術以及嚴密的組織做後盾，是很難做到的。

總之，文人作家和政治力量（中共）雙方在「抗戰建國」、「抗日民族統一戰線」的旗幟下集結，這種思想認識的一致形成了二者合作的前提，雙方的力量和資源進行了對接。但與解放區有別的是，中共在國統區的大後方尚沒有組織上的能力對文人作家、知識分子進行像「整風運動」那樣的控制。中共從實際的角度出發，在大後方的工作還一直體現著靈活、民主、進步、開明的手段，而作家方面還能夠保持相當的獨立性、主體性、能動性。所以，從性質上來說，二者的關係是平等的聯合，在許多作家的心目中二者是平等的。

第五節　文藝「救亡」運動中文藝的「大眾化」

在大後方文學「救亡」運動中文學的形式也發生了顯著的變化，形式上的變化與文學運動的對象、內容、性質的轉移息息相關，甚至可以說前者是由後者決定的。當文學宣傳的主要對象主要由識字率、知識水平均十分低下的下層群眾組成時，文學作品至少要使讀者能夠理解，如此才能實現「抗戰建國」的歷史任務。

自晚清在與西方諸國接觸、摩擦的過程中，中國的近代化慢慢開始起步，最主要體現在租界以及許多沿海城市。現代化中包含著技術的日新月異及效率的突飛猛進，與文學直接相關的印刷、出版業也在西方科技的推動下快速發展，各種報紙刊物紛紛出現，為作家的生存、文學的發展提供了較大的平臺與空間。隨著 1905 年科舉制度的廢除，文人「學而優則仕」的固有傳統被中斷，眾多受西方新式教育薰染的作家們，也在生存方式上與西方接軌，開始以文學市場（主要在城市以及小市民和學生）和學院為生存空間。自此，在那些感受現代化文明的都市，才開啟了一個某種程度上的「閱讀時代」。而

新文學在其中雖然也有多種多樣的展現方式，尤其是從西方引進的話劇有較大的發展，但新文學最主要的載體仍舊是文本，即以「文字書寫──出版發行──文本閱讀」爲存在的主要形態。這種方式之所以能夠形成，與新文學的城市化關係密切，無論是作爲創作主體的作家，作爲流通媒介的編輯、出版、印刷機構，還是作爲讀者的市民及青年學生，以及生產新式智識階級的各級院校，都主要集中在都市。也就是說，一直持續到抗戰前，近代（晚清）文學和現代新文學的「生產（創作）、傳播、閱讀（消費）」循環幾乎都發生在城市，除戲劇門類（即便是戲劇，劇本的閱讀也十分普遍）外，主要是通過文字文本的形式而存在。這種情形，直到抗戰的爆發才得以改變。

在抗戰大後方的文學「救亡」運動中，爲了整個國家「抗戰建國」的總任務，爲了凝聚一種堅硬的物質力量以對抗外敵的強暴，文學做出了重大的犧牲，發生了「工具化」、「人民本位」的傾向〔註51〕。在這個過程之中，文藝服務的對象由城市市民、青年學生（總之都是接受新式教育的知識者）向識字率很低、現代知識非常貧乏的下層民眾（包括農民、士兵、工人等）擴展。此時，文學作品要眞正成爲宣傳工具，就需要跨越文字的障礙，那種戰前主要發生在城市裏的以文本閱讀爲主要存在形態的文學活動是不能夠滿足時代的需要、完成歷史的任務了。

於是，文學的面貌在抗戰之後發生了重大的變化。由於文學從城市中走出，步入到更廣闊的鄉鎮農村，並以「抗戰建國」爲任務，因而「工具化」的性質、宣傳教育功能凸顯了出來。在知識群體之中，文字形式的文學固然得到了最大限度的發揮，各地都有成千上萬的書籍、報紙、刊物、壁報、傳單、標語、宣傳冊子、各式教本等，都爲抗敵救亡、喚醒民眾發揮了重大的作用。不過，大後方文學的新增讀者群，即主要是指識字率低、現代知識貧乏的農民、士兵（主要也都來自農民）、工人等，要使他們也能接受「抗戰」、「建國」、「革命」等宣傳、教育，文字就構成了不小的障礙。這就發生了三種特殊的傾向：針對此前新文學某種程度上的「陽春白雪」性質，發生了通俗化的傾向；針對此前新文學形式上、字句上、趣味上的西化現象，產生了民族化的傾向；針對這種文字上的障礙，產生了泛藝術化的傾向。在這三種

〔註51〕儘管在某些人看來這種轉向遠非徹底，如建國後官方的言論，這在很大程度上也的確是實情，但就算這種轉向的程度還比較有限，但相較此前已經是一個大大的突破了。

傾向中，文藝的言志（個人化的表現）、審美等特徵的重要性逐漸地下降和淡出，這或許是自然而然的結果。

　　大後方文學「救亡」運動的總目標、總任務決定了它的基本特性，無論是「抗戰」還是「建國」都不能不將占全國人口總數 80%以上的農民納入進來，但廣大的鄉村、農民與現代知識、文化如此隔絕的現實，使得許多（現代知識體系中的）名詞與常識都難以瞭解。此前的社會發展方式將溝通社會上層（政府）、下層（農民）的士大夫階層瓦解，但代之而起的新式知識分子則越來越城市化、知識化，這是農村民眾與「現代」如此隔絕的一個重要原因。所以，要想將那些幾乎不識字的、現代知識極端匱乏的下層民眾納入到「抗戰建國」的運動中來，最基本的要求（也是最重要的要求）就是知識分子需要找到一種適當的方式和橋梁，能夠跨越他們與民眾之間的鴻溝，達到一種基本的信息交換和順暢的理解，這種橋梁就是所謂的「大眾化」。「大眾化」的實質在於知識分子所運用的宣傳形式，及這些形式傳達的內容，能夠較為順利地被廣大民眾所接受，為群眾所理解。〔註52〕這是現代知識、文化、思想、觀念要傳播到大眾中間必過的一道關卡。如戰前的鄉村建設運動，當時還沒有戰爭的逼迫，也沒有政治力量的推動，卻也不約而同的採用淺易通俗的出版物來推進其工作。又如盧作孚在北碚發行的《嘉陵江日報》，文字上通俗、明白、簡練，內容上卻刊載了現代的國防、交通、產業、文化各種消息，小報儘管「白話字句很淺，只要讀過一兩年書的都可以看」，但所傳播的信息和產生的影響則是巨大的。此後的 1928 年 9 月盧作孚又在北碚創辦《新生命畫報》，對不識字的平民施行教育。〔註53〕

　　因此，不難明白在「大眾化」與「抗戰建國」之間，後者是目的，前者只是手段。但當我們把目光下降一層，把「大眾化」的實現當做目的的話，就會發現它也有很多在手段意義上的表現方式，如前面提到的通俗化、民族化、泛藝術化等等。實際上，這幾種實現「大眾化」的手段之間有很多的交叉，難以把它們真正分門別類的絕對清晰。如所謂通俗化，既可以指文字表達意義上的通俗，也可以指藝術表現形式本身的通俗（像傳統的相聲、快板、

〔註52〕不過，這裡的「大眾化」絕非是一種逼不得已的降格與遷就，在思想、觀念、立場均已發生重大變化的作家們看來，反而是文學的一種前進和提升，許多作家都強調了這一點。

〔註53〕張瑾：《盧作孚北碚模式與 20 世紀二三十年代重慶城市變遷》，《中國社會歷史評論》，2005 年第 00 期，第 11 頁。

小調等）；而所謂「民族化」指的是利用中國民間廣發流傳的諸多傳統藝術形式，但它們的表演性、說唱性，也和文字的「泛藝術化」這點相交叉。所謂「泛藝術化」，指的是文學（語言藝術）和藝術的眾多門類產生了廣泛的融合，如音樂、繪畫、表演等，用訴諸人們視覺（與閱讀區分）、聽覺的方式，更爲形象生動地傳達內容。而所謂「民族化」指的是，文學在表現形式上廣泛地重視此前被嚴重忽略的眾多傳統文藝形式，如舊式戲曲、曲藝（鼓詞、小調、相聲等）、章回小說、秧歌等，採用這些被百姓們熟悉易於理解（這是最重要的一點），且常常「喜聞樂見」的形式來傳播那些對百姓而言是新的、現代的、革命的思想、觀念、知識。所以，後面的三點分論之間，只是爲了論說的清晰、方便而在相對意義上的分述，它們之間並無絕對的界限。

一、工具化傾向與量壓倒質、普及壓倒提高

1、關於「工具化」傾向

　　首先，戰時「救亡」宣傳中文學的工具化傾向是當時嚴峻客觀形勢的需要，因而大多數作家文人對這一點有著明顯的自覺。這種主動的文學工具化的自覺傾向有作家文人主觀上的原因：他們在抗戰爆發前後由於生活上的劇烈變動，造成的在對（「軍紳」）社會現實的重新認識，且又在新形勢下經歷了重新審視和反思「自我」的心理階段（嚴格地說這一階段是貫穿抗戰的始終的），並結合戰時的特殊形勢（非常態的、極端的歷史階段），對文學在「抗戰建國」這一總任務中所能起到的作用有了新的理解和定位。王瑤對抗戰時期的文學有這樣的論述：

> 抗日戰爭把中國知識分子與中國作家的憂患意識與社會、民族責任感發揮到了極致（這本也是「五四」新文學的一個傳統）。文藝爲「抗戰」這一時代的最大「政治」服務，強調文學的「工具」性，重視文學宣傳、教育、鼓動以至組織功能，這構成了四十年代文藝思潮的主流，一直持續於整個抗戰時期文藝之中。即使有些作家不重視、不承認文學的宣傳、鼓動功能，但在文學藝術要服務於「抗日戰爭」這一點上也似乎並無異議。〔註54〕

這樣的論述的確很能表現當時的實際情況，不過這樣的解釋似乎更多是停留

〔註54〕王瑤：《序》，《中國新文學大系（1937～1949）・第一集・文學理論卷一》，上海：上海文藝出版社，1990年，第3～4頁。

在事實的敘述上，並沒有對抗戰前後文學面貌的巨大轉變做出眞正詳盡、深刻的解析。他對文藝轉向「工具」的解釋主要落在戰爭的特殊環境以及作家的憂患意識、民族責任感上面，這些都誠然不錯，但正如王瑤自己所說，其實所謂文人作家的憂患意識、民族責任感是貫穿新文學的始終的（如夏志清所謂的「感時憂國」）。而戰時文學中體現的作家憂患意識、責任感的確強於以往的任何時期，這個差別通常被人們很容易地歸結爲抗日戰爭這個特殊歷史階段的嚴酷性，這一點雖然並沒有錯，但抗戰的大環境只能是文學轉變的外部原因，而埋藏在作家心靈中的還有他們主觀上的來自內部的原因。這個原因就是前面已經提到過的：在中國的近代化過程中，新文學作家整體上接受的是來自西方的現代教育，知識上汲取的也主要是現代的知識體系，與此連帶的是他們在思想上、觀念上、氣質上、價值判斷上都不同程度（或不由自主或滿心歡喜的）體現了現代立場。這種立場雖然也不乏作家對中西知識、思想、文化在某種程度進行的融合而具有一定的主體性，但從整體角度來看所謂「現代立場」更主要的實際上是「西方立場」，即更多以西方的價值立場、判斷標準爲準繩。〔註55〕

然而，中國社會的現實卻距離作家所接受的知識系統、價值立場（對文學的認識與理解也包含在其中）十分遙遠，主要就體現在下層的廣大內地、鄉村與上層的沿海較發達的大都市的嚴重的二元隔離上。知識分子、作家也處於這種隔離之中，他們所用的現代知識、技能爲國家未來邁向「現代」提供了重要支持和保證，但同時他們身上長期養成的許多「西化」因子與當時中國社會還處於「軍紳」社會的那種實際狀態有很大的距離。這種距離一直以來被知識階層中的少數優秀分子所自覺到，但知識分子群體（也包括作家群體）對此並沒有明確、清晰、切實的認識與體驗，這也就是爲什麼三十年代的「大眾化」不能取得實質性進展的原因。不過，抗戰（外因）卻引發了知識分子（包括作家）生活上的巨大變動，這個外部環境的變動不僅包括從和平到戰爭，也包括從沿海到內地、從城市到鄉村的過程，後者的變動和前者一樣對知識分子形成了巨大的衝擊（包括思想、心理、情感等眾多方面），

〔註55〕其間當然有所謂「反現代」的思潮，但都不是主流，如「科玄論戰」中「玄學鬼」的落敗等等。再者，即便是最重要的堅持中國文化本位、（至少看起來）反西方的「新儒家」思潮，雖然在許多具體問題和思想細節上與西學迥異，但在最基本的價值立足點上仍舊未能逃脫西式的「現代」範式，沒能建立出一種眞正的非西方的（如他們所言的「中國本位」）的「現代」範式。

物質環境上與中國社會廣大現實的近距離接觸，造成了知識分子對此前自身所持有的許多所謂「現代」（實際很大程度是「西化」）進行了反思，並較爲普遍地在自己力所能及的範圍內（儘管從今天看來程度上仍然是較爲有限的）竭力調整。這也就是爲什麼在抗戰時期整個中國的思想、學術、文化都出現了「中國化」的浪潮，而文學的轉向正是其中一個極爲重要的側面。郭沫若的一段話，就在某些方面點出了戰前作家與廣大社會、民眾脫離的情形，以及抗戰對這種狀態的改變〔註56〕：

> 由於抗戰的驅策促進了作家的團結，也促進了全國的團結，由於抗戰的驅策更改進了作家的生活方式而覺悟到自己所擔負的使命。抗戰以前作家生活固有種種的不同，但不少人是超現實的，遠遠地和中國的社會脫離，和中國的人民大眾脫離。舊式的文人株守傳統的貴族生活可不用説，新式的意識模糊的文人則大都陶醉於歐美式的生活方式而成爲民族新貴。這理由很簡單。中國任何派別的作家都是出身於小有產者，而歷史尚短的新文藝是產生於少數近代化了的都市，文藝家脫離都市便會失掉他的生活根據，甚至文藝脫離都市也會失掉它的存在。〔註57〕

所以，無論政治上還是學術上、文學上的諸多「中國化」現象都只是對一個核心問題的不同應對形式，這就是如何填補中國近代化以來較爲西化的思想、學術、現代化發展模式與構成中國社會主體的鄉村、農民的實際情況（總的來說就是較混亂的非常態的「軍紳」社會）之間的巨大鴻溝。中國社會的實際情況逼迫著中國人只能走一條契合自己客觀之「勢」的現代化道路。而西方的現代化模式對於民國時期還處於「軍紳」社會的狀態而言，既缺乏物質上的條件，如「第一桶金」式的資本積累、國家當時極爲稀薄的工業化基礎〔註58〕、「毒瘤」式的畸形的城市發展等〔註59〕；又沒有精神上的條件，

〔註56〕而像這樣的論述只有在對中國近代以來長期陷入畸形的「軍紳」社會泥潭的歷史，及知識分子在近代化過程中逐漸與作爲中國社會主體的農村、農民隔離的歷史有充分的瞭解之後，才能有深入、透徹的理解，否則極有可能將其認爲是出於某種原因不同程度的帶有誇張或者危言聳聽的味道，從而並不被人們真正地重視。

〔註57〕郭沫若：《新文藝的使命——紀念文協五週年》原載1943年3月27日《新華日報》，文天行等編：《中華全國文藝界抗敵協會資料彙編》，四川省社科院出版社，1983年，第212頁。

〔註58〕與廣大落後的、與現代教育知識體系隔離的封建農村相對比，其勢力之小另

如支撐現代社會各種制度的極爲關鍵的法律觀念、契約意識、個人主義、意志自由、權力保障等等精神、心理因素。因此,即使中國要邁向以西方的「現代」爲方向和目標,局限於當時的客觀形勢也都無法重複西方國家的中間過程,而只能找尋到一條契合自己實情的「中國化」道路〔註60〕。歸根結底,「建國(即現代化)」是最終的目標,而要實現這個目標就必須全面、深刻地正視中國社會自身的現實,找到契合這種現實的正確方式(即「中國化」),無論是戰爭、革命、改良還是思想、學術、文化(文學在抗戰的特殊年代裏成了突出的一環)都是既瞄準「現代化」目標又(爲了實現這個目標實際上不得不)必須「中國化」的表現。

抗戰時期大後方的文學,因其自身的獨特性(形象、直觀、情感),契合了當時中國社會的現實(主要是廣大鄉村、農民落後、閉塞、識字率低,接受現代知識、觀念十分困難的現實),承擔了繁重的在宣傳中傳達知識、更新觀念、組織救亡、發動革命等多重交織、紛繁複雜的任務。此時,文學就需要犧牲自身的藝術性、審美性,而爲了那個歷史階段更爲重要的目標和任務做「嫁衣」,完成某種程度的「工具化」轉變,作家們主觀上的自覺正是在抗

費正清有這樣的斷言:在這片土地上,有那樣多的老百姓,而統治階級,以及鄉紳只是那樣一小撮。農民與鄉紳都是舊中國遺留下來的,新中國只不過是很薄的一層,其中包括維持現代社會運轉的一小批人。現代中國的物質裝備也很單薄。如果當權者把中國與世界隔開,不消幾年,所有裝潢門面的現代化道具就將一一消失。參見費正清:《我發現了左派》,張鳴、吳靜妍主編《外國人眼中的中國》第 5 卷,《中國國民黨人、抗戰》,吉林攝影出版社,2000 年版,第 448 頁。

〔註59〕即不是像許多西方現代化理論所認定的那樣——現代化總意味著城市化,現代文明是城市的產物,城市是人的潛能得以充分發揮的場所,城市的發展能夠反過來帶動鄉村的進步,農村的潛力只能通過城市化的過程來發揮等等。在中國,與其說「現代城市可以作爲西方文明的代表,而農村則是作爲中國傳統文明的代表」,不如說「現代中國城市是西方和東方打交道的產物」,並且這樣的城市並沒有建立起一條有效地溝通城鄉的橋梁,城市的發展恰恰破壞了鄉村中「有機循環過程已被破壞,人和財富也不斷地被抽空」;在城市中,真正的工業主義並沒有被引進,引進的反倒是一些較爲表面化的「追求物質的舒適和享受」,因此,城市的發展頁是畸形的,對於農村而言更是一種「毒瘤」式的存在,農村正在不斷地吃它的苦。參見費孝通農村社區中的社會腐蝕》一文,《中國紳士》中國社會科學出版社 2006 年版。

〔註60〕更遑論中國也需要撇開西方的現代化模式而創造另一種「範式」意義上的現代化形式。中國雖然曾經爲後者的實行做出過許多努力、嘗試與實驗,但也遭受過慘重的挫折和災難,到現在整體上還是回歸到前者的發展路向上。

戰前後因生活環境的劇變、社會體驗的更加全面深刻而造成的。許多材料都
能夠說明這一點，最有代表性的應該是中華全國文藝界抗敵協會成立時發表
的社論。1938 年 3 月 27 日當中華全國文藝界抗敵協會成立之時，距離抗戰的
全面爆發已有半年之久，作家們已經被趕出書齋、亭子間、咖啡店，隨著戰
火的蔓延向內地流亡。他們的生活環境發生了根本性的變化：

> 戰爭給予新文藝的重要影響之一，是使進步的文藝和落後的農
> 村進一步地接觸了，文藝人和廣大民眾，特別是農民進一步地接觸
> 了。抗戰給新文藝換了一個環境，新文藝的老巢，隨著大都市的失
> 去而失去了，廣大農村與無數小市鎮幾乎成了新文藝的現在唯一的
> 環境。〔註61〕

這種外部物質環境的劇變，由於接觸了以往不熟悉、不瞭解的真切局面，引
發了作家群體心靈上的震驚，即所謂有喜有憂：

> 一方面，他們親身感受到了「五四」以來的新文藝與生活在中
> 國土地上的普通人民，尤其是占人口絕大多數的農民之間的嚴重脫
> 節與隔膜；這對於一直以「文學啟蒙」為己任，現在又急切地要以
> 文藝為武器，喚起民眾，為戰爭服務的中國作家，無異當頭棒喝，
> 並因此而引起痛苦的反思。另一方面，作家們又實地感受到了中國
> 農民的力量、智慧，特別是他們對新文藝、新思想、新文化的迫切
> 要求，於是，中國農民真正地，而不是僅僅停留在口頭上、書本上
> 地，成為新文藝的表現與接受對象、以至服務對象。〔註62〕

於是，戰爭初期的作家們曾經普遍地產生了義憤填膺、惶惑不安、不知
所措的情緒。不過，當這些情緒逐漸冷卻下來之後，他們開始意識到自己手
中的筆也是「抗戰建國」中極為重要的乃至是不可或缺的武器，開始逐漸找
到他們在偉大的「抗戰建國」歷史使命中所要承擔的歷史任務。於是，以往
四分五裂、互相攻訐的作家們不但開始團結了起來，且大多數作家都普遍地
意識到文藝「工具化」的必要。

> 對國內，我們必須喊出民族的危機，宣佈暴日的罪狀，造成全
> 民族嚴肅的抗戰情緒生活，以求持久的抵抗，爭取最後勝利。對世

〔註61〕 周揚：《對舊形式利用在文學上的一個看法》，《周揚文集》第一卷，北京：人
民文學出版社，1984 年，第 293 頁。

〔註62〕 王瑤：《序》，《中國新文學大系（1937～1949）‧第一集‧文學理論卷一》，上
海：上海文藝出版社，1990 年，第 9～10 頁。

界，我們必須揭露日本的野心與暴行，引起全人類的正義感，以共同制裁侵略者。曠觀世界，今日最偉大的事業，是剔除侵略的賊寇，維持和平；內察國情，今日最偉大的行動，是協力抗日，重整山河。……我們的工作由商討而更切實的到民間與戰地去，給民眾以激發，給戰士以鼓勵。這樣，我們相信，我們的文藝的力量定會隨著我們的槍炮一齊打到敵人身上，定會與前線上的殺聲一同引起全世界的義憤與欽仰。最辛酸，最悲壯，最有實效，最不自私的文藝，就是我們最偉大的文藝。它是被壓迫的民族的怒吼，在刀影血光中，以最深切的體驗，最嚴肅的態度，發爲和平與人道的呼聲。〔註63〕

在這個宣言中，文藝成爲一種吶喊、一種戰鬥，成爲被壓迫者全民族的反抗情緒、怒吼、和抵抗，成爲追求實效的和槍炮一樣打擊敵人的力量，成爲一種協力抗日、重整山河的行動和刀光血影中的呼聲。當文藝變成這樣的一種文藝之時，從文藝的嚴格意義上講，實際上它就已經「工具化」了，一種載道的工具：「抗戰」的工具、「建國」的工具。抗敵協會成立時《新華日報》的社論中更是明確地標舉了文藝的戰鬥性、工具性：「我們深深地相信，由於這個空前的團結，文藝的武器必然將在民族解放的疆場上，發生出更強大的戰鬥力量。……新時代的文藝，尤其是在這大時代的文藝，早已不是個人的名山的事業，而應該是一種群眾的戰鬥的行動」〔註64〕。

在眾多作家的個人言論中，也都大量體現了這方面的意思。在《抗戰以來文藝的展望》中，夏衍甚至這樣說道：

抗戰以來「文藝」的定義和觀感都改變了，文藝不再是少數文人和文化人自賞的東西，而變成了組織和教育大眾的工具。同意這新的定義的人正在有效地發揚這工具的功能，不同意這定義的「藝術至上主義者」在大眾眼中也判定了是漢奸的一種了。〔註65〕

他不但指明了抗戰以後文藝定義及觀念改變的事實，還點明了文藝「變成了

〔註63〕《中華全國文藝界抗敵協會宣言》原載 1938 年 4 月 1 日《文藝月刊》第九期，文天行等編：《中華全國文藝界抗敵協會資料彙編》，成都：四川省社科院出版社，1983 年，第 12～13 頁。

〔註64〕《全國文藝界抗敵協會成立大會（社論）》，文天行等編：《中華全國文藝界抗敵協會資料彙編》，成都：四川省社科院出版社，1983 年，第 26 頁。

〔註65〕郭沫若、老舍、張申府、潘梓年、夏衍、臧雲遠、郁達夫、吳奚如、北鷗：《抗戰以來文藝的展望》，樓適夷主編：《抗日戰爭時期大後方文學書系·第一編·文學運動》，重慶：重慶出版社，1989 年，第 180 頁。

組織和教育大眾的工具」，甚至還不無激烈的把那些堅守文學的純粹性、藝術性、審美性的「藝術至上主義者」歸入到漢奸一流。王平陵在 1941 年總結此前抗戰對文學影響最深的幾點之時，首先就提到文學在宣傳上的「工具化」轉向：「文藝是宣傳的這句老話，已普遍地被全國作家所瞭解，所接受，雖然還有極少數的人反對，但只能算作例外。不再發生什麼作用，影響」〔註66〕。當文學作爲宣傳工具、教育工具、戰鬥工具的時候，最直接的實效性就成了最重要的追求，正如老舍所言：

> 三年來所有的文藝問題始終是一個：怎樣使文藝在抗戰上更有
> 力量？這問題裏所包含的一切差不多都是實際的，因爲抗戰文藝，
> 像前邊所提到過的，是直接的——歌須能唱，戲須能演，小說須使
> 大家看的懂，詩須能看能朗誦。抗戰文藝不是要藏之高閣，以待知
> 音，而是墨一乾即須拿到讀者面前去。〔註67〕

而老舍在抗戰時期之所以積極從事通俗文藝創作，用他自己的話說，「完全是因爲客觀情勢的要求，和當時所能發生的效用。」〔註68〕

然而，在作家主觀上的認識因素之外，大後方文學運動中文學的「工具化」也有著來自文學之外的推動，最主要的便是政治上的推動。從本質上說，無論是政治、文藝還是思想、學術，都是對民國時期中國歷史現狀的不同反映，在這個意義上看，它們之間似乎有著平行的地位，但在實際的歷史變革過程中，政治佔據著特殊的地位有著特殊的功效，是眞正能夠在政權的層面完成變革（無論是改良還是革命）的硬性物質力量（即馬克思所謂的「物質力量只能用物質力量來摧毀」）。因而在一個社會轉型的特殊階段展開過程中，爲解決、改變社會的非常態局勢，也必然會相應產生一些充滿著非常態應對手段的歷史階段，最常見的便是政治力量地位的凸顯與蔓延，使一切社會意識形態領域都打上政治的烙印。尤其是在抗戰這樣既戰爭又革命的年代，政治力量（無論國民黨還是共產黨都）會嚴格控制各個部門以集中力量完成最重要、最迫切的任務，從而忽視文學領域裏自身所具有的某些內在特

〔註66〕《一九四一年文學趨向的展望（會報座談會）》，文天行等編：《中華全國文藝界抗敵協會資料彙編》，成都：四川省社科院出版社，1983 年，第 169 頁。
〔註67〕老舍：《三年來的文藝運動》，樓適夷主編：《抗日戰爭時期大後方文學書系·第一編·文學運動》，重慶：重慶出版社，1989 年，第 199 頁。
〔註68〕《一九四一年文學趨向的展望（會報座談會）》，文天行等編：《中華全國文藝界抗敵協會資料彙編》，成都：四川省社科院出版社，1983 年，第 172 頁。

性，擠壓作家主體的自由空間──總之一句話：統一壓倒多元，服從壓倒自由。

大後方的文學運動面對的是兩方面的政治力量，出於種種原因國民黨政治力量在消極方面沒能有效壓制文學運動的展開，在積極方面也沒能有效引領文學運動的走向，更無從在意識形態上決定文學運動的性質〔註 69〕。根本的原因在於：國民黨沒能改變民國社會的「軍紳」結構，反而逐漸與這個畸形「軍紳」社會相妥協，無論在行政層面還是精神層面（如知識形態、價值形態等）都未能進一步推進國家的現代進程，使社會陷入一種上下層嚴重分離、逐步惡化的泥潭。其政府權威很大程度上就建立在民國社會內部的「軍紳」結構之上，然而，由國民黨自己標舉的「抗戰建國」旗幟要得到真正的實現，就需要對畸形的「軍紳」結構做出程度較深的改變。在這方面，國民黨雖也有心為之，但出於自身的利益而顧慮重重，做出了政府、軍隊的單方面「抗戰」的決策，排除民眾的參與（實際上是害怕民眾的覺醒而將槍頭調轉向自己）。於是知識界、教育界須埋頭讀書、為國儲才、以備日後的「建國」。這些政策既與知識分子欲積極參與「抗戰」的意願不合，又與廣大民眾的利益不符，自然就與總體上體現這兩者的文學運動時常處於對立的情勢。

與此相反的是，中國共產黨這支政治力量則很好地領導與利用了文學運動這支力量，不但順應了全民族「抗戰建國」的潮流，也發展壯大了自己。然而，值得注意的是，在抗戰時期的大後方，共產黨在對文學運動施加影響的時候，相對於建國後的體制控制、不容置辭的方式，常常還是較為溫和、靈活和民主的。〔註 70〕

共產黨對文學運動的影響和領導主要在兩個方面：組織領導、意識形態領導。組織上的領導也是文學運動的客觀需要〔註 71〕，表現為各種組織形式（如各種抗敵協會及各地分會、讀書小組、演藝團體等）〔註 72〕；意識形態領導主要是各種官方社論（新華社、新華日報，及流行的馬列宣傳品如《大

〔註 69〕這些原因在「引領與壓制：國民黨中央政府與文學運動」一節中會有詳細論述。

〔註 70〕這樣的姿態即是團結各種力量致力於「抗戰建國」的客觀需要，又是積極爭取各類知識分子、中間勢力，保持自己的親和力、吸引力的主觀需要，畢竟當時大後方文學運動中的黨員及左派只是其中的一部分。

〔註 71〕知識分子間的文人相輕習性；缺乏實際的工作經驗；沒有龐大的組織宣傳、鼓動、教育的各方面資源，如地下黨網絡等。

〔註 72〕這一點在本章第四節有詳細的分析。

眾哲學》、《聯共黨史》等）及毛澤東的指導性著作，最重要的代表就是《在延安文藝座談會上的講話》、《新民主主義論》等。

2、量壓倒質、普及壓倒提高

　　既然在大後方文學大眾化運動中，文學以下層民眾為主要讀者，以「抗戰建國」為終極目標和任務而自我工具化，於是，大眾化、通俗化就成了不可避免的訴求。在整個抗戰期間，雖然也有許多作家在呼喚能夠反映這個偉大時代的偉大作品的出現，但即使有這樣的偉大作品，其直接效用的範圍也不會很大，其影響恐怕仍舊是在作家和知識分子中間，而真正起到宣傳教育、喚醒民眾、發動抗戰、鼓吹革命等作用的文學作品，恰恰可能是那些從審美的角度看較為粗糙的、審美價值不那麼高的、藝術生命不長，但又數量巨大、曾對廣大民眾有過直接接觸和影響的文學作品。這些文學作品的生命就在於抗戰的那個時代，它追求直接的、當下的實效性，含蓄、蘊藉的藝術之美不但不能為廣大欣賞水平有限的民眾所接受，還會轉移其注意力削弱時代所需要的戰鬥性。總之，如果說抗戰時期產生的那些藝術性、審美價值較高的作品可能更屬於將來的話，而屬於那個非常時期、那個極端的年代的則是為數龐大的大眾化、通俗化了的文學作品。所以，在大後方文學運動中的眾多作品之中，從整體上說，其特點是量壓倒質、普及壓倒提高。

　　在這一點上，許多作家都有清醒的認識。郭沫若在《抗戰與文化》中就洞察時代脈搏，表達了這樣的觀點：

> 　　抗戰所必需的是大眾的動員，在動員大眾上用不著有好高深的理論，用不著有好卓越的藝術——否，理論愈高深，藝術愈卓越，反而愈和大眾絕緣而減殺抗敵的動力。對於在全面抗戰期中的社會而要他作高深的理論的瞭解，卓越的藝術的欣賞，那等於是對於重症患者要求他作過度的思索並攝取甘美的飲食，那並不是在愛他，其實是在害他，……一切文化活動都集中於抗戰這一點，集中在於抗戰有益的這一點，集中在能夠迅速地並普遍的動員大眾這一點。這對於文化活動的要求，便是需要他充分的大眾化，充分的通俗化，充分地產出多量的成果。〔註73〕

郭沫若在這裡用了一個形象的比喻，來說明在當時的中國社會裏，面對知識

〔註73〕郭沫若：《抗戰與文化》，樓適夷主編：《抗日戰爭時期大後方文學書系‧第一編‧文學運動》，重慶：重慶出版社，1989年，第222頁。

力、理解力都十分有限的下層民眾時，高深的理論、卓越的藝術如何因不適合時代需要而變得空洞、浪費、甚至是有害。適合民眾需要的可能正是那些大眾的、通俗的，從文藝家（藝術至上主義者）的角度看可能是粗製濫造、千篇一律的文藝作品，這些作品要有兩個特點方能契合時代需要：其一是大眾化、通俗化，是處於「普及」水平上的通俗易懂的作品，所謂「提高」級別的作品對於民眾群體而言，是無法產生直接影響的；其二是以量取勝，民眾雖能接受通俗易懂的文藝作品，但如果這種作品數量太少使得多數民眾沒有與其接觸的機會，仍舊不能夠產生預期的效用，完成「抗戰建國」的任務。普及在當時的歷史情境中具有如此高的重要性，以至於周揚在展望解放後的文藝工作之時，雖然一方面發出「爲提高作品的思想性、藝術性而奮鬥，創造無愧於偉大的中國人民革命時代的作品！」的口號，另一方面卻又不無清醒的指出，「今天的文藝工作，是提高爲主呢？還是普及爲主呢？這個問題必須明確地加以回答：就整個文藝運動來說，仍然是普及第一」，不要忘記農村。〔註 74〕

　　不過，還有一個問題值得注意，那就是這些（在藝術至上主義者們看來）粗製濫造、千篇一律、標語口號式的文學是否能起到宣傳教育、鼓動民眾的效力？須知，民國時期處於「軍紳」治下的落後農村，娛樂生活雖然在不同地區程度也不大相同，但總體上而言是較爲貧乏的。因爲「軍紳」社會處於一個文化凋敝、價值失範的狀態，其大眾娛樂活動就算相比傳統的「士大夫」年代也有相當差距，因爲畢竟在傳統社會還有地方「紳士」在特定時節（如逢年過節、紅白喜事、祭祀活動等）出面組織一定的娛樂活動，而這一傳統（或曰習俗）在舊式「紳士」逐漸解體、變異的民國「軍紳」社會中，不同程度地被削弱了。所以，那些通俗、大眾的文藝作品，雖然在文藝家看來可能平淡乏味，但對於生活枯燥、娛樂貧乏的農村民眾而言，仍舊是有趣味性的。而在認知的方面，抗戰也使得他們的生活發生了較大改變，想要弄清楚這種變化的原因以便應對實際生活是人們的本能反應和需要，而這些文藝作品中也多少含有這方面的新知識、新觀念，符合民眾自身的利益。〔註 75〕因

〔註 74〕周揚：《對舊形式利用在文學上的一個看法》，《周揚文集》第一卷，北京：人民文學出版社，1984 年，第 528～532 頁。

〔註 75〕再加上，文藝作品對民眾產生的影響只是其中的一部分，而另一部分對民眾的影響來自文藝的宣傳者、表演者們的熱情與行動所帶來的感染與激勵。這也就是文學的行爲化，在下一節有詳細的論述。

而，可以肯定的是，那些以量取勝的通俗易懂的文藝作品（即便如此，其不同作品之間也仍是有高下優劣之分的）是能夠對民眾產生深刻影響的，正如陽翰笙在關於「抗戰八年文藝檢討」研討會上的提醒：「我們應該知道，當人們在飢餓中的時候，哪怕就只有一點黑面包，也會吃得津津有味的。我就曾經親眼看到過有許多士兵看了所謂『抗戰八股』的戲，曾被感動得流下眼淚來的事實。我沒有給『抗戰八股』辯護的意思，只希望大家別把抗戰初期的劇運的評價一概鄙視抹殺而已。」〔註76〕

二、文學的通俗化、民族化、泛藝術化傾向

　　抗戰期間文藝活動的場所由沿海大城市向內地城鎮、乃至鄉村進行轉移，在這個過程中，文字的障礙是越來越大，所以文學（主要是文字文本型態）與眾多的藝術門類進行結合，通過說唱、表演等形式對不識字的下層民眾進行宣傳。但即便用說唱、表演的形式，這其中也仍然還有陽春白雪、下里巴人之分。

　　就拿大後方文學運動中最重要的戲劇來說，那些被我們當下最為推崇的所謂名戲、大戲，如《屈原》、《棠棣之花》、《天國春秋》、《北京人》等，都是上層知識分子創作的優秀劇作，它們在當時的影響自然主要是靠排演的方式而產生。但這些戲劇不僅藝術水準較高而且一般都較為嚴整，有相當的場地要求，需要較好的舞臺、布景、燈光、道具的配合，對演員的表演水平也要求較高，能夠上演這些劇目的劇團比較少，所以它們上演的場所仍然主要集中在城市，其觀眾仍然以多少受到過一些新式教育的市民、學生、工人為主，其影響也主要在社會中上層。而要欣賞這些劇目，也需要有一定的知識積累、欣賞水準，很難想像在面對鄉村民眾時，他們會產生多大的影響和效果。而當我們把這些話劇和「好一計鞭子」（即《三江好》、《最後一計》、《放下你的鞭子》三個街頭劇）進行比較的話，它們之間的區別就十分明顯。

　　以《屈原》和《放下你的鞭子》為例。就劇作的性質而言。前者是歷史劇，儘管郭沫若的抗戰歷史劇是為了「借古諷（喻）今」，但要「諷今」也需得「借古」才行，借助過去的歷史來諷喻當今的現實，故欣賞起來也多少需

〔註76〕梅林：《關於「抗戰八年文藝檢討」——記一個文藝座談會》，《中國新文學大系（1937～1949）・第一集・文學理論卷一》，上海：上海文藝出版社，1990年，第140頁。

要一點歷史知識，倘若連屈原是何人都不大曉得，恐怕會和劇作本身產生一定的「隔」；而《放下你的鞭子》則是街頭劇，講述的正是抗戰時期發生在普通老百姓身邊的故事，劇中的人物也是街頭常見的漂泊異鄉的流亡者、賣藝人，這些都在普通老百姓的日常生活經驗之內，幾乎沒有理解上的障礙。就舞臺設計、道具要求而言。前者的故事主要發生的宮廷，如沒有像樣的布景就難以製造出合適的氣氛，演員的服飾、打扮也不得不修飾，這樣對該劇上演的硬件要求就顯得相當高，並不是隨便一個劇團、隨便一個地方、隨便一種穿戴就可以排演的；而後者的舞臺就設在街頭，一切道具、服飾都是老百姓的日常穿著，不需要特殊的修飾，因而隨便在街頭的一片空地就可以隨時上演，對普通老百姓來說，就顯得更為生活化、更親民。就故事情節而言。前者是多幕劇情節較複雜且牽涉歷史，在知識者們欣賞起來似乎還頗有興味，而不識字的老百姓則難以充分理解其中的深意；而後者故事極為簡單，講述的是一對從東北淪陷區逃亡出來流離失所、賣唱為生的父女，女兒在賣藝時因飢餓而暈倒，老父卻舉鞭欲打，被旁人制止「放下你的鞭子」，並指責老父的行為，卻因此牽出了日本侵華、家鄉淪陷等悲慘的往事，激起人們的義憤和抗日愛國的情緒。就效果而言。前者是「戲」（虛構），演員與觀眾界限分明；而後者在街頭上演之時，常常令觀眾感受不到「戲」的味道，以為是真實的場景，而現實生活中也的確有這樣的事情發生，所以不但外在的舞臺、道具而且內在的人物、故事在很大程度上都與老百姓的生活融為一體，故而易於對下層民眾產生極大的影響和衝擊。就主旨而言。前者雖然也傳達愛國的思想，但借助「歷史」的方式（這裡當然有國民黨政治意識形態的外部壓力的因素）在知識分子群體看來，可能是一種高超的藝術化處理，在對國民黨官方意識形態封鎖的突破中更顯魅力，可對知識力、欣賞力都較為低下的下層民眾而言，就顯得過於「陽春白雪」了（面對不同的讀者，會產生有一個奇妙的「兩極分化」現象──截然不同的效果）；而後者的抗日愛國思想的表達，來的簡單卻又真實、直接、精悍有力，對心思、情感都相對簡單的下層老百姓而言，有高度的感染力和共鳴。就語言來說。「雷電頌」在知識者看來是一首激情澎湃、震撼人心的詩，有些詩句──如「啊，電！你這宇宙中最犀利的劍呀！……電，你這宇宙中的劍，也正是，我心中的劍。你劈吧，劈吧，劈吧！把這比鐵還堅固的黑暗，劈開，劈開，劈開！」──曾在戰時被人們廣為傳唱、誦讀，但仍然基本局限於識字的文化人群體中；而《放

下你的鞭子》則純是百姓日常的口語白話，越過了文字的障礙，任何人都能在其中受到鼓舞、獲得震撼。

其實，即便話劇能夠通過排演跨越文字的障礙，但純然的話劇形式仍然是一種外來的藝術樣態，不是廣大中國老百姓熟悉的東西，爲了眞正將宣傳、教育、鼓動的對象由城市轉向窮鄉僻壤，由小市民、青年學生轉向農民、士兵，採用他們熟悉且喜愛的傳統藝術形式是最直接有效的途徑，於是在大眾化之餘，還掀起了了民族化的浪潮。所以，眾多的地方劇種在抗戰期間經過作家文人的改編而紛紛獲得新生，並在宣傳抗戰、鼓吹革命上做出了巨大的貢獻。

這些傳統劇種、曲藝形式，還有一個明顯的好處，那就是不僅能跨越文字的障礙，而且還掃清了語音的障礙。民國時期沒有現在的普通話作爲全國語音的統一標準，「五四」時標舉的「國語」也只是在新教育體制波及的範圍之內發揮作用，再加上交通不便、信息落後等技術性原因難以在廣大的內地鄉村進行傳播，地方上的百姓大多只能聽懂本地的方言。所以在大後方的文藝運動中，眞正深入農村演出的許多演劇隊，都發現在使用當地的方言進行宣傳、演出的效果會更受民眾的歡迎。如四川旅外劇人抗敵演劇隊在深入鄉鎮演出 〔註77〕，先後演出了洪深的《米》和《飛將軍》、陽翰笙的《塞上風雲》、馬彥祥據法國名劇《祖國》改編的《古城怒吼》、熊佛西的《中華民族的子孫》、顏一煙的《渡黃河》，以及《打鬼子去》、《有力出力》、《三江好》、《馬百計》、《民族公故》、《太平年》等多幕劇和獨幕劇，還演了街頭劇《放下你的鞭子》、《難民曲》、《木頭人》、《女扒手》，活報劇《九・一八以來》，表演劇《流亡三部曲》等。這些戲儘管在思想上藝術上有深淺、高低、精粗之別，但在觀眾中均獲得強烈的反響，起到了廣泛有效地向各界民眾進行抗敵救國宣傳，動員和感染的作用。至於爲什麼能取得良好的演出效果呢？主要原因有兩個：一是這些戲提出了一個要挽救國家民族危亡的嚴峻問題，在觀眾面前開闢了一片新的天地，契合了人們自身的利益和需要。另外一個就是大膽採用四川方言，使廣大城鄉民眾聽得清，懂得了，感到十分親切、有味。〔註78〕

〔註77〕 比如第一期演出的路線是：由成都沿岷江而下，經彭山、眉山、青神、樂山、牛華溪、五通橋、犍爲、清水溪入長江至宜賓，柏樹溪，東行過江安、納溪、瀘縣，再由瀘乘輪船去重慶參加全國第一屆戲劇節。之後，沿成渝公路步行，經璧山、永川、榮昌，隆昌繞內江去自貢，再由內扛、資中返成都，歷時半年多。

〔註78〕 戴碧湘：《憶四川旅外劇人抗敵演劇隊》，《抗戰時期西南的文化事業》，成都：

1、文學的通俗化

通俗化文藝印刷品在大後方大量的出現，是適應新形勢、新任務而產生的新現象。通俗化文藝印刷品與此前嚴肅的、正規的文學書刊的區別是明顯的：正規書刊多在城市發行和流通，而通俗書刊則不僅流行在城鎮，也流傳於邊遠的省份及農村；正規的文學書刊登載的作品多是用戰前的那種注重文學藝術性、審美性、技巧性的標準而選錄的，而用於宣傳的通俗化作品大多已經發生了價值認同上的變化，遣詞造句避免使用過於歐化的名詞、句法，表情達意不以思想的深刻與否、技巧的高低與否來做主要標準，而是側重通俗易懂、淺顯明白；嚴肅的文藝書刊常常注意封面、裝幀、紙張（其實戰前城市裏的通俗文學刊物在這方面也同樣重視）等，造價較高，且因城市中的受眾較少，故發行量相當有限，而抗戰時期的通俗化印刷品，常常由於物資有限，紙張、印刷等各方面都較爲簡陋，且時常油印出版，反而發行量相當大，受眾較廣。

關於前者，田漢就曾經提起「在上海文藝刊物也只銷到二三千份」，因爲當時的「新文藝作品只有學生和少許的職業青年才讀得懂」﹝註79﹞。而在抗戰時期用於宣傳的通俗化書刊中，較有代表性的是郭沫若主持的政治部第三廳發行的《抗戰小叢書》，具體由掌管文字宣傳的第一科編印（科長杜國庠）。參加寫稿工作的作家有老舍、華崗、胡繩、羅森、葉以群、歐陽山、草明、徐盈、彭子岡、曾克、黑丁、老向等，廳內人員有潘念之、何成湘、蔡馥生、尚鉞、徐步、力揚、劉明凡、萬迪鶴、石嘯沖、陳乃昌、錢遠鐸、李拓之、翁植耘等；內容上除闡述堅持抗故、堅持團結的必要性，分析國內外形勢、闡述抗日戰爭進入持久階段的任務等外，不少選題是揭露日寇的暴行，描述國土淪喪、家破人亡的痛苦與慘狀，斥責漢奸賣國賊屈膝投降的可恥行爲，頌揚英勇殺敵慷慨報國的英雄業績等；這種小叢書，一般都用通俗的筆調寫，短小精悍，字數一般爲五六千，不超過一萬，每冊印數約 5 萬至 10 萬冊，前後一共大概編寫印行了 100 種左右，主要分發到前線及敵後士兵手中。﹝註80﹞

成都出版社，1990 年，第 206～208 頁。

﹝註79﹞ 梅林：《關於「抗戰八年文藝檢討」——記一個文藝座談會》，《中國新文學大系（1937～1949）‧第一集‧文學理論卷一》，上海：上海文藝出版社，1990年，第 143 頁。

﹝註80﹞ 翁植耘：《郭沫若在第三廳、文工會及其創作活動》，《抗戰時期西南的文化事

　　戰時的「通俗文藝」出版也達到高峰，這與眾多作家及出版機構的重視和直接參與是分不開的。如老舍支持的設立在重慶的全國「文協」總會與成都分會聯合主辦的《通俗文藝》刊物，其作品便大都能夠用於說唱，每期僅 3 分錢，文字極為通俗，然內容卻相當豐富，影響很大；還有老舍與馮玉祥共同支持的全國性通俗文藝刊物《抗到底》，以發表曲藝、歌謠為主，注重用民間文藝體裁寫民眾讀物，讀者多是普通民眾與士兵，文字淺易通俗；此外，趙清閣主編的《彈花》，也主要發表通俗戲劇和曲藝，《抗戰文藝》、《文藝陣地》、《文藝月刊》也發表了許多唱詞、鼓詞、通俗小說等。〔註 81〕到了抗戰後期還出版了許多通俗的「叢書」和「文庫」，如重慶生活書店的「大眾讀物叢刊」，出版了《八百好漢》、《大戰東林寺》、《八路軍出馬打勝仗》等數十種通俗文藝作品；軍委會政治部（抗戰時周恩來任政治部副部長，郭沫若在三廳負責文化工作）編的「抗建通俗文庫」出版了《四十七義士》、《劉翠娥慷慨輸將》等唱本數十種；教育部民眾讀物編審委員會的「民眾文庫」，編輯出版有唱詞《九一八》、花鼓《獻公糧》、竹板書《金雞嶺》、小調《勸夫》、大鼓詞《義勇軍中女司令》、《版牛救國》，十字唱本《罵賊記》、相聲《漢奸錄》、評詞《投毒案》、《疑兵計》，評書《山東好漢》、《拆鐵道》等 200 餘種；國民圖書出版社的「國民常識通俗小叢書」出版有長篇說唱《杏兒山盡忠》及《文天祥》、《王銘章》等 100 多種；而當地各專、縣的民眾教育館也都自編自印了大量的通俗曲藝作品，至於地方的民間藝人許多也自費印刷了木刻的小唱本，總量不計其數，可以說抗戰時期通俗文藝的創作與出版空前繁盛。〔註 82〕

　　各地的救亡團體，大多都有自己創辦的刊物；而許多大、中學校，老師與學生常常相互合作創辦了眾多的文藝期刊。它們時常是油印刊物或曾有過油印的階段，上面的作品也多較為通俗，閱讀上、理解上的障礙較戰前的文藝期刊大大降低。這些文藝刊物雖然持續的時間大都較短，每個刊物的發行量也十分有限，但由於種類繁多，因而總量可觀，所以在傳播新知識、新思想、新文化，及喚醒民眾方面發揮了較為重要的作用。如「四川青年救國聯合會」在成都創辦了《救亡周刊》；王伯高等人利用袍哥組織「信義社」開展

　　　　業》，成都：成都出版社，1990 年，第 60～61 頁。
〔註81〕　熊炬：《抗戰時期重慶通俗文藝活動》，《重慶文史資料選輯第 39 輯》，重慶：
　　　　西南師範大學出版社，1993 年，第 109 頁。
〔註82〕　熊炬：《抗戰時期重慶通俗文藝活動》，《重慶文史資料選輯第 39 輯》，重慶：
　　　　西南師範大學出版社，1993 年，第 111～112 頁。

救亡宣傳活動，以「信義社」之名開設「現代書店」，印行了許多進步書刊；成都「民先隊」（中華民族解放先鋒隊成都隊）的刊物《星芒》周刊，由川大經濟系學生胡績偉主編，後來改名爲《星芒報》，是一個比《大聲》影響更大的救亡期刊，它的發行量在全川報界發行量中居第一位〔註83〕；在川大校內由學生們先後創辦的刊物《前進》、《金箭》、《半月文藝》、《鐵流》、《春天》、《抗戰》、《瀑布》、《最強音》、《經濟月刊》、《教育半月刊》等以抗日救亡爲主旨的刊物，多達30餘種；在由盧作孚等創辦的重慶北碚兼善中學，一些學生成立了「突兀文學社」，起初出版《突兀文藝》、《突兀旬刊》、《突兀晚報》等文藝壁報，後來發展成爲三十二開的油印本《突兀文藝》，再後來還出版了鉛印本〔註84〕。

對於抗戰時期的下層知識分子（即主要是各地救亡組織中的文藝青年以及各大中學校的青年學生）來說，能夠出版較爲正式的刊物在當時的條件下還仍然是少數，更普遍的方式是文藝壁報。關於壁報在抗日宣傳中的作用，很多作家都有過論述。姚雪垠就曾稱讚，「邊遠省份，落後農村，壁報文學和油印刊物變成了大眾喜愛的精神食糧」。宋之的在《重慶到成都》一文中也談到，在成都大街上所貼滿的標語中，「最有實效的，是大眾壁報」。大眾壁報的最大特點是創作材料上的簡易，特別適合在印刷落後的農村進行宣傳，再加上它通俗易懂的特徵，幾乎被大後方每一個到基層宣傳的劇團、劇社、演劇隊、宣傳隊所利用。如抗敵演劇隊第六隊及戰區學生移動劇團到重慶後聯合組成的「民族劇團」，在1939年底到1940年上半年，從成都到溫江、崇慶、大邑、邛崍、蒲江、丹棱等地的農村、礦區演出時，時常在演劇之餘，出版大型壁報，以擴大宣傳的效果。而抗戰初期成立於重慶的也與話劇團體「怒吼劇社」，在鄉鎮做抗敵宣傳之時，也常常結合標語、壁報等宣傳形式。在重慶大學，師生們組織了「重慶大學文藝研究社」，並辦起了一個壁報《重大文藝》，主要刊登宣傳抗日的文章及作品，並組織學生們到鄉間去宣傳，主要的方式就是辦以抗日爲中心的壁報。四川邛崍縣的「每周讀書會」也出版壁報，宣傳抗日反對獨裁，並把他們的《每周壁報》張貼在邛崍縣城最熱鬧的鼓樓，

〔註83〕陳光復、張明：《在抗戰激流中前進的四川大學》，《抗戰時期西南的教育事業》，貴陽：貴州省文史書店，1994年，第48頁。
〔註84〕參見李文平、吳陽紅的《活躍於抗戰中的重慶校園文藝社團──突兀社》一文，《重慶師範大學學報（哲學社會科學版）》，2005年第6期。

致使觀者如堵。戰時的國立第三中學的部分師生，在校內組織「文筆」、「文壇」、「錦江」、「科學 ABC」等團體，均利用壁報的形式來搞宣傳。雲南大學附屬中學的師生們，利用假期組成「夏令團」下鄉從事救亡工作，專門在宣傳部下面分出壁報一股，在路經的村鎮辦起了很多壁報。貴陽清華中學的師生們創辦了「清華文學會」，也出版了名為「狂飆」的壁報。

壁報的簡便性，以及它的靈活、通俗、及時、明瞭等優點，使得抗戰時期這種宣傳形式極為普遍，幾乎在每一個中學、大學裏都出現國大量的文藝壁報。然而，壁報的方式最不容易留存，在時過境遷以後，它們幾乎全都被吞沒在歷史的長河，因為沒有太多的材料流傳至今，幾乎成了「無言的歷史」，但現存的材料裏仍然有許多關於當時盛況的描述。這些「蛛絲馬迹」都顯示了，在抗戰年代，文藝壁報曾經對「抗戰建國」的歷史任務起到過多麼重大的貢獻。

至於其他形式的抗戰宣傳文本，如傳單、標語、歌曲單等，更是不可勝數，這些形式也同樣屬於容易被歷史淹沒的「默默無言」。不過，正是無數這些不知名的作品，卻實實在在地曾經接觸過廣大的勞苦大眾，不同程度地對他們的知識、思想、觀念產生過影響。也許正是這些大小不一、程度不同的影響的總和，默默地支持著整個國家、民族的「抗戰建國」進程。

二、民族化傾向

在實現「大眾化」的目標上，也不可避免地採用那些流傳在民間的被群眾熟悉、喜愛的傳統文藝樣式，這就形成了文藝的民族化傾向。抗戰時期的大後方宣傳，幾乎調動了所有的傳統文藝形態。不過，對於這些傳統藝術，更多的只是借助它們的表現形式，而內容上都不同程度地進行了再創造、再加工、再調整，增添了許多反映時代精神、更新觀念意識的新內容。因而，所謂民族化主要是就藝術形式而言的，不過也不是說固有的形式可以一成不變，在許多具體的方面也都做了適應時代的變動，總體目標仍然是更通俗、更大眾。

美國人類學家羅伯特·雷德菲爾德曾指出複雜社會中存在著兩個不同文化層次的傳統，即主要由上層精英、知識分子代表的大傳統，以及鄉村農民代表的小傳統，這兩個不同層次的文化現象，也存在於中國這樣一個悠久的農業社會。在常態的社會歷史階段，大傳統與小傳統之間還有一些常規的溝

通渠道，如散佈在鄉村中對民眾施以教化的鄉村紳士；而在民國這樣的非常態「軍紳」社會結構中，溝通上下的紳士階層解體，上下層嚴重的「隔離」，於是大傳統與小傳統之間的鴻溝就超過了正常的限度。可以說，由城市知識分子代表的大傳統已經步入了「現代文明」的大門，而農民們代表的小傳統尚處於「農耕時代」，無論知識類型、道德倫理、價值形態，甚至是最基本的語詞和生活常識都大相徑庭。農民們的小傳統有其自身對應的藝術樣式，與新文學中體現的現代形式（主要是西方的）截然不同。吳組緗很準確的指出了這一點，

> 我們目前民間流行的許多作品，如七字唱，大鼓詞，小調，京戲等，用我們的眼光看，都是很低劣的作品，但它們在民眾中所起的作用，所產生的影響，我們卻萬不能忽視。他們的人生觀，社會觀，世界觀，整個的人生哲學，往往就是那些東西給培養而成的。
> 〔註 85〕

這也就是為什麼當戰前的「大眾化」討論延續到抗戰爆發之後，不得不進入到「民族形式」論爭階段的原因。

在所謂的「民族形式」中，地方戲曲是一個重鎮。抗戰時期，為了適應時代、形勢的需要，它們紛紛發生了變革，參與到抗日救亡宣傳的洪流中，為喚醒民眾、感奮人心做出了貢獻。

首先，我們來看川劇的革新。作為地方戲曲的川劇，從內容到形式都與時代的發展產生了很大的距離：內容上「帶著濃重的封建色彩，脫離不了忠孝節義和傳統的大團圓的舊套」，不符合「抗戰建國」的時代情勢，加之劇本結構鬆散，過場戲頗多，語言太過文雅〔註 86〕，使觀眾難以瞭解，或者與劇中人身份不符。〔註 87〕

於是，川劇名家張德成較早提出了要改良川劇，而郭沫若、田漢、周文、賀綠汀、石凌鶴、劉念渠、龔曉嵐、馬彥祥、柳倩等新文藝工作者也參與其

〔註 85〕《宣傳·文學·舊形式的利用——座談會紀錄》，蔡儀主編：《抗日戰爭時期大後方文學書系·第二編·理論論爭第一集》，重慶：重慶出版社，1989 年，第 22 頁。

〔註 86〕這一點頗值得注意，因為像京劇、楚劇等都是語言太俗，甚至常把口水話也納入其中。

〔註 87〕參見李禕的《重慶抗戰時期的川劇改良活動》一文，《四川戲劇》2002 年第 6 期，第 38 頁。

中，或開會探討或發表文章，從內容到形式都促進了川劇的革新。經張德成加工、修改和新編的劇目有《龍鳳劍》、《殺家告廟》、《柴市節》、《揚州恨》等，這些戲借助古典古事，表達了不畏強權暴政、反對屈膝投降、弘揚民族氣節和倡導愛國思想的內容。如《一品忠》講述的是明朝方孝孺的故事，借方孝孺不畏燕王朱棣的強暴來諷刺國民黨當局的獨裁政權；《揚州恨》則借史可法孤軍抗敵的忠勇英烈，既點明了抗日救國的鮮明主題，又鞭撻了國民黨親日派漢奸蓄意反共、賣國投敵的反動行徑，備受廣大群眾的讚賞。據說，每當川軍出省抗戰，必上演此劇以激勵廣大官兵的士氣與鬥志。〔註88〕在川劇藝人及新文藝工作者的共同努力下，出現了一大批契合時代主題的優秀川劇：直接反映抗戰事跡的有《蘆溝橋頭姊妹花》、《乞兒救國》、《鐵血青年》、《背父從征》、《戎馬鴛鴦》、《父仇》、《槍斃韓復渠》、《血戰南口》、《臺兒莊大捷》、《漢奸夢》等；借助歷史故事表彰民族氣節、宣揚愛國主義的有《柴市節》、《岳飛》、《草詔》、《揚州恨》、《三盡忠》、《秀成殉國》、《殺家告廟》、《文天祥》、《託國入忠》、《交帥印》、《吳漢殺妻》、《失岱州》、《江油關》、《明末遺恨》等；新編小戲結合連臺本戲或在傳統折戲中加唱新段子的有《乞兒愛國》、《車夫愛國》、《別窯從軍》、《臨潼關·李淵勸軍》、《二度梅·梅伯高勸民》、連臺戲《濟公活佛》（每本濟公要唱一段有關宣傳抗日的新詞）等。〔註89〕經過重新改編或創作的川劇，既大體上保留了川劇的藝術樣式，又對部分細節進行了優化，更重要的是加入了符合時代形勢需要的新思想、新觀念、新內容，不僅贏得了廣大民眾的喜愛，還為抗戰建國貢獻了力量。

其次，來看看廣西的桂劇。桂劇產生於明末，成熟於清初，起初用北方方言演唱，最後演化為用桂林方言演唱。抗戰開始後，為使桂劇的內容和美學風格適應時代的變化，在廣西新「軍閥」（李、白、黃）「紳士」（馬君武、李任仁等）的支持與邀請下，歐陽予倩開始了他的桂劇改革。〔註90〕傳統桂

〔註88〕 參見段明《抗戰時期川劇改革論談》，以及夏庭光《抗戰時期的川劇大師張德成》兩篇文章。分別來自（重慶文史資料選輯第39輯），及《四川戲劇》1997年第6期。

〔註89〕 參見李褘的《重慶抗戰時期的川劇改良活動》以及李笑非的《憶抗戰時期成都三益公川劇藝員軍訓連》兩篇文章，分別來自《四川戲劇》2002年第6期及1990年第3期。

〔註90〕 當然，這裡面也有「軍紳」中各軍紳政權之間對抗的政治因素：廣西新桂系為了與蔣介石分庭抗禮，打出「建設廣西，復興中國」的旗幟，興辦廣西建

劇的內容和其他地方戲曲大體類似，大多充斥的是封建思想、奴隸道德和淫虐行為。針對這一情形，歐陽予倩在改革時，把能夠反映時代精神的愛國主義、民主主義、人道主義等思想內容注入其中，使廣大人民樂於接受，同時使自己得到教育和提升；而在劇本形式、舞臺演出等方面，也做出了許多有益的改進。

歐陽予倩在改良桂劇上，不僅能上昇到思想理論的高度，也有豐富的創作、改編、指揮排演的實踐。他長期擔任了廣西藝術館館長一職，主持了桂劇實驗劇團、話劇試驗團的日常事務，還創辦了第一所桂劇學校，利用這些身份，歐陽予倩組織上演了他改編、整理的許多劇目。改編過的有《梁紅玉》、《漁夫恨》、《桃花扇》、《木蘭從軍》、《人面桃花》、《長生殿》等；經他整理的有《關王廟》、《斷橋會》、《烤火下山》、《打金枝》、《拾玉鐲》等。〔註 91〕這些劇目在情節上多取自人們較為熟悉的歷史故事，但歐陽予倩的改編卻很能契合抗戰時期的時代精神。如大受歡迎的《梁紅玉》一劇，取材於南宋將領韓世忠及夫人梁紅玉抗擊金軍的歷史，借抗金來演繹抗日，表現了「寧願戰死，不做亡國奴」的思想主題，對於激發民眾的抗日熱情作用很大，一經推出連演 28 天，長盛不衰。也許從一段《梁紅玉》公演之後發生的軼事，頗能看出它的時代性及影響力，這是歐陽予倩女兒的一段回憶：

> 梁紅玉為發動捐獻軍餉，草擬了一個名單給韓世忠看：
>
> 韓：這些皇親國戚和老爺們動不得呵！
>
> 梁：大闊佬動不得，難道專刮老百姓？
>
> 桂系軍閥白崇禧的岳父馬曼卿，看到這裡就生氣走了。
>
> 有一次，廣西財政廳長黃鍾岳正在樓上包廂看《梁》劇，覺得不是滋味，戲演完後他去後臺，「拜訪」我父親說：
>
> 「歐陽先生，中國的『老爺們』也有蠻多的『好老爺』呀！」
>
> 「是呀！」我父親回答，「所以『好老爺』就用不著多心呀！」
>
> 黃說：「梁夫人的嘴也太辣火了一點，先生可否為她稍易其辭？」

設研究會、廣西藝術館等，把桂劇改良頁當做是展示開明作風，吸引知識分子、進步人士，擴大其政治影響的一種手段。

〔註91〕 李江、黃世智：《桂林文化城戲劇研究》，北京：中國社會科學出版社，2008年，第 166 頁。

父親說：「可以禁演，一字不改！」

這一斬釘截鐵的回答，使黃某狼狽不堪，悻悻然離去。〔註92〕

這段軼事是古典古事劇反映時代性的一個典型，在影射當時的社會現實方面，涵蓋了「軍紳」社會的許多重要方面。如韓世忠、梁紅玉的對話，便是抗戰時「軍紳」社會的最真實寫照：幾乎所有的合法非法的捐餉、糧稅都來自最貧苦、弱勢的農民，而那些權貴、巨富、地主、奸商則不但逃避納稅責任，還大發國難財。馬曼卿和黃鍾岳觀看《梁紅玉》的反映，正說明了這一事實的存在，可見劇中梁紅玉的質問對他們刺激之大。歐陽予倩的「可以禁演，一字不改！」則反映了，戰時的新式知識分子在更深刻地目睹了國家的現實與弊病根源之後，開始發生的「人民本位」立場的轉變。而該劇最後被「軍紳」勢力禁演，一方面昭示了「抗戰建國」這個過程的艱難曲折，另一方面也反映了「軍紳」在國家「現代化」上的阻礙。

再者，來看由雲南民間的花燈改編的燈劇。雲南的花燈源於社火（宗教祭祀活動），後來逐漸分化出來，成為可以傳唱演出的獨立藝術形式，其曲調是從老百姓熟悉的民歌小調中吸收來的，表演的內容主要反映農村生產勞動、婚姻愛情、家庭倫理道德等；許多傳統的花燈劇目，如《放羊》、《走廠》、《探乾妹》、《七星橋》等，從劇本內容到唱詞、道白，都有濃烈的雲南鄉土特色，它立足於農民的文化意識體現了農耕文化的特點，是農耕文化時代傳播價值觀念的主要形式。〔註93〕花燈作為雲南民間的文化娛樂活動，雖然受到鄉村民眾的喜愛，但正統觀念（由官僚紳士們代表的）則認為花燈是傷風敗俗的下流玩意，各鄉各鎮都有禁令，花燈不能到學校、入禮堂、進孔廟、登舞臺，還曾有「好男不唱燈，好女不觀燈」之說。然而，這種民間藝術形式在雲南民間流傳極廣，各地都有不同的分支。如保留明清俗曲最多的昆明花燈，新燈發源地的玉谿花燈，川黔風味的曲靖花燈，以姚安花燈、元謀花燈著稱的楚雄花燈，滇東北的昭通花燈，滇西的大理彌渡花燈、保山花燈，紅河有彝族化的建水彝族花燈等20多個分支。如此廣泛的群眾基礎，很適合抗戰宣傳的時代需要。於是，擔任雲南省教育廳楚姚大區戲劇樂歌巡迴教育工作隊隊長的王旦東，雲南大學教授徐嘉瑞，花燈藝人熊介臣、李永年等，

〔註92〕歐陽敬如：《「邁進毋畏途路艱」——回憶我的父親歐陽予倩在廣西》，《學術論壇》，1981 年第 3 期。

〔註93〕楊軍、劉佳云：《雲南花燈、滇劇的發展與保護研究》（上），《民族藝術研究》，2011 年第 21 期，第 18 頁。

開始改良傳統花燈藝術。舊式花燈儘管反映了農村勞動群眾的悲慘生活,一定程度上表達了他們的願望和要求,但也難免帶有濃厚的封建意識,如許多劇本時常稱頌節婦貞女、豔羨員外小姐等,要使燈劇承擔抗日救亡的任務,不得不進行改良。以王旦東為首,在玉谿燈班的基礎上,組織了「農民救亡燈劇團」,新編了燈劇《抗日十二將》、《張小二從軍》、《槍斃羅小雲》、《黃家莊》、《新投軍別窯》、《茶山配》(《茶山殺敵》)、《一個怪人》等。並且,從 1937年秋「燈劇團」籌備開始到 1939 年,以《茶山配》為主,「燈劇團」到各地進行宣傳,遊歷 30 多個縣,行程數千里,演出時常常座無虛席。〔註94〕下面從兩段唱詞中可以稍稍領略抗戰燈劇的一些風采:

《救亡花燈曲一首》

　　正月裏,是新春,國難要唱救亡燈。

　　不唱鶯鶯來戲水,不唱瞎子去觀燈。

　　要唱齊心來抗敵,團結工農商學兵。

　　唱得同胞個個醒,不讓日寇來鯨吞。

　　不把血賬來結算,國家民族難生存。

《五里奉送郎出征》(後來成為《張小二從軍》主題歌)

　　送郎送到一里亭,郎有義來妹有情。

　　小妹恩情休掛念,抗日才是大事情。

　　送郎送到二里亭,繡塊手巾送郎行,

　　幸到沙場楷楷汗,莫揩相思淚淋淋。

　　送郎送到三里亭,縫件汗衫送郎行,

　　妹心常在郎身上,跟郎前去殺敵兵。

　　送郎送封四里亭,做雙鞋子送郎行,

　　放開大步前方去,不退敵兵不回程。

　　送郎送到五里亭,斟杯美酒送郎行,

　　願郎美名揚四海,得勝回家妹來迎。

　　此外,抗戰曲藝也是宣傳抗日救亡的一支重要力量。中國的民間曲藝形式很多,有相聲、鼓書、花鼓、大鼓詞、竹板書、快板、金錢板、小調、唱詞、評詞、評書、故事等等,在抗戰時期幾乎全都被用來填上新詞、宣傳抗

〔註94〕王旦東:《農民救亡燈劇團親歷記》,《抗戰時期西南的文化事業》,成都:成都出版社,1990 年,第 286 頁。

日。舊式曲藝在傳統社會，常被看成是登不得大雅之堂的「叫花子」，這種立場應當是文人的「大傳統」，但曲藝卻在民眾間被老百姓廣泛地喜愛，這反映著農民的「小傳統」。在「抗戰建國」需要文藝盡可能的大眾化，凝聚廣大民眾力量的時候，貼近農民的「小傳統」的立場似乎是必須的選擇（儘管在內容上要注入文人的「大傳統」）。下面來看看施誼所作的花鼓《士兵之聲》：

> 二四
>> 不管工農兵學商，
>> 齊心救國不分行。
>> 老老少少男男女女都要動，
>> 若靠匹馬單槍沒用場。

> 二五
>> 不分行業不分黨，
>> 協力同心建國防。
>> 不要想著天塌該由長子頂，
>> 一巴掌遮不住太陽光。

> 二六
>> 一隻巴掌拍不響，
>> 大家聯合有力量。
>> 只除那些漢奸走狗不在內，
>> 反帝抗×戰線長又長。

> 二七
>> 戰線還須向外張，
>> 認朋友團結同邦。
>> 就是敵人中也有友軍在，
>> 攜手同挖帝國主義坑。〔註95〕

從中不難看出，這些作品大多有語言通俗、流暢順口、表意清晰、易於誦讀、

〔註95〕施誼：《士兵之聲》，鍾敬文主編：《中國抗日戰爭時期大後方文學書系・第九編・通俗文學》，重慶：重慶出版社，1989年，第206頁。

便於傳唱等優點，既強調抗戰中的團結，還提醒人們要頭腦清醒、分清敵友。總之，這些作品在抗戰時期流傳相當廣泛，影響是難以估量的。

當時的陪都重慶，是南北曲藝藝人大匯合、大交流的中心，用傳統曲藝來喚醒民眾的活動達到了高潮。就人數來說，據不完全統計，抗戰時期在重慶獻藝的曲藝藝人有 300 多名；地方縣市的曲藝活動也很繁盛，僅自貢一地，據該市民眾教育館統計，從事抗戰曲藝宣傳的藝人也有 184 人。〔註96〕至於那些活躍在各地的民間藝人數不勝數，戰時曲藝演出隊伍有三個來源：一是專業戲劇團體，有部分演員專演或兼演曲藝，二是民間個體曲藝藝人和家庭班、共和班，以演曲藝為生；三是工廠、農村、學校和機關單位的曲藝愛好者，業餘演唱曲藝。戰時曲藝演出場地很多：一、劇場；二、茶館；三、街頭巷尾；四、農村院壩；五，前線軍營。〔註97〕這也是曲藝這種藝術形式的靈活性、簡便性體現，無須太多道具，也不挑剔場地，便於隨時隨地進行演出。當然，也有許多專業的演出場所，如當時重慶的書場就有「世界旅館書場」、「會仙橋書場」、「昇平鼓書場」等。

在藝術上，曲藝的說唱形式，決定了它語言的口語化，令觀眾沒有理解的障礙；為使說唱富有美感、流暢易誦，音節上常常押韻，聽起來如行雲流水、悅耳動聽；敘述上往往開門見山，道出故事原委，使觀眾一聽就懂，另外，許多作品都有故事、有情節、有人物，順著故事的脈絡娓娓道來，能吸引觀眾的注意力；風格上，貼近生活，卻又不沉悶、不呆板，常取材生活小事，但一經演繹便顯出詼諧幽默之處，充滿趣味；內容上充實豐富，說老百姓自己的事，令聽者倍感親切。

抗戰中有許多在曲藝上有過重要貢獻的作家、藝人，其中最有代表性的是有「三套馬車」之稱的老舍、老向、何容。老舍雖是新文學的重要作家，但在抗戰時期積極投身傳統曲藝的創作與改良。老舍所寫的相聲段子內容是宣傳抗日救國和諷刺漢奸、貪官污吏，針砭時弊的，重慶大公報稱這些新節目為「抗戰相聲」，代表作有《蘆鈎橋》、《中秋月餅》、《臺兒莊大捷》、《歐戰風雲》、《新對聯》、《新繞口令》、《罵汪精衛》、《豆腐譜》等 12 段新相聲，從不同的角度以極大的熱情，頌揚了我前方將士浴血奮戰抗擊日寇的英雄業績

〔註96〕秦川：《四川抗戰文藝運動述要》，《抗戰時期西南的文化事業》，成都：成都出版社，1990 年，第 221～222 頁。

〔註97〕熊炬：《抗戰時期重慶通俗文藝活動》，《重慶文史資料選輯第 39 輯》，重慶：西南師範大學出版社，1993 年，第 119～120 頁。

和後方人民支持抗戰的愛國熱忱，也憤怒地揭露了那些無恥的降日派以及在國難當頭仍花天酒地的達官貴人的醜惡靈魂，因此引起了國民黨當局的密切注意。〔註98〕如老舍創作的《中秋月餅》，開場白有四句：月兒彎彎照九州，幾家歡樂幾家愁，幾家高樓飲美酒，幾家流落在街頭。這四句詩點出了整段相聲的主旨，之後的問答都是在解釋這四句，它充分揭示了民國「軍紳」社會中隨著抗戰愈演愈烈的兩極分化現象，「揭露和抨擊了當時國民黨統治下的大後方那些腦滿腸肥的貪官污吏、奸商財主們，不顧國家興亡，人民死活，大肆搜刮民脂民膏，過著奢侈腐化生活的醜惡面目。憤怒控訴了日本侵略者給中國人民帶來的苦難，以喚起民眾的愛國熱情。」〔註99〕

其作品還有《張忠定計》、《游擊戰》、《新拴娃娃》、《文盲自歎》、《王小趕驢》、《贊國花》、《陪都贊》等 10 段大鼓詞，《張自忠打垮阪垣》等 2 篇墜子，《女兒經》、《忠孝全》2 段快板，還有評書話本《兄妹從軍》和 3 篇「新洋片詞」；作品語言通俗，音韻流暢，內容大都是寫底層人物，工農兵是他筆下的主人翁。〔註100〕老舍不僅在創作實踐上貢獻力量，還在理論上對曲藝的革新提供建設性意見，發表了不少有關曲藝的論文，他強調：

> 通俗文藝是為民眾而寫的，「它必須俗，俗到連不識字的人也能聽懂的地步」。既不能「以雅代俗」，又不能「以腐代俗」。「通俗文藝有三難：不易通俗，不易有趣與不易悅耳」。他提出四項要求：一，文字應當痛快爽朗，真正通俗；二、內容必須豐富充實，用民間語言，說民間自己的事情；三、思想感情不要迎合取巧，而應當學習新文藝的方法，立志要改變讀者的思想，使之前進。激動情緒，使之崇高；四、必須要有趣味。他主張「以新文藝的精神提高通俗文藝，而以通俗文藝的長處來堅強並開展新文藝」。〔註101〕

老向，原名王向辰，曾參加過「五四」運動；在北大畢業後從事通俗文藝工作，戰時來重慶，與老舍友好；曾任全國性通俗文藝期刊《抗到底》主

〔註98〕董長祿：《我在後方巡迴演出「抗戰相聲」》，《抗戰時期西南的文化事業》，成都：成都出版社，1990 年，第 294 頁。

〔註99〕董長祿：《我在後方巡迴演出「抗戰相聲」》，《抗戰時期西南的文化事業》，成都：成都出版社，1990 年，第 295 頁。

〔註100〕熊炬：《抗戰時期重慶通俗文藝活動》，《重慶文史資料選輯第 39 輯》，重慶：西南師範大學出版社，1993 年，第 112 頁。

〔註101〕熊炬：《抗戰時期重慶通俗文藝活動》，《重慶文史資料選輯第 39 輯》，重慶：西南師範大學出版社，1993 年，第 113 頁。

編，作品有：相聲《漢奸錄》、鼓詞《割愛除奸》、快板《罵汪》、唱詞《賢母訓女》、小調《災童哭五更》、故事《光兒亭》、通俗小說《全家村》等 100 多篇作品。〔註102〕他的《抗日三字經》一次發行就有五萬冊，風格如下：

　　人之初，性忠堅，愛國家，出自然。

　　國不保，家不安，衛祖國，務當先。

　　昔岳母，訓武穆，背刺字，精忠譜。

　　岳家軍，奮威武，打金兵，復故土。

　　唐張巡，守睢陽，奮戰死，稱忠良。

　　文天祥，罵元兵，伸正氣，留英名。

　　鄭成功，守臺灣，抗清兵，美名傳。

　　劉永福，黑旗軍，打法兵，英名存。

　　七月七，盧溝橋，日本鬼，開了炮。

　　佟麟閣，趙登禹，兩將軍，把兵舉，

　　守南苑，攻豐臺，身雖死，有榮哀。

　　姚子青，守寶山，一營兵，只餘三。

　　段雲青，一等兵，身體健，國術精。

　　遇敵舟，躍身上，一擋三，是猛將，

　　左一拳，右掃腿，兩倭寇，齊落水，

　　餘一寇，逃船尾，刺刀下，立見鬼。

　　閻海文，是空軍，打敵機，八架焚。

　　擲炸彈，炸敵輪，轟一聲，三艦沈。

　　身受傷，落敵方，從容中，舉手槍，

　　先殺敵，後自戕，不屈辱，真叫棒。

　　此數將，軍人魂，青史上，美名存。

作品利用傳統蒙學讀物《三字經》的格式；先說明愛國是人的天性以及衛國才能保家的道理，然後列舉歷代膾炙人口的人物故事，借歷史典故說明保家衛國的正當性，接著轉到當代的抗敵英雄、悲壯事迹上，並進行了熱烈的歌頌；整部作品音韻鏗鏘，感奮人心。另外，他的代表作大鼓詞《割愛除奸》〔註103〕，用一個故事的方式宣傳了抗日除漢奸的主題。故事發生在保定城

〔註102〕熊炬：《抗戰時期重慶通俗文藝活動》，《重慶文史資料選輯第 39 輯》，重慶：西南師範大學出版社，1993 年，第 113 頁。

〔註103〕老向：《割愛除奸》，鍾敬文主編：《中國抗日戰爭時期大後方文學書系‧第九

南的八里店，有一戶李姓人家，其女素眞（有素來堅貞之意）與老漢相依爲命，自小與李素眞與表兄宋藿根（「送」「禍根」的諧音，有除去禍根的意思）要好，且兩人已有婚約，宋藿根在北平讀書，每逢假期，兩人才能相見，可謂情意綿綿。本來他們約定來年（1937）就要結婚，沒成想「七七」後平津局勢動蕩，李素眞擔心情郎的安危，整日焦慮惶恐，終於盼到宋藿根安然回來，素眞自然歡喜萬分。然而，出乎意料的是，宋藿根已經投靠日本人做了漢奸，當上了日本的偵探長，還無恥地誇耀自己已是「大偉人」，說如今「愛國不如愛金銀」，並試圖勸說素眞陪他到北平結婚享受榮華富貴。面對此情形，素眞先是苦口婆心地勸說宋藿根悔改，後又義正辭嚴地痛斥，然而宋藿根終究不能迷途知返，無奈李素眞便高聲呼救換來左鄰右舍和巡邏兵，把宋藿根抓住依法對這個漢奸執行槍斃。自此，李素眞大義滅親的美名到處流傳。

何容，也是北大中文系學生，早年投筆從戎，參加北伐戰爭；後從事通俗文藝活動，《抗到底》編輯，主張從內容到形式徹底改革曲藝；發表過《怎樣使文章下鄉》、《也談通俗韻文》、《從通俗文藝的效用說到它的形式和內容》、《格律與技巧》、《形式與創造》等論文；創作有《棄家從軍》、《游擊隊夜取昌平》、《日皇愁》等說唱作品。〔註104〕

其他的曲藝作品還有：沙梅的《打東洋》，柳倩的《懷鄉曲》（《新華日報》發表），楊亞寧的《模範工人顧正紅》，伊明的《梨膏糖》，岳南的《俠醫白求恩》，陸文俊的《赤膽忠肝》，席徵庸的《太行烈士》，王冰洋的《杏兒山盡忠》，王眞的《白開水救活新太太》，杜重石的《訓子》，高志艱的《義勇軍中女司令》等都是當時大後方影響較大、社會效果好的曲藝作品。至於那些散佈在各地的地方藝人，他們自編自唱的曲藝作品數目巨大、難以估量，其作品還經常自費印刷唱本，或通過當地民眾教育館印製發行。〔註105〕許多作品傳唱至今，僅自貢市一地尚能被人背誦的曲目有30多個，如《八路軍大戰平型關》、《王銘章死守滕縣》、《難民殺敵》、《臺兒莊大捷》、《大戰盧溝橋》、《血戰小城莊》等。〔註106〕由此足可見曲藝作品在當時流傳之廣、影響之深遠。

編・通俗文學》，重慶：重慶出版社，1989年，第224～232頁。

〔註104〕熊炬：《抗戰時期重慶通俗文藝活動》，《重慶文史資料選輯第39輯》，重慶：西南師範大學出版社，1993年，第114頁。

〔註105〕熊炬：《抗戰時期重慶通俗文藝活動》，《重慶文史資料選輯第39輯》，重慶：西南師範大學出版社，1993年，第116～118頁。

〔註106〕秦川：《四川抗戰文藝運動述要》，《抗戰時期西南的文化事業》，成都：成都

三、泛藝術化特徵

儘管抗戰時期的各種宣傳文字、文本已經是新文學發生以來最爲通俗的形態了，但對於那些多數不識字的文盲民眾而言，仍有很大的障礙（在文盲面前，通俗與不通俗沒有區別）。所以大後方的文學中還有另一種傾向，就是此前 20 年來主要以文字文本形式存在的新文學，開始與其他各種文藝部門相結合，把閱讀變成了觀看，把無聲變成了有聲，把文字符號變成了表演、說唱等更爲直觀的形式；在這個過程中，文學自身的邊界也逐漸擴大，變得模糊起來，再加上它具有濃厚的宣傳「工具」的特徵，就使得文學的領域顯得較爲「泛化」，這就是文學的「泛藝術化」。

首先是戲劇。在文學的小說、詩歌、散文、戲劇四大門類中，戲劇本身就是依賴舞臺表演的一個門類，所以戲劇在大後方文學運動中的繁盛似乎是題中應有之義。其中話劇只一個重要的部分。話劇雖然是一種外來的藝術形式，但通過眾多作家的創作以及演員的藝術實踐，已成功的在中國紮根，抗戰期間更是成爲文本藝術化傾向中的典型代表。以前我們的研究往往關注的仍舊是那些名人名作，而對藝術上相對粗糙的劇作重視不夠、估量不足，這裡的分析主要考察那些數量眾多的距離城市華麗舞臺較遠，在村鎮民眾間眞實上演過的，爲喚醒廣大下層民眾做出過同樣重大貢獻的作品。

話劇中最爲普及的是街頭劇和活報劇，它們是戲劇中兩種相對簡便、通俗的形式。抗戰期間，在內地廣大的市鎮、鄉村，在缺乏舞臺、道具條件的地方，活報劇、街頭劇充分發揮它們特殊的優點，起到宣傳、鼓動的作用。「活報劇」發源於前蘇聯，強調內容上的應時性、時事性，就像是「活的報紙」那樣，尤其在戰爭時期特別的發達，其優點就在於「它能夠最迅速的反映當前最現實最實際的問題；它的內容的潑剌，富有革命性與形式的大眾化；它容易爲文盲大眾，和知識水準低落的群眾所接近和理解」〔註107〕。另外，街頭劇突出了上演的場合，即街頭（或茶館、田間等），沒有舞臺、燈光、道具的諸多限制，具有通俗性、鼓動性、實效性等特點。抗戰初期的三個街頭劇《三江好》、《最後一計》、《放下你的鞭子》（合稱「好一計鞭子」），便被人們廣泛地上演，尤其是《放下你的鞭子》一劇，流傳最廣、感染力最強、影響

出版社，1990 年，第 222 頁。

〔註107〕 葛一虹：《論活報劇》，碧野主編：《抗日戰爭時期大後方文學書系・第四編・報告文學第一集動》，重慶：重慶出版社，1989 年，第 396 頁。

最大。街頭劇中的演員、穿戴都和普通的老百姓一模一樣，所以有時候還形成一種眞假莫辨的效果，使觀眾不知是戲，從而產生極大的藝術效果，有很多人受這些「街頭劇」的影響而走上抗日救國的道路。當時，在大後方活動的各地方劇團、演劇隊等，大都曾排演過街頭劇、活報劇，尤其是那些曾下鄉演出的演劇團體。

　　下面舉一些地方救亡組織上演話劇的實例，從中可以看出抗戰時期的大後方戲劇活動的廣泛與熱烈。如雲南藝術師範學校戲劇電影科的部分學生，利用暑假組成一支話劇小隊，深入縣鄉對群眾進行抗日宣傳，上演的劇目就是以《當兵去》、《血灑盧溝橋》、《放下你的鞭子》等幾個街頭劇、活報劇爲主。重慶市文化界救亡協會戲劇隊在深入北碚、合川、長壽、涪陵、豐都、巴縣、綦江、江津等城鄉時，也主要演出了《保衛盧溝橋》、《鳳凰城》、《放下你的鞭子》等劇。在四川的甜城內江，由一些學校師生及愛國青年組成的「興華宣傳隊」、「興華歌詠話劇社」，也在巡迴演出的時候，先後上演過《鳳陽花鼓》、《放下你的鞭子》、《三江好》、《血債》等話劇。在雲南昆明，陳豫源主持藝術師範學校戲劇科，組織指導學生們上演了《屠戶》、《父歸》、《撤退趙家莊》、《血灑盧溝橋》、《全民抗戰》、《放下你的鞭子》、《盲啞恨》等劇目，還組織「昆華巡迴演出隊」在各縣輪迴演劇。昆明兒童劇團，曾上演過《難童》、《小間諜》、《小主人》、《表》等劇目，受到人們的廣泛好評，許多觀眾感動的流下熱淚，起到了很好的宣傳效果。四川的業餘戲劇團體「怒吼劇社」，組織了「街村演劇隊」在鄉鎮間廣泛宣傳，經常上演的有《放下你的鞭子》、《重逢》、《淪亡以後》、《死亡線上》、《壯丁》、《三江好》、《死裏求生》、《黎明》、《林中口哨》等幾十個節目。〔註 108〕抗戰時期在四川成立的國立劇專，也在重慶、江安、宜賓、瀘州、內江及長江沿岸各地，上演了眾多的抗日戲劇、進步戲劇，據資料顯示，劇專在 8 年中，曾公演過以抗戰救國、反封建爲內容的劇目 200 齣，其中多幕劇 100 齣，獨幕劇 100 齣。由重慶文化界救亡聯合會領導的「移動演劇隊」，主要在縣、區、鄉間演出，上演過《放下你的鞭子》、《三江好》、《當壯丁去》、《難民曲》、《烙痕》、《滕縣血戰記》、《盧溝橋之戰》，以後還演出了大型戲劇《鳳凰城》；以重慶大陽溝依仁小學的小朋友爲基礎組織起來的「兒童演劇隊」，上演過《鬼子與漢奸》、

〔註108〕李智仁、張亞光、林嶽峰、梁少侯：《回憶怒吼劇社》，《重慶文史資料選輯第
　　　　9 輯》，中國人民政治協商會議四川省重慶市委員會文史資料研究委員會，
　　　　1981 年，第 142 頁。

《小英雄》、《鐵蹄下的孩子》、《中國進行曲》等劇目；重慶大學的「抗敵鄉村宣傳隊」，也深入鄉鎮演出了《大家一條心》（即《放下你的鞭子》）、《張家店》、《難民曲》、《如此皇軍》、《東北小景》、《九・一八以來》等戲劇，每次觀眾多達 3000 人，最少也有 1000 人以上，在喚醒民眾投身抗日事業方面起到了十分積極的作用。〔註 109〕設在郫縣的「四川省立戲劇音樂學校」，部分師生也自發組織了宣傳隊排演抗日戲劇，先後上演過《群魔亂舞》、《過渡》、《一年間》、《國家至上》、《中華民族的子孫》、《青紗帳裏》、《保衛蘆溝橋》、《放下你的鞭子》、《渡黃河》、《害群之馬》、《家破人亡》、《阿 Q 之死》等進步劇目；〔註 110〕該校師生另組成了「農村巡迴演劇隊」在城鄉進行多次演出，一年多時間，在成都等地先後演出了《秦良玉》、《國家至上》（全由學生主演）、《一年間》（學生主演）、《群魔亂舞》（學生主演）、《後防》（學生主演）、《中華民族的子孫》、《聖誕之夜》以及獨本戲《放下你的鞭子》、《最後一計》（學生主演）、《三江好》（學生主演）等劇，產生了巨大的影響。〔註 111〕抗戰時期位於四川江津的華僑第二中學的師生，也為當地群眾上演過《放下你的鞭子》、《晚禱》、《海嘯》等劇。〔註 112〕由江津師範學校的師生 38 人組成的「驢溪話劇團」深入農村巡迴演出，先後上演過《民族公敵》、《放下你的鞭子》、《三江好》等。〔註 113〕

在大後方的文學運動中，由於文學的通俗化與邊界的泛化（淡化了審美、言志等特徵），使文學的界限比較模糊，幾乎可以說文學的因素存在於各種各樣的宣傳活動之中，比如抗戰時期最為普遍的救亡形式之一，即文學與音樂結合而來的愛國、救亡歌曲。其中最為著名的就是日後成為中華人民共和國國歌的《義勇軍進行曲》，由田漢作詞聶耳譜曲。據相關資料顯示，抗戰歌曲在當時數量之多，流傳之廣，超乎我們的想像，幾乎但凡有抗戰救亡宣傳的

〔註 109〕呂賢汶：《重慶戲劇對抗戰的貢獻》，《重慶文史資料選輯第 39 輯》，重慶：西南師範大學出版社，1993 年，第 83〜86 頁。
〔註 110〕中共郫縣縣委黨史工委辦公室：《記在郫縣的四川省立戲劇音樂學校的抗日救亡活動》，《成都文史資料選輯第 9 輯》，中國人民政治協商會議四川省成都市委員會文史資料研究委員會，1985 年，第 252 頁。
〔註 111〕蘇枚：《難忘的四川省立戲劇音樂學校》，《抗戰時期西南的教育事業》，貴陽：貴州省文史書店，1994 年第 339 頁。
〔註 112〕韓志平：《抗戰時期的華僑第二中學》，《抗戰時期西南的教育事業》，貴陽：貴州省文史書店，1994 年第 164 頁。
〔註 113〕張壽康：《一所別具特色的江津師範學校》，《抗戰時期西南的教育事業》，貴陽：貴州省文史書店，1994 年第 285〜286 頁。

地方，都能聽到這些抗日愛國歌曲的聲音，而各地的救亡組織中出現過各種各樣的「歌詠隊」，主要就以歌詠的形式宣傳抗日，而大多劇團、劇隊、演出隊等團體在演劇之餘，也時常採用歌詠、辦壁報的形式展開救亡宣傳。歌詠隊的宣傳不僅僅是歌唱救亡歌曲這麼簡單，而是通過音樂這種富有節奏、韻律，能給人以愉悅的藝術形式來傳播歌詞中蘊含著的反對投降、嚮往光明、抗日救國、倡導革命等道理。一方面歌詞既然能夠用於傳唱，大都比較通俗易懂，音節上也富有詩的韻味；另一方面，歌詠往往不僅自己歌唱，而是歌唱者常常領唱而群眾學唱，在教唱的同時還常常有人專門講解歌詞中的含義與道理。這樣，民眾學會了唱歌就記住了歌詞，即便一時不能領悟，也能不斷地、隨時隨地地思索和品味。再者，每到一地，歌詠隊教會當地的一些民眾，而這些人往往又可以轉教其他人，正所謂「一傳十，十傳百」，可以迅速地擴大歌曲的普及面和影響力。

在雲南，李家鼎組織了「民眾歌詠團」，他此舉的目的就在於「以歌施教，寓教於歌」、「為革命而教唱歌，用唱歌推動革命」。直接在「民眾歌詠團」接受教育的就有上千人之多，其中還有許多是李家鼎專門培訓的幹部，以期到各地開展歌詠活動，開辦的三期訓練班就培養了 400 多人。這些人又按照李家鼎的這套辦法去雲南各地組織歌詠隊，擴大教育面，其影響遍及全省。如學員李天柱便不僅在昆明，還在他的家鄉晉寧，後來又到鳳儀、大姚、在合作委員會，在川滇鐵路公司，在峨峨學校，在護國中學，在播樂中學都組織過歌詠隊，參加的人也是成百上千。〔註114〕「民眾歌詠團」選唱的歌曲大都是與抗戰有關的進步歌曲，歌詞通俗淺易，但頗能打動人心，如下面的一首《長城謠》：

> 萬里長城萬里長，長城外面是故鄉。
> 高粱肥大豆香，遍地黃金少災殃。
> 自從大難平地起，姦淫擄掠苦難當。
> 苦難當奔他方，骨肉流散父母喪。
> 沒齒難忘仇和恨，日夜只想回故鄉。
> 大家拼命打回去，哪怕賊擄逞豪強。

〔註114〕李天柱：《抗日時期雲南民眾歌詠團及其組織者——李家鼎》，《昆明文史資料選輯第 6 輯》，中國人民政治協商會議雲南省昆明市委員會文史資料研究委員會，1985 年，第 125～126 頁。

萬里長城萬里長，長城外面是故鄉。

四萬萬同胞心一條，新的長城萬里長。

萬里長城萬里長，長城外面是故鄉。

四萬萬同胞心一條，新的長城萬里長。

《長城謠》歌詞不多，便於記憶，但裏面的內容卻很豐富：先是回憶故鄉的美好，接著表達遭受侵略、背井離鄉的悲憤，再表達對故鄉的思念及打回故鄉的決心，最後呼籲築起新的人民大眾的萬里長城。如此，解釋好的話也能牽出一篇大道理，而學會了歌唱，久而久之對抗戰瞭解得多了，也能從中悟出深意來。

雲南戲劇師範學校戲劇電影科的 6 名同學，組成了話劇小隊，利用暑假時間深入 7 各縣、幾十處鄉村進行救亡宣傳，與演劇相配合也教唱抗日歌曲，常引領群眾齊唱《大刀進行曲》、《巷戰歌》、《到敵人後方去》、《救亡歌》、《義勇軍進行曲》等抗日歌曲。〔註 115〕雲南宣威鄉村師範學校的師生也積極參加抗敵宣傳，無論校內、校外、鄉下，都有他們的足跡，歌唱進步歌曲是其中重要的一環，曲目有《黃河三部曲》、《長城謠》、《游擊隊歌》、《我們在太行山上》、《大路歌》、《開路先鋒》、《大刀進行曲》和《義勇軍進行曲》等。〔註 116〕

在抗戰初期，重慶市抗日團體紛紛成立，其間僅新興的歌詠團體就有數十個，抗日救亡的歌聲響徹整個山城。四川甜城內江的「興華救亡歌詠話劇社」也主要以歌詠的形式，深入到街頭、路口、碼頭、車站、戲園、會館及郊區的場鎮、田間、村莊，教唱《義勇軍進行曲》、《大刀進行曲》、《松花江上》、《黃河大合唱》等振奮人心的救亡歌曲。四川省立戲劇音樂學校的師生們，也組織了宣傳隊，編排抗戰歌曲到各地巡演，主要曲目有《太行山上》、《游擊隊之歌》、《黃河大合唱》等。重慶大學「抗敵鄉村宣傳隊」的 26 名成員，在寒假期間到地方上做抗敵宣傳，沿途教民眾學唱《救國軍歌》、《犧牲已到最後關頭》、《義勇軍進行曲》等進步歌曲。四川江津的華僑第二中學，高中部組織了《海韻》歌詠隊，初中部組織了《綦江合唱團》，常組織歌詠比

〔註115〕劉鏡清：《抗日戰爭中雲南話劇的一直輕騎隊》，《昆明文史資料選輯第 6 輯》，中國人民政治協商會議雲南省昆明市委員會文史資料研究委員會，1985 年，第 164～165 頁。

〔註116〕楊光社：《一所獨具特色的省立鄉師──抗戰時期的宣威鄉村師範學校》，《抗戰時期西南的教育事業》，貴陽：貴州省文史書店，1994 年，第 305 頁。

賽，並爲當地的民眾進行演出，演唱過《義勇軍進行曲》、《流亡三部曲》、《生產大合唱》、《黃河大合唱》等歌曲，每次活動吸引的觀眾數以千計。〔註 117〕四川的小壩師範學校從 1939 年到 1944 年間，每年的「七‧七」都會舉辦抗戰救亡紀念大會，邀請四鄉的男女老幼都來參加，大唱救亡歌曲，宣傳抗戰的意義，主要是《國際歌》、《義勇軍進行曲》、《黃河大合唱》、《松花江上》、《游擊隊之歌》等壯烈進步的歌曲。〔註 118〕

而在貴州，貴陽大夏大學也組織了歌詠隊，以「抗日歌詠，宣傳抗日，團結同學，喚起民眾，挽救危亡」爲宗旨，開展活動；隊員人數在 1938 年僅爲 40 人，而到 1940 年則發展到 120 人；隊員們常到農村（如貴陽北郊一帶）進行抗戰宣傳，所唱的曲目多爲解放區的，如《光榮的犧牲》、《巷戰歌》、《游擊隊歌》、《勝利進行曲》、《流亡三部曲》、《墾春泥》、《呂梁山大合唱》、《九‧一八大合唱》及《黃河大合唱》等。〔註 119〕此外，四川大學抗敵後援會、四川教育學院師生開辦的農工夜校，雲南大學附屬中學的「夏令團」，滇南建民中學師生組織的讀書會，自貢蜀光中學的「晨呼隊」，川南師範學校的「川師抗敵後援會」、「抗日救亡歌詠團」，川東師範學校的「醒獅歌詠隊」，昆華藝術師範學校的宣傳隊，國立貴州師範學校的抗戰文藝宣傳隊，四川省立戲劇音樂學校的宣傳團等，都不同程度的深入市鎮、鄉村，或組織歌詠比賽、或進行合唱演出、或教唱救亡歌曲，在激發民眾的愛國熱忱，傳播新思想、新觀念、現代常識、撒播革命種子等方面，有著深遠的影響與貢獻。

這些由各地救亡團體成員、愛國青年、院校學生組成的中下層知識者，本身就比上層知識分子距離大眾更爲貼近，且大多能放下身段親身步入落後的偏遠村鎮，不爲艱險，與廣大的農民群眾實地接觸，他們人數既多、行程又遠、覆蓋面廣。應該說，在大後方文藝「救亡」運動中，在文藝的讀者已漸漸下移到農村大眾之時，而真正面對下層民眾的恰恰是這些下層知識者，從這個意義上說，他們每一個個體雖然大都默默無聞，卻能夠以一個龐大的群體成爲大後方文藝宣傳運動的主力軍。以往我們太過重視名人、名作，而

〔註117〕韓志平：《抗戰時期的華僑第二中學》，《抗戰時期西南的教育事業》，貴陽：貴州省文史書店，1994 年，第 164 頁。

〔註118〕張靜華：《抗戰時期的小壩師範》，《抗戰時期西南的教育事業》，貴陽：貴州省文史書店，1994 年，第 311 頁。

〔註119〕楚林：大夏歌詠隊在築城，《抗戰時期西南的文化事業》，成都：成都出版社，1990 年，第 317～320 頁。

對在抗戰這樣一個特殊的歷史時期，由這些無數的「無名小卒」所承載的群體的力量估計不足、評價不夠。

總之，文學文本的好處是有物質載體，可以相互傳閱；表演說唱等藝術雖然可以跨越文字的障礙，但具有很大的現場性，即表演一經結束，未在現場觀看的人們很難再領略藝術的魅力，從他人的轉述那裡難以獲得很好的宣傳效果；但抗日救亡歌曲則對於廣大的文盲群眾而言兼具了以上兩個優點，既跨越了文字的障礙，又借助音樂的藝術美感相互傳唱，還能幾乎不受任何時間空間的限制，可以隨時隨地歌唱，這些特殊的優點，使得這種抗日救亡形式的影響不容低估。

第六節　「大眾化」文藝的綜合性與多層面

抗戰時期的大後方文學運動是一個很複雜的、具有多層面的社會運動。大體上說，它在文藝的形態之外還包含著強烈的救亡（抗戰）、革命、與啓蒙的性質。

一、關於「抗戰」與「建國」

前面已經有過對「抗戰建國」的分析，這裡有必要再進行一些分析和補充。《抗戰建國綱領》雖然是國民黨中央政府頒佈的，但關於「抗戰建國」的理解，無論是共產黨還是知識分子（文人作家）們都有著不同的理解。由於，大後方的文學運動所載的「道」就是「抗戰建國」，所以，「抗戰（救亡）」與「建國（現代化）」的欲求不可避免的體現在文學運動之中。此時，研究他們對「抗戰」、「建國」二者關係的理解就對澄清整個文學運動的性質有重要的意義。下面來看看幾位積極參與文學運動的知識分子對此的看法。

胡風在《要普及也要提高》一文中，有這樣的論述：

> 戰爭加重了民生的困苦，是一面，但還有一面是國民經濟底得到解放，得到新生，例如帝國主義底經濟束縛力底鬆弛，民族資本和手工業底擡頭，以及農村中的封建剝削底崩潰，而這些又正是和戰爭底進展一同進展的。我們把「抗戰」和「建國」連在一起，那就是說明了中國底民族戰爭不能夠只是用武器把「鬼子」趕走了事，而是需要一面抵抗強敵，一面改造自己。必須通過這個改造才

能取得最後的勝利。和最後的勝利同來的將是民主政治底實現，國
民經濟底發展，以及國民文化底繁昌，至少也是築成了堅實的基
礎。〔註120〕

在胡風的闡述中，先表明了對戰爭的看法，應當從兩個方面去看：一方
面是消極的，另一方面卻是積極的，胡風眞正想要強調的在於後者。他所看
到的無論是外部的「帝國主義底經濟束縛力底鬆弛」還是內部的「民族資本
和手工業底擡頭，以及農村中的封建剝削底崩潰」，都與戰爭息息相關。而這
些變化便是抗戰時期中國「軍紳」社會的某些新動向，如「農村中的封建剝
削底崩潰」，描述的就是抗戰期間基層「軍紳」社會急劇惡化爲革命鋪平了道
路。其後，他在分析「抗戰」與「建國」的關係之時，直言不諱地認爲兩者
應當「連在一起」。並且他把戰爭的勝利，不歸結爲僅僅把「鬼子」趕走，而
是要在戰爭中改造自己，趁著戰爭的機會改造自己。甚至，在判定是否達到
了最後勝利的標準，主要定在了後者，即是否眞正地改造了自己。最後，他
認爲這個最後的勝利帶來的是「民主政治底實現，國民經濟底發展，以及國
民文化底繁昌，至少也是築成了堅實的基礎。」

從以上的分析不難看出，胡風的觀點顯然與國民黨的「把抗戰交給政府、
軍隊，其他人埋頭建國」的立場不同。他認爲在「抗戰」與「建國」之間，「建
國」是更重要、更高的目標；「抗戰」相比之下是手段，是實現「建國」的一
個大好機遇；而「建國」的最終狀態應該是「民主政治底實現，國民經濟底
發展，以及國民文化底繁昌」。

黃繩也有兩段話，表明了他的觀點：

統一戰線，全民動員，不但爲著抗戰，而是爲了建國；因而，
當前的文藝運動也並不隨抗戰而始終，在抗戰之後，便被棄之如敝
履，而另有新的爐竈築造起來。……當前的文藝運動將不隨抗戰的
終結而終結，而要進到向政治的更高的實踐，把中國社會帶到眞正
的建國的階段……〔註121〕

抗戰將激起整個中國人的社會的變化，完成整個中國人的社會
的改造。一方面是渣滓的浮現和死亡，一方面是人的新生。人的新

〔註120〕胡風：《要普及也要提高》，蔡儀主編：《抗日戰爭時期大後方文學書系·第二
編·理論論爭第一集》，重慶：重慶出版社，1989年，第45頁。

〔註121〕黃繩：《當前文藝運動的一個考察》，樓適夷主編：《抗日戰爭時期大後方文學
書系·第一編·文學運動》，重慶：重慶出版社，1989年，第250～253頁。

生是社會的向上變化的影響的結果，而大多數人的新生又將促成整
個的社會新生，整個民族的新生。這整個中國社會的新生，整個中
華民族的新生，也就是民族抗戰的最高目標。〔註122〕

在第一段話中，他在論述文藝運動的使命的時候談到了「建國」。他也把「抗
戰」和「建國」看成兩個不同的階段（或目標），而後者顯然是更高的階段。
在第二段中，黃繩也強調了抗戰的積極意義的一面，即促使中國的新生；而
抗戰的最高目標就是「整個中國社會的新生，整個中華民族的新生」。第一段
話在前寫於 1938 年，第二段話在後寫於 1941 年，可見，所謂「人的新生」、
「社會的新生」、「中華民族的新生」便是「建國」的主要內涵。而文藝運動、
全民動員，的不僅是爲著「抗戰」更是爲著「建國」，兩者之間仍然是有機相
連的。他的看法和胡風細微的差別，但大體的態度上相近。

艾青的觀點也與此類似，但表達的更加高邁：

任何大政治家政治學說的最高理想都在能使人類過共同幸福
的大同生活；我們抗戰的終極目的是使中國人民和全人類都得到自
由幸福，我們終極的世界觀也就是爲人類大同社會之出現而努力。

〔註123〕

艾青的表述，表面上看把「抗戰」目標不僅僅定在「建國」上，幾乎是「建
世界」，但實際上，這是較爲典型的拒斥西方現代化模式的中國式的「建國」。
無論是馬克思描述的共產主義理想，還是儒家傳統的大同理想，在這裡都被
用來作爲一種對西方資本主義、帝國主義現代化模式的超越。也就是說，在
這種心態下，所謂「建國」就成了「全人類的自由幸福」和「人類大同社會」。
通過走一條超越西方資本主義、帝國主義現代化模式的道路，把人類大同推
廣到全世界。

從以上三人的論述中，不難看出，他們在看待「抗戰」、「建國」關係的
時候，有兩個重要的共同點：其一，是把二者的關係看成是有機聯繫的，是
綜合的；其二，都把「建國」看做是比「抗戰」更高的目標，有著更高的價
值。不同的地方在於，他們對於「建國」的具體內涵描述的有所不同。其實，

〔註122〕黃繩：《抗戰文藝的典型創造問題》，蔡儀主編：《抗日戰爭時期大後方文學書
　　　　系·第二編·理論論爭第二集》，重慶：重慶出版社，1989 年，第 949 頁。
〔註123〕艾青：《創作與世界觀——文學的社會任務（一個講演的提綱）》，蔡儀主編：
　　　　《抗日戰爭時期大後方文學書系·第二編·理論論爭第二集》，重慶：重慶出
　　　　版社，1989 年，第 866 頁。

胡風的關於「民主政治底實現，國民經濟底發展，以及國民文化底繁昌」的界定與黃繩的「人的新生」、「社會的新生」、「中華民族的新生」大體上相近，只是描述的角度略有不同，可以說他們的觀點較能代表文人作家們最普遍的理解。而艾青的看法，則更為浪漫、高遠、激進，胡風和黃繩的界定中還不從根本上排斥西方現代文明的諸多因素，而艾青的界定就表達了這種拒斥性，很能夠代表中國共產黨的態度。但不論如何，在抗戰時期那個較為嚴峻、迫切的階段，這些差別無礙於他們的聯合。

二、文學運動中的「啟蒙」

　　抗戰時期雖然面臨生死存亡、形勢嚴峻，但知識分子們並沒有忘情於「啟蒙」，只是這「啟蒙」的內涵發生重大的改變。以前有學者提出「救亡」壓倒「啟蒙」之說，所言的「啟蒙」是「五四」那種激烈反傳統、西化程度較高的「啟蒙」模式。我在這裡所用的「啟蒙」概念可能更為廣泛，指的是一般意義上的通過某種方式使人們的知識、思想、價值觀念從一個狀態更新到另一個狀態的過程。從這意義上看「五四」的啟蒙，實際上就是要以西方的科學、民主、個性、自由、博愛、人權為主要目標的更新運動。而抗戰時期，無論對於知識分子還是中共政黨而言，「啟蒙」的內涵都已經不再是這般模樣。

　　共產黨的意識形態中也是包含著「啟蒙」要素的，而且，我所指的「啟蒙」，還不是某些研究者所言的「啟革命之蒙」（實際上就是宣傳革命），而是在共產黨的主張中，雖然革命是主導的價值，但「抗戰建國」的總目標中包含著現代化的任務，而現代化的實現並不是單純的革命方式就能夠實現的，儘管裡面已經有濃重的革命模式但也仍還有其他的文化上的因素。共產黨在文化上一向聲稱以馬克思主義為指導，並吸收人類歷史上的一切優秀成果，包括中國傳統文化中的精華，這些因子的總和所支撐的現代化道路，是有別於西方帝國主義國家的那種模式的。從這個意義上說，要使各方面都尚且處於落後的農耕文明的廣大農村為主體的中國達到共產黨所要設計的「現代」，無論在知識上（中共也提倡科學）、政治上（也有民主——後來是人民民主專政）、文化（大眾的）都需要改換人們的思想、知識、價值觀念，這就也包含著「啟蒙」的維度。

　　知識分子心目中的「啟蒙」在抗戰以前，就是分化著的。即便在最為統一的「五四」，對「啟蒙」的理解也有很大的不同。總的來說，主要有兩種：

一種是鍾情與西方資本主義社會樹立的現代化模式（其中包含著「啓蒙」要達到的「現代性」價值），而另一種則是青睞產生於西方文化內部的「反現代性」的現代化模式，如形形色色的社會主義思潮。在「五四」的新文化運動中，所謂的「啓蒙」更偏重於前者，更何況用「啓蒙」來定位新文化運動的時候，就已經往往拿西方「啓蒙運動」的尺度來衡量了。「五四」以後，知識界迅速分化，大體上仍舊是沿著這兩條路向在走，與兩者都有區別的「新儒家」在當時實際影響不大，故無改總體的局勢。鍾情於後者的那種「反現代性」的現代化模式的知識者有許多走向政治、走向革命，左翼知識分子群體也大體包含其中，但他們在「啓蒙」所要達到的現代化模式上，與真正的政黨、政治力量是有差距的（如胡風與毛澤東）。與胡適為代表的自由派知識分子，則始終嚮往著歐美式的「現代」（包括價值立場）。

　　抗戰的爆發使情況有所變動。那就是，廣大知識分子（除了一批堅定的自由派、學院派之外）在被趕出城市，重新審視鄉村、農民的過程中，深刻的認識到他們為這個國家設計的「啓蒙」與「現代」，是如此的虛幻飄渺，如此的不切實際，而中國的「軍紳」社會現實距離「現代」（無論是哪一種）是如此的遙遠。並且，這種境地的形成知識分子自身是有責任的。「起來，飢寒交迫的奴隸」這句《國際歌》的第一句歌詞，即便在識字的農民那裡，竟然有兩個詞語──飢寒交迫、奴隸──不明其意的情況下，憧憬西方的那種現代化模式，至少在當時是無法想像的。他們漸漸不同程度地明白了：不但，一切都要從頭做起，而且，中國就是中國，不但以前的中國是中國，而且將來的中國也只能是中國自身。這就是為什麼抗戰爆發以後知識界紛紛發生「中國化」轉向的重要原因。知識分子對「啓蒙（一般意義上的）」所要達到的那種目標的理解也普遍發生了改變，總體的看是「左傾」──傾向於把「反現代性」的現代化模式應用到中國的土壤上走「中國化」的現代化道路（政黨走在了知識分子前面，但仍處於摸索之中）。造成這種情形的原因，有知識分子主觀的因素，有中共政黨勢力影響的因素，也有非常態的外部客觀局勢逼迫的因素。不過，需要強調的是，知識分子的這種傾向性變化只是停留在一定限度的，他們所接受的現代知識體系、思想體系，長期習慣了的生活方式，仍然牢固地埋藏在心底，而即便西方資本主義的現代化模式及「啓蒙」價值，平心而論，也是有很多優秀的成分，甚至是實現現代化（無論哪種現代化模式）不可或缺的精華，所以他們的大多數與真正「革命性」的政黨，仍然有

不小的距離。

　　總體來說，在大後方文學運動中的「啓蒙」是這兩種啓蒙雜糅、交織的形態。此後的中共內部（包括文化界內部）的鬥爭，大體上都是政黨的「啓蒙」要徹底規訓（現代）知識分子「啓蒙」（後者在前者看來還是帶有強烈帝國主義、資本主義色彩）的過程。

　　在考察政黨「啓蒙」與知識者「啓蒙」在大後方運動中的存在形態之時，需要對參與文學運動的知識者群體進行必要地劃分，即上層知識者與下層知識者（學校師生、地方救亡組織成員和文藝青年）。其實，就整個文學運動而言，儘管上層知識者（與政黨一樣）大體上處於領導的地位，而下層知識者則主要是文學運動中的實際宣傳者、活動者。儘管前者也有宣傳、活動，但他們人數有限且主要活動仍舊是在城市，起到的是領導和推動文學運動的作用，但下層知識者人數上相當龐大（其中包含著許多在嚴格意義上與文學陌生的知識者，他們參與文學運動的目的就是爲了「救亡」而不是文學本身），且能夠深入到社會基層，面對農民做實地的抗日宣傳工作。當大後方文學的讀者發生了從城市小市民、青年學生（下層知識者）到基層民眾的轉向時，大後方文學運動的宣傳者主體也同時由上層知識者向下層知識者轉移。

　　上層知識者受到過較高的教育，其中大多都有出國留學的經歷，知識水平較高，思想程度也較深，因而主體性就較強。在大後方文學運動中的所謂的知識者與中共的聯合，主要指的是他們。他們對中共的意識形態、方針政策的認同，是經過自身理性的審查的，後者在思想觀念上對前者有影響，這一點毋庸諱言，但畢竟他們較強的主體性仍舊不同程度地保持著，而在這種主體性中，就有知識分子所堅持著的那種「啓蒙」（更多是思想意味的、理性意義的，而不是革命化的）。但眾多的下層知識者，在這場文學運動中具有雙重的身份：他們面對基層民眾是，是宣傳者、教育者、啓蒙者；然而在面對政黨和上層知識者的時候，卻又有了被宣傳者、被教育者、被啓蒙者的意味。顯然，他們的知識水平不高，思想上不成熟、不深刻、不定型，因而主體性較弱，易於被外來的思想、觀念所指引和導向。再加上抗戰這個非常態的歷史階段，國家民族對外形勢處於生死存亡關頭，對內「軍紳」階層的極端惡化、墮落卑污，都利於共產黨那套「革命化」思想、主張、政策的傳播，並在傳播中吸引這些下層知識者的信奉。所以，共產黨的綁縛在革命方式上的有限的「啓蒙」，反而在大後方文學運動中逐漸擴大，其擴大的程度，在上層

知識者身上體現的相對較淺，而在下層知識者身上體現的較深。而由於下層知識者是實際上從事文藝救亡宣傳的主體，所以他們在教育、宣傳的過程中，已經使中共的那種革命化的「啟蒙」在不知不覺間獲得了傳播。當然，這種情況也還另有原因，比如中共的教育、鬥爭經驗使他們發展起了一套推行自身思想、觀念、政策的行之有效的方法和政治組織，在抗戰時期那種嚴峻的局勢下具備推行的條件，而知識者空有關於「啟蒙」的較為書生式的思想、理性，但具體如何去執行，令廣大基層民眾去接受，則顯得一籌莫展。說得簡單一點，就是他們的主張雖然都包含著各自的「啟蒙」，但只有中共掌握了通往基層民眾的渠道，一方面是他們有這種經驗和組織上的資源，另一方面是他們逐漸贏得了作為文學運動宣傳者主體的下層知識者。因此，總的來說，為上層知識者承載著的那種高揚理性的思想「啟蒙」在文藝運動中的比重是逐漸下降的——也許在那樣的一個非常的「大時代」，面對那樣的民眾，這種「啟蒙」顯得既不合時宜又曲高和寡吧。

三、文學運動是文學、啟蒙、救亡、革命因素的綜合

經過前面的分析，我們論述過大後方運動中的文人作家和中共一樣，在「抗戰」與「建國」關係上的看法基本一致，都是有機的、綜合的；而共產黨的宣傳、發動群眾，是教育式的，並且是革命化的教育；而文人作家筆下的文藝也時常離不開「啟蒙」的態度，且中共的意識形態中也包含「啟蒙」的元素。於是在「抗戰建國」旗幟下聯合的文藝運動是文藝、啟蒙、革命、救亡的一個豐富的綜合性運動。這種豐富的綜合性，在各種地方救亡組織的實地救亡宣傳活動中，有很典型的體現。這種典型性在於，在他們的活動中，文學運動中的這幾種要素得到了最明顯、最集中的體現：既有文藝形式的承載和參與，又包含啟蒙（知識、思想、價值觀念的更新），既是以當前的救亡為目的，又宣傳了革命或埋下了革命的種子。下面試舉例分析之。

抗戰時期的四川大學開展了很多文藝救亡宣傳活動，其中就夾雜著許多複雜的因素。如在文藝刊物、進步刊物方面，從「一二‧九」運動以後中文系創辦的進步《文藝月刊》開始，校內先後辦起了《前進》、《金箭》、《半月文藝》、《鐵流》、《春天》、《抗戰》、《瀑布》、《最強音》、《經濟月刊》、《教育半月刊》等以抗日救亡為主旨的刊物，多達 30 餘種。而且當時在四川全省影響極大的兩個刊物《大聲》周刊（後來多次易名：《大生周刊》、《圖存周刊》）

和《星芒》周刊（後來多次易名：《星芒報》，《蜀華報》、《新民報》三日增刊、《通俗文藝》旬刊）也與川大的師生有關。前者是胡績偉、周海文、彭文龍協助車耀先同志（革命烈士）創力的，這些川大學生具體負責了編輯工作並擔任主要撰稿人；後者由川大經濟系學生胡績偉主編，《星芒》以及後來改名的《星芒報》，是一個比《大聲》影響更大的救亡刊物，它出版後，在全川發行，在當時全省報界發行量中居第一位。另外，川大學生還參加了當時四川軍政首腦劉湘資助、由共產黨員杜枑生任主編的《四川日報》的工作，大量地為該報撰稿，並主持《政治與經濟》、《現代教育》、《青年文藝園地》、《大眾科學》等幾個副刊的工作。這些學生中有王大民、郭治澄、蔣彙澤、彭文龍、熊復、湯幼言、繆海棱等，都是共產黨員。

這些黨員與愛國文藝青年們，不僅積極辦刊物，而且也積極參加實際的宣傳運動。如「川大抗敵後援會」主要負責東城區半個區的宣傳工作，他們組織了大批學生每日輪流上街，以演說、演唱、演戲、張貼標語、散發傳單、募捐等形式，宣傳鼓動群眾…不僅在市內宣傳，還組織了兩個宣傳隊，到市區外的縣城和鄉村開展宣傳活動，如溫江、郫縣、新都、新繁、德陽等地，都留下了川大學生的足迹。還有「省抗宣傳隊第二大隊」，後來更名為「成都學生抗敵救亡宣傳團」，他們在中共黨員和民先隊員領導下，印發傳單、編辦牆報、義賣募捐、排演救亡戲劇，深人大街小巷或近郊鄉鎮，開展廣泛的宣傳活動。

與參與辦刊、宣傳的同時，還有很多學習活動。如《大聲》還開闢了《通俗哲學》專欄，向讀者傳播辯證唯物主義和歷史唯物主義的世界觀、方法論，給群眾以認識社會、人生，認識抗戰複雜形勢的科學方法。川大的一批進步學生如周海文、彭文龍、胡績偉等，自發地進行組織讀書會，時事討論會等活動。

而抗戰時期，川大向革命聖地延安輸送了一大批優秀青年，這是對革命的重要貢獻，說明在文藝運動的開展過程中，革命的種子被廣泛的撒播。如1939 年下半年、國民黨掀起了反共高潮之時，川大黨組織開始有計劃有組織的撤退；10 月，蓉市黨員和進步青年 200 餘人離開成都，前往延安，其中有川大學生近 100 人；此後，又有一批進步學生先後到達延安，其中共產黨員有 32 人；這些青年後來都成了我黨和國家一些重要崗位的領導人。〔註124〕

〔註124〕參見陳光復、張明的《在抗戰激流中前進的四川大學》一文，出自《抗戰時

關於「四川青年救國聯合會」。〔註125〕「四川青救」在救亡組織方面，成立了兩個團體，一是「大眾讀書會」。由楊彙川負責，參加的大部份是女同志，另一個是《救亡周刊》，與 1937 年 10 月 9 日出刊，不久，「救亡周刊社」也和「大眾讀書會」一樣改為「救亡抗敵宣傳團」。後來，「救亡周刊社」改組擴大為「戰時學生旬刊社（戰學社）」，「戰學社」也成立過「戰學抗敵宣傳團」。

他們開展抗日宣傳的方式是多種多樣的。「戰學抗敵宣傳團」，經常組織社員上街下鄉（主要是星期天）搞歌詠、話劇、街頭劇等救亡宣傳活動。在社內組織救亡理論、大眾哲學、抗戰形勢等學習。還成立了木刻組，由王大化負責；王大化還教唱歌曲，並成立了歌詠組。還有戲劇組，演出過話劇《鐵捧捧》。

協進中學〔註126〕的救亡活動種類很多，而且宣傳波及的範圍也很廣。他們不僅在學校搞得非常活躍，而且組成宣傳隊或寒假服務團下鄉，東路到了蘇碼頭、煎茶溪等地，南路到了彭山、眉山、青神等縣。宣傳隊到了農村，不僅宣傳抗日救國，而且還為群眾服務，慰問出征家屬，教農民識字；宣傳隊的活動方式多種多樣，生動活潑，有活報劇、街頭講演、教唱救亡歌曲、張貼街頭壁報和為群眾服務等等。

參與救亡活動的成員，也常常組織探討和學習，還邀請許多知名人士和文藝團體來校活動。如進步的電影演員趙丹到成都，學校就請他到校幫助學生排練話劇；著名的救國會七君子之一的沈鈞儒先生來成都，學校就請他與師生員工講演。

在對革命的宣傳與貢獻上。協進中學的抗日救亡活動和愛國主義教育，為黨培養了很多幹部，據不完全統計，先後為黨培養了一千多名幹部。其中很多熱血青少年在這裡受了革命的啟蒙教育，從成都到西安，再長途步行到延安；有的與重慶八路軍辦事處取得聯繫，穿上八路軍軍裝，坐上八路軍的軍車，從風陵渡渡過黃河，到山西敵後打游擊；有的留在大後方，在城市和

期西南的教育事業》，貴陽：貴州省文史書店，1994 年。

〔註125〕參見羅宗明整理的《余明同志談「四川青年救國聯合會」》，出自《成都文史資料選輯第 9 輯》，中國人民政治協商會議四川省成都市委員會文史資料研究委員會編，1985 年。

〔註126〕參見李永白的《我所知協進中學在抗戰初期的救亡活動》，出自《成都文史資料選輯第 9 輯》，中國人民政治協商會議四川省成都市委員會文史資料研究委員會，1985 年。

川東、川北農村搞地下鬥爭。

關於「抗戰文藝習作會」。〔註127〕「抗戰文藝習作會」出版過刊物《文種》，每星期日出一期。成立了宣傳隊和「復旦劇社」，在黃桷樹開展抗日宣傳活動，曾演出街頭劇《放下你的鞭子》，而復旦劇社，曾在重慶柴家巷國泰大戲院公演《古城的怒吼》。

「抗戰文藝習作會」工作最有成效的是組織了多種多樣的學習、討論。當時許多進步書刊，通過各種渠道，傳到他們的手裏。這些書刊宣傳馬克思主義，宣傳共產黨的抗日主張，宣傳全民抗戰，很受愛國青年的愛戴，如河上肇的《經濟學大綱》、考茨基的《馬克思主義的經濟學說》、列昂節夫的《政治經濟學教程》、艾思奇的《大眾哲學》、米丁的《新哲學大綱》等書。商學院、經濟系、新聞系的進步學生已在醞釀組織黨的外圍組織「課餘讀書會」了，讀書會開展了學習政治經濟學與哲學的書籍。此外，還有在鎮上小學裏舉行文藝座談會等。

關於滇南建民中學。〔註128〕抗日戰爭期間，學校裏已經有了黨組織。他們在中共的推動下，組織了讀書會、時事座談會；以「喚醒民眾、抗日救國」為目標；大力開展學術、軍事、政治、民運、歌詠、文藝等救亡活動；大講抗日戰爭的形勢，揭露國民黨的投降賣國政策；介紹有關馬列主義毛澤東思想的《資本論》、《整風文獻》、《大眾哲學》和《西行漫記》、《新華日報》、《群眾》等書刊在師生中傳閱。

這一切在當地奠定了革命的基礎，為滇南建立抗日游擊根據地做了思想準備。這段期間，從建民中學畢業出來的不少學生紛紛走向社會：有的被派到建水二十多個村寨小學；有的派到個舊錫礦；有的派到滇軍中；有的派到石屏師範、寶秀小學；有的派到昆明雲南紡紗廠；有的派到昆明康寧書店，以社會職業作掩護，開展革命工作。

關於國立第三中學。〔註129〕為了響應中共抗日救亡號召，對付學校當局的迫害，進步師生成立了秘密的同鄉會、讀書會等組織、通過各種方式，開

〔註127〕參見王公維的《關於抗戰文藝習作會》一文，出自《重慶文史資料選輯第29輯》，中國人民政治協商會議四川省重慶市委員會文史資料研究委員會，1988年。

〔註128〕參見汪涵清、汪潮清的《難忘的滇南建民中學》一文，出自《抗戰時期西南的教育事業》，貴陽：貴州省文史書店，1994年。

〔註129〕參見傅順章的《抗戰時期的國立第三中學》一文，出自《抗戰時期西南的教育事業》，貴陽：貴州省文史書店，1994年。

展抗日救亡宣傳活動，並同學校三青團組織展開各種形式的鬥爭。

國立三中的抗日救亡活動與國內政治形勢密切相關。1937 年抗日戰爭爆發、日本帝國主義的侵略步步深入。全國抗日救亡活動高漲。國立三中師生們同其他學校一樣。一邊讀書，一邊利用課餘時間及節、假日開展抗日救亡宣傳活動。學校創建初期，周邦道校長，雖是國民黨員，但比較開明。學校民主空氣較濃、如「文筆」、「文壇」、「錦江」、「科學 ABC」等組織，均可利用壁報進行宣傳。各種進步書刊、報紙、既可張貼、也可傳閱，如《大眾哲學》、《社會發展簡史》、《新華日報》、《群眾》、《解放》等書報雜誌以及蘇聯文學作品《靜靜的頓河》等，都成爲不少青年學生課餘喜愛的讀物。同時，節假日還組織宣傳隊，到附近農村和湖南晃縣等地演出。當時學校雖沒有中共地下黨組織，但有地下黨員，如生物教員徐正清。圖書館馬松子、國文教員汪竹銘等。他們利用工作之便，團結進步教師劉龍偉（又名劉葦）、劉雲、馮大鵬，喬孟淵、崔元菊、楊竣等，啓發他們關心時事政治，並通過各種渠道向學生傳遞進步書刊報紙、熱情指導進步學生的「讀書會」組織。

1939 年秋，因形勢緊張，徐正清、馬松子等地下黨員秘密離校，臨走前曾召集高二「讀書會」負責人陳可超、裘連錦等人面囑，要他們堅持抗日救亡宣傳、不要介入校方派系鬥爭。到 1940 年秋，學生中的「讀書會」組織迅速發展，成員已達 200 餘人，各部各年級都有，高中部人數尤多。「讀書會」活動的主要方式是：（一）以在校外租用的民房爲活動中心、聯繫熱心者參加，交流閱讀進步書籍；（二）節假日以郊遊形式集會，研究重要問題。「讀書會」活動的主要內容是傳閱各種進步書籍，交流讀書心得體會，討論時事政治，教唱進步歌曲。隨著國內政治形勢的變化，「讀書會」活動持續到 1940 年冬。

1939 年 1 月，國民黨召開五屆五中全會，制定了「溶共」、「限共」、「防共」的政策，連續頒佈了《共產黨問題處置辦法》、《防止異黨活動辦法》以及《淪陷區防範共產黨活動辦法草案》等反動政令政法。繼後又發動了第一次反共高潮、加緊迫害進步力量，拘禁迫害共產黨人、抗日進步青年和民主人士。

「重慶救國會」〔註 130〕組織規模龐大，在抗戰前後的愛國宣傳運動中，

────────────────

〔註 130〕參考蔡祐芬的《重慶救國會與重慶抗日救亡運動》一文，出自《重慶文史資料選輯第 25 輯》，中國人民政治協商會議四川省重慶市委員會文史資料研究委員會，1985 年。

做出了很大的貢獻。一開始，下屬有「重慶學生界救國聯合會」（簡稱「學救」）、「重慶職業青年救國聯合會」（簡稱「職救」）、「重慶文化界救國聯合會」（簡稱「文救」）、「重慶婦女界救國聯合會」（簡稱「婦救」）四個組織。這四個組織下面有建立了許多救亡團體，如「民眾歌詠會」、「自強讀書會」、「青年新聞學會」，廣泛開展抗日歌詠、讀書、講演等活動；而 1937 年開辦的暑期文藝講習班，成立了「文藝研究會」、「移動演劇隊」、「兒童演劇隊」、「課餘農村宣傳隊」、「怒吼劇社街頭演劇隊」等。以救國會成員為骨幹的各救亡團體的宣傳隊、歌詠隊、演劇隊，利用各種宣傳形式開展活動。如遍及城市、農村演出街頭劇，張貼壁報、漫畫，慰勞、募捐，舉辦暑期文藝講習班、文藝研究會、戰時知識訓練班、救亡圖書室、平民識字班、平民夜校，以及邀請我黨先驅吳玉章、鄧穎超和知名進步人士沈鈞儒、史良等主講的定期講演會等，各種形式緊密結合，廣泛宣傳聯合抗日和抗戰必勝的道理。各救亡團體不僅活動在城市的街頭巷尾、茶樓酒肆和娛樂場所，而且深入到農村的田壩、山坡。不僅活躍在山城的城區和郊區，而且遠征到重慶的東、西、南、北，如長壽、涪陵、豐都、萬縣、江津、綦江、北碚、合川等地。不僅活動在學生、職員中，而且深入到兵工廠的工人、川軍的士兵，以及工商界上層人士、甚至華僑巨商。

救國會通過各種形式的學習會、讀書會，把要求進步的青年組織起來，形成抗日救亡運動的核心。在此基礎上，群眾性的救亡運動逐漸興起，主要開展了下列活動：傳閱黨中央文件，宣傳黨對抗日的主張；第二，舉辦「山付（山付為《商務日報・副刊》「商副」的諧言）新文字暑期講習班」，講習班只有少量推行新文字的課程，主要是講述國際國內形勢，宣傳抗日救亡，並傳授生產力與生產關係、社會發展規律和辯證唯物主義等馬克思主義基本原理，幫助學員選擇革命的道路；第三，反對日本非法在蓉設領的鬥爭；第四，舉行魯迅先生追悼會；第五，援助綏遠抗戰募捐。「救國會」不僅注意宣傳黨對抗日的路線、方針和政策，而且積極引導抗日骨幹學習《什麼是馬克思主義》、《國家與革命》、《大眾哲學》、《辯證法入門》、《政治經濟學》等馬列主義基礎知識讀物，同時經常宣講黨的基本知識和傳授與敵人進行地下鬥爭的經驗。因此，使抗日骨幹不僅具有抗日思想，而且接受了馬列主義，許多人初步具備了黨員的入黨條件，這就為重慶黨組織地恢復和發展做好了思想準備和組織準備。在火熱的鬥爭中鍛鍊和培育了一代新人，救國會的成員

和它團結的進步群眾，他們中的許多人覺悟不斷提高，積極要求入黨，渴望奔赴延安投身革命。救國會於一九三七年底到一九三八年上半年，分批輸送了一百多個會員和青年去到革命聖地延安和抗日前線。他們經受了中國革命歷史若干轉折的鍛鍊和考驗，大都成為革命的骨幹和中堅。

關於華西協和大學。〔註131〕華西協合大學是 1910 年由當時四川省基督教的 5 個教會聯合創辦的。華西壩的抗日救亡活動的組織領導，在 1938 年冬以前，經歷了由「華大抗敵後援分會」——「華西學生救亡劇團」——華西壩五大學「學生抗敵宣傳第三團」等三種公開組織形式，這些組織活動實際上都是在中國共產黨的領導之下進行的。1938 年 4 月，華西壩由三個民先隊員入黨而建立黨的支部。以後開始逐步接收積極分子入黨，到 11 月以後，已在五大學學生中發展黨員十多人，分別成立了華大、齊大黨支部，中大黨支部，金大、金女大黨支部，直接受黨的外南區委的領導。1940 年成都「搶米事件」發生後，已暴露的黨員和積極分子，遵照黨的指示疏散去外縣，有的去延安。

華西大學的學生黨員賈唯英、彭塞等人團結部分群眾、組成時事研究會，公開討論國事。10 月 7 日，由華西壩五大學 12 個學會發起在華西壩體育館召開有 2000 多人參加的國事座談會，邀請出席國民參政會參政員作報告。吳貽芳、常燕生等七人在講話中抨擊國民黨政府的貪污腐敗。其中最受歡迎的是張瀾的演說，他響亮地提出，立即結束國民黨一黨專政，迅速成立民主聯合政府，得到廣大聽眾的熱烈支持。

關於四川教育學院。〔註132〕在抗日戰爭爆發前夕，就有學院研究實驗部主任葉雨蒼教授對同學們講解什麼是社會主義、共產主義。指出當時中國的鄉村建設與合作事業的開展，必須先反對帝國主義、封建主義、聯合一切愛國人士反對日本帝國主義的侵略。葉教授還編寫了一本《唯物論史》，送給學生閱讀、直接和間接培養了一批進步學生成為抗日救亡中的骨幹。為反對日本帝國主義的侵略，學生劉秋篁等組織同學參加了磁器口大遊行；到街上作抗日宣傳。還到歌樂山、五靈觀等鄉村作農村訪問，向農民宣傳抗日，不做亡國奴、很受農民歡迎。後與重慶市學生救國聯合會聯繫上，在學聯領導下

〔註131〕參考王光媛的《抗戰時期的華西協合大學》一文，出自《抗戰時期西南的教育事業》，貴陽：貴州省文史書店，1994 年。

〔註132〕參考黃和忠、楊儀炎的《抗戰時期的四川教育學院》一文，出自《抗戰時期西南的教育事業》，貴陽：貴州省文史書店，1994 年。

開展抗日救亡活動，在農場辦農工夜校，組織工人參加學習，講抗戰必勝的道理。唱救亡歌曲，多選自《叱吒風雲集》、《大家唱》抗戰初期流行的救亡歌曲。1938 年下期組織一次到江北魚嘴場去搞宣傳，1939 年「五・一」國際勞動節，組織同學去馬王場、長生鄉作抗戰宣傳、講演、演街頭劇等。在運動中，同學們思想覺悟提高了，紛紛訂閱了《讀書生活》、《讀書半月刊》、《新世紀》、《永生》等進步書刊，邊抗戰邊學習。

四川省立戲劇音樂學校〔註133〕創辦之初，就離不開共產黨支持，學校在中共四川地下黨和文化藝術界學者名流的熱情幫助下，於 1938 年秋在成都創辦。地下黨為學校進步師生的指示是：堅持學習就是堅持抗日，認真學習儲備人才，為在後方繼續開展抗日救亡活動做好了思想準備。劇校師生利用自己的專業特長，組織宣傳隊，編排抗日戲劇和抗戰歌曲，在郫縣的村鎮舉行公演；劇校師生甚至深入農家院壩，用短小精幹的獨幕話劇或雄壯高昂的歌聲振奮農民的抗日精神，形式多種多樣，深受郫縣人民歡迎；尤其是《黃河大合唱》演出後，很快傳遍各地，大人小孩都縱情歌唱，抗日歌聲響遍鵑城——郫縣。

劇校學生不僅自身演戲，還組織農民演出，在農民中培養藝術人才。為了提高附近農民的文化知識，進一步宣傳抗日救亡的道理，以中共地下黨支部書記周文耕（公開身份是劇校圖書管理員）為首主辦了農民夜校。夜校共分三個班：青年班、婦女班和兒童識字班。青年班由中共地下黨支部委員、劇校學生曹逐非、龔儀宣等擔任教學，婦女班由中共地下黨員、劇校學生陳在華等擔任教學，兒童識字班由劇校學生賀學勵擔任教學，除了學文化、學政治外，還教唱抗日歌曲，排演抗日戲劇。此外還特別注意組織農民學習《新華日報》，向他們宣傳中國共產黨的抗日救亡政策主張：「堅持抗戰，反對投降；堅持進步，反對倒退；堅持團結，反對分裂」。三個班的學習都緊密圍繞著抗日救亡運動，在民眾中播下了革命的種子。

在政府的壓力之下，劇校被迫停辦。但經過艱苦鍛鍊的進步師生，雖分散全國各地，仍不忘抗日救亡宗旨。施明、劉介如等奔赴延安，堅持抗日；龔儀宣、曹逐非等堅持在成都，從事黨的地下工作；劉滄浪、李天濟、涂昌

〔註133〕參考《記在郫縣的四川省立戲劇音樂學校的抗日救亡活動》一文，出自《成都文史資料選輯第 9 輯》，中國人民政治協商會議四川省成都市委員會文史資料研究委員會，1985 年。

霖、賀學勵等繼續投入進步的戲劇藝術和舞臺工作⋯⋯這些充分體現參與抗日救亡的文藝運動，不僅僅對群眾是一種宣傳和學習，對宣傳者自身也是一次深刻的再教育、再學習，這些下層的知識者們即是宣傳者、教育者，又是被宣傳者、被教育者。無論是文藝、抗戰（救亡）、啓蒙（教育、宣傳、學習等）、革命都蘊含其中。

　　川南師範學校〔註134〕在抗戰時期也有不少中共黨員，他們成立了川師黨支部，到 1938 年夏，川師黨員已發展到 30 多人，至此，瀘縣城區的學生運動基本納入地下黨的領導。地下黨依靠進步師生擴大影響，充分利用各種合法形式開展活動，向處於中間狀態的師生分析抗戰形勢，傳播共產黨的救國救民眞理。「學術研究會」是川南師範黨組織以學生自治會名義組織的一個學術團體，下分三個組：社會科學研究會、自然科學研究會和文學藝術研究會。研究會引導進步師生借蔣介石 7 月 17 日在盧山「地無分東西，人無分老幼，皆有守土抗戰之責」的講話，在校內公開組織抗日救亡宣傳。研究會不定期組織座談或學術討論會，會前掛牌公佈題目以作準備。會上老師、學生、工友甚至旁聽者均可各抒己見，氣氛熱烈。因而研究會不僅起到了倡導自由學習、暢所欲言的良好學習風尚，更重要的是讓廣大師生與會旁聽，使無黨派背景的青年學生通過辯論逐步認識了革命眞理。

　　川師組織的抗日宣傳工作影響很大。救亡團體有以學生自治會爲骨幹組成「川師抗敵後援會」，下設總務、聯絡、戲劇歌詠、文宣等組，各組的實際負責人和骨幹都是黨員。「抗日救亡歌詠團」是抗戰初期川師黨支部領導進步師生組織的一個團結群眾、組織群眾、宣傳抗日救國的進步團體，先後參加的有 100 多人，分爲歌詠、戲劇和壁報組。一到課外活動、各組抓緊排練，吸引了眾多同學、老師和家屬圍觀。校內一到周末，大飯堂裏都有話劇、文娛節目的演出。星期天，節假日或四鄉趕集日，川師歌詠團便分爲小組，打著橫標、拿著各式圖片出現在街頭，演出「街頭劇」，教唱救亡歌曲。當時的蘭田、小市、羅漢、兆雅各處都留下了他們的足迹。

　　更爲重要的是，他們不僅僅滿足於自己的宣傳與學習，還親手教群眾使他們自己具有學習認識抗日、革命的能力。地下黨以學生自治會的名義取得校方的同意，他們在川師附小創辦了「抗戰民眾學校」，教員從師範生中物色，

〔註134〕參考劉紀龍的《抗日戰爭時期的川南師範》一文，出自《抗戰時期西南的教育事業》，貴陽：貴州省文史書店，1994 年。

教材由師範生身己編寫。學校有兩個兒童班、一個婦女班、一個成人班、總數 200 多人，課程有國語、算術、抗戰常識、音樂體育等科；國語教材內容從「九・一八」、「一二・九」、「七・七」抗戰、臺兒莊大捷的事迹到蔣介石 7 月 17 日盧山講話精神；還配上了插圖，音樂課教唱抗日歌曲，圖畫課教各式刊頭、漫畫等。

在戰時的宣威鄉村師範學校〔註135〕，進步書刊比較充實。其中如艾思齊的《大眾哲學》，沈志遠的《新經濟學大綱》，米丁的《唯物辯證法》，茅盾的《子夜》，魯迅雜文，郭沫若戲劇集，蔣光慈的《少年漂泊者》、《鴨綠江上》，鄒韜奮的《萍蹤寄語》以及《陝北延安》等書，是最受歡迎的。馬克思的《資本論》也有好幾部，因爲看不懂，只有少數教師和學生閱讀。《新華日報》，則是廣大學生所喜愛的報紙，雖曾遭到國民黨縣黨部的禁止，但還是通過地下渠道，源源不斷地寄來。圖書館還在學校大門外張貼《新華日報》、由進步教師楊興楷、王聞夫主持其事，指出重點，劃出要點，啓示讀者。各班學生的壁報，也統一布置、貼在校門外。定期檢查評比，不斷提高質量，也起了擴大宣傳的作用。學校師生參加抗日宣傳活動也非常踴躍，他們以演講、唱歌、演劇等不同形式，利用街期、廟會、節日進行宣傳、有時在校內，有時到校外、甚至到鄉下去、活動面相當廣闊。

育才學校〔註136〕是由知名愛國人士陶行知先生在嘉陵江小三峽地區的鳳凰山古聖寺裏開辦的，是一所難童學校，一開始的學生是由 30 多個由各戰時兒童保育院招收來的戰區流亡兒童，加上教職員工和半工半讀的藝友共 70 多人組成的。從開辦之日起，在學校內就建立起直屬南方局領導的黨支部。校內負責籌劃日常教學，工作和生活的指導部，歷屆負責人都是共產黨員，先後有帥昌書、程今吾、方與嚴等同志。1940 年 9 月周恩來到學校指導工作，他明確指出，鬥爭的形式很多，根本的一條則是發動群眾，可以通過音樂演奏、繪畫展覽、戲劇演出來表現堅持抗戰，反對投降，他鼓勵大家這都是掌握在你們手裏的有力武器。

學校師生們開展了許多文藝宣傳活動。如賀綠汀先生帶著音樂組同學，

〔註135〕 參考楊光社的《一所獨具特色的省立鄉師──抗戰時期的宣威鄉村師範學校》一文，出自《抗戰時期西南的教育事業》，貴陽：貴州省文史書店，1994 年。
〔註136〕 參考原育才學校在渝部份師生撰寫的《育才學校的誕生和成長》一文，出自《重慶文史資料選輯第 9 輯》，中國人民政治協商會議四川省重慶市委員會文史資料研究委員會，1981 年。

到重慶去舉行兒童音樂演奏會。繪畫組同學也到重慶舉辦兒童繪畫展覽。戲劇組同學到重慶去演出兒童劇，演出的第一個戲是蘇聯劇本《錶》，還在重慶、北碚、合川去巡迴演出過《小主人》。文學組對當代作家與作品進行研究活動，組成「佚名社」。詩歌愛好者組成「榴火社」、「浪花社」。戲劇愛好者組成「夜鶯劇社」。社會組組成「小時潮社」，為了研究世界大事，還出了《小時潮》周刊。音樂組倡導的「育才合唱團」，繪畫組倡導的「繪畫研究會」，在擴大音樂效能和美術功用上都起了推動作用。學校黨支部建議開辦了一個專收本地青年的普通組，以培養當地幹部，同時發動全體師生，到古聖寺周圍的農村去開辦識字班，用送文化上門的方式，教農村青年識字，講解革命道理，啟發他們的覺悟。這樣做有著明確的革命目的：為著發動與組織群眾，就地堅持，上山打游擊，開展武裝鬥爭，為建立抗敵根據地作準備。

育才中學開展的文藝救亡運動，其模式也是邊宣傳邊學習，邊學習邊宣傳。新華日報社印刷的和延安解放社出版發行的，公開的和不公開的書刊，如《列寧選集》、《聯共（佈）黨史》,《整風文獻》、《新民主主義論》，大袋大袋地定期或不定期的送來作精神食糧。在古聖寺這幾年，還有不少專家、學者、進步文化人士，到學校來辦講座，輔導學習，其中有歷史學家翦伯贊，植物學家曲仲湘，詩人光未然、徐遲，作家駱賓基、姚雪垠等。

經過這種方式的宣傳、學習、鬥爭、培養，革命的種子開始萌芽、壯大。從 1939 到 1949 的這 10 年間，育才學校為中國革命培養和輸送出大批堅強的戰士，40 年來各自戰鬥在不同的崗位上，作出自己的努力。還有不少同志在長期革命鬥爭中，奉獻出了自己的生命。

「怒吼劇社」〔註137〕是一個業餘戲劇團體，由不同職業的愛國青年組成，活動經費由劇社成員自行籌集，群策群力，有力出力，有錢出錢，為了抗日救亡宣傳而奔走呼號。他們組成「街村演劇隊」，由於當時普通話還不夠普及，而說四川方言的人較多，於是他們發展四川方言劇，配合革命歌詠、漫畫、講演、家庭訪問等多種形式。平時排練節目，每逢星期日和例假日，就背著服裝、道具和化裝用品到重慶街頭附近鄉鎮巡迴演出，開展抗日救亡宣傳活動，揭露日本侵略者的罪行，起到喚起民眾，團結群眾，發展抗日民族統一

〔註 137〕李智仁、張亞光、林嶽峰、梁少侯：《回憶怒吼劇社》，出自《重慶文史資料選輯第 9 輯》，中國人民政治協商會議四川省重慶市委員會文史資料研究委員會，1981 年。

戰線，增強抗日必勝信心的作用。街村演劇隊活躍在重慶街頭和南岸銅元局、海棠溪、黃桷埡、土橋、黃桷渡、老廠、望龍門、龍門浩，上游到李家沱，下游到唐家沱，還經常到李子壩、小龍坎、沙坪壩、磁器口、大坪、楊家坪、江北相國寺和嘉陵江上游北碚、合川等地。此外，在救國會領導下，組織了讀書會，學習革命理論，大部分同志都參加了讀書會，黨還派黃宇其同志來做過報告。

以上之所以舉了這麼多的例子，主要就是為了展示，抗戰時期大後方文藝運動的複雜面貌，以及這種複雜性、綜合性、豐富性絕不是偶然的和局部的，而是具有著極大的普遍性。正如前文所說，這種複雜面貌，主要由文藝、救亡、革命、啓蒙等因素構成。並且，之所以能夠將一個文藝運動的內容演繹的如此豐富多彩、如此轟轟烈烈，除了要歸功於那個時代的偉大，還不能不提這是政黨與文人聯合推動的結果。幾乎在每一個縣市、每一個救亡組織、每一所學校中，都有中共黨員或秘密黨員的身影，這個龐大的革命組織在文藝運動中發揮著極為重要的組織、領導、營救、轉移、教育等作用。

正如魯迅和老舍所言，一個規模如此巨大的文藝運動，僅靠知識分子是難以推行的，很多硬性的條件只有政治力量的加入才能克服。比如，大後方文藝運動中如此之多的材料、書刊、報紙，印刷、發行上的財力支持，傳播過程中的運輸，受到查禁之後的轉移，各種渠道的秘密流傳，都需要政治的助力。又如，本來組織工作就是知識分子的弱項，而發動大規模的文藝運動之後，各地的救亡組織數量如此巨大，沒有大量的精心組織聯絡是難以長久持續的。再如，在意識形態方面，也需要政治的參與，中共在戰時推行的意識形態，以「抗日民族統一戰線」為核心，符合時代的需要和多數人民（主要是中下層民眾）的利益，且政黨的意識形態往往簡潔、直接、粗糙但有力（知識分子往往深刻、豐富，但正因為此卻難以被民眾接受），常常在標語、口號中就能體現，有利於發動基層民眾（主要是農民）。

中共在大後方的文藝運動中，貢獻巨大卻也收穫巨大。不但他們的主張、政策、思想通過文藝運動得到了廣泛地傳播，還廣泛地被人們接受。並且，不僅僅被群眾們接受，還被許多知識分子（主要是下層，也包括一些上層）所接受。如果說，政黨與知識分子群體兩者之間仍舊有著某種競爭關係的話，那麼在與上層知識分子的競爭中，他們較為成功搶佔了眾多下層知識者的心靈。當然不可能是全部，但這已經從整體上削弱了文人作家們自身的

主體性。

　　至於大後方文藝運動中爲何會有如此豐富的層次，其實我們也可以換一個角度來認識，即從社會的客觀需要上來考察。民國以來中國「軍紳」社會的二元分裂，及中間的文字、知識、觀念、價值上的鴻溝，都需要進行塡補。但在鄉村、農民近乎文盲的環境中，文字的障礙幾乎把一切嚴格的其他學術門類（如哲學、歷史、政治、經濟等）打倒了，只剩下一個極爲特殊的能夠跨越文字障礙的文藝一門。但這些門類的知識卻不同程度的同樣爲鄉村、農民所需要，所以它們就借助文藝的軀殼，彼此擠兌在一起，把文藝運動變成了一種綜合的形態。所以說造成這樣的情形也是有其客觀性的：根本的說，就是中國社會自身內部二元隔離的程度與外部面臨的嚴酷、險惡的環境，容不得將原本不同層次的任務依次從容的展開，而是需要幾步並作一步走，就像長期的欠債非要一朝還清似的；這種融合各種元素的綜合，是因爲對於那個時期的中國社會而言，它們都同樣缺乏，同樣的饑渴，被同樣的需要。

結　語

一、「軍紳」社會對「現代」的阻礙與文學運動的「現代」訴求

　　在第四章中，我們已經探討過文學的「現代化」追求的問題。這種訴求自晚清以來就一直是中國知識分子（文人作家包含其中）的最重要目標，也是中國現代文學的重要目標，這一訴求在抗日戰爭時期顯得更為突出。讓我們再來回顧一下胡風的那段極具代表性的話：

> 我們把「抗戰」和「建國」連在一起，那就是說明了中國底民族戰爭不能夠只是用武器把「鬼子」趕走了事，而是需要一面抵抗強敵，一面改造自己。必須通過這個改造才能取得最後的勝利。和最後的勝利同來的將是民主政治底實現，國民經濟底發展，以及國民文化底繁昌，至少也是築成了堅實的基礎。[註1]

一般而言，把「鬼子」打敗、趕走就已經是贏得戰爭的勝利了，1945 年的日本投降，使中國不但在精神層面獲得極大的國際榮譽、揚眉吐氣地振奮了國民心理，而且在現實層面獲得了很大的現實利益，中國的戰勝國待遇、大國地位等已經承認了這個事實。但在胡風看來，這遠遠談不上勝利，因為在他看來，抗戰是個大好機遇，借助這個機遇，我們要達到的最終目標要比「把『鬼子』趕走」重要得多、高遠得多，那就是「民主政治底實現，國民經濟底發展，以及國民文化底繁昌」，這些都是關於中國的現代化前景的界定與描述。所以，文藝的現代化追求是一個重要的基本事實，戰時的多數作家文人

〔註 1〕　胡風：《要普及也要提高》，蔡儀主編：《抗日戰爭時期大後方文學書系・第二編・理論論爭第一集》，重慶：重慶出版社，1989 年，第 45 頁。

之所以投入到轟轟烈烈的文藝運動中的目的，就是要積極地去推動這個進程，而他們也確實做出了極大的犧牲與貢獻。

關於地方「軍紳」的現代化在第二章已經有論及，那裡談的主要是地方「軍紳」政權在現代化建設方面並非完全是消極的。比如，中央政府在東南沿海及其城市初步發展了現代化的各項事業，雖然仍是稀薄的一層，但在中國這個落後的國家能夠有這樣的起步也不能說不是一種成績。而且，地方省份的「軍紳」建設也做出了一些令人矚目的成績，如新桂系、新滇系等，他們的地方基層建設甚至比中央政府下轄的省份還要好。這一點在論文第二章第一節中有過詳細的分析。

不過，需要進一步指出的是，雖然地方「軍紳」的某些現代化措施的確保證了社會的穩定，並使地方經濟得到了恢復甚至是發展，但他們仍舊是軍閥（及「新紳士」），割據一方、謀求自身利益對其而言永遠是最核心的主題。地方「軍紳」政權的地方割據、軍事主義性質並沒有使其真正著眼於改善民眾的生活，甚至許多下層民眾實際上更加貧困化了。長期擔任雲南教育廳廳長的龔自知有這樣的描寫：

> 總起來說，雲南還是一個出超省，經濟上是比較富裕的。經濟既然比較富裕，雲南人民的日子照理應該好過，但事實上適得其反。由於封建反動統治的逐步宮僚資本主義化，貧富懸殊和階級矛盾就越來越突出，少數統治階級越來越富裕，田連阡陌，巨廈連雲，而雲南廣大勞動人民的經濟生活，則是越來越陷於貧困了。
>
> 與之相反，軍閥官僚，富商巨賈，地主豪紳，卻又擁有鉅額財富和高度的購買力，過著窮奢極欲的生活。以昆明市說，一九三五年人口為十七萬餘人，有綢緞業四十七家，中西百貨業五十九家，糕餅業四十五家，酒席業二十九家，火腿白油業五十九家，肉案業一百家，鐘表業十九家，西藥化妝品業十八家，古董業四十四家，屏聯業十七家。（《雲南概覽‧建設》第八頁）這些都是供應剝削寄生階級的揮霍消費的。權貴豪富人家，建築住宅的主要材料和精美傢具，都要購用進口貨，家裏做飯經常雇用中餐廚師，有的同時雇用西餐廚師。小汽車只少數人有，沒有公共汽車，人力車則較為普遍。昆明大街小巷，充滿著吃、喝、煙、賭、嫖等場所，供剝削階級享樂，同時充斥著乞丐、竊盜、娼妓，這些是代表窮而無告的失

業者群的化身。〔註2〕

所以，地方「軍紳」政權致力於地方建設取得的成績只是相對的、有限的、水準不高。不但其現代化的品質不高，而且，其社會建設還有著結構上的缺陷，實際上仍舊是一種較爲畸形的發展模式。

例如，當時廣西、雲南兩省的財政收入主要依賴於鴉片稅、賭捐、花捐（娛樂稅）這類非生產性產業。如在雲南，

> 關於雲南禁煙問題，本來分禁種、禁運、禁吸三種，實際上是大種、大吸、大運，此乃人所共知，不必贅述。

> 雲南邊地生產的鴉片，通過壟斷性的統運辦法，收入數目據官方統計宣佈：……三年合計共二千三百四十多萬兩。這個數目是大大打了折扣的，不過是結數中的一部分，實際上縣長、區鄉長和土司乃至保甲長分層截留，數目約有一倍，因此，實際收到的鴉片，估計在五千萬兩上下。〔註3〕

另外，各產業的發展也很不平衡，軍事產業擁有絕對優先權，而民用產業發展遲緩。財政支出上用於再生產性的投資比重很小，在軍隊和民團這樣的軍事支出上則高達到 40%。如滇軍的武器裝備、物資糧餉都自給自足，保持獨立：

> 總的說來，龍雲在軍事上，無論人事、編制、教育訓練、徵調補充，擾戰以前都是由他完全自主，所有武器裝備和軍需餉項也都全由地方自給。滇軍名義上受到蔣介石中央的認可，實際上是一支純地方性的雜牌軍。

> 在武器裝備上，龍曾先後向法商馬湘洋行和龍東公司購辦大批軍火，主要是法、比、捷剋製造的步兵用輕武器，又以向龍東公司買的兩次爲多。杜聿明在全國政協《文史資料選輯》第五輯《蔣介石解決龍雲的經過》一文上說：滇軍出兵抗日，路過湖南，擁有法式軍火裝備，軍容之盛，中央軍爲之遜色。龍雲在杭戰初期發表談話也說：「六十軍一槍一彈，都來自雲南人民，以全省人力物力貢獻

〔註2〕 龔自知：《抗日戰爭前龍雲在雲南的統治概述》，《雲南文史資料選輯第 3 輯》，中國人民政治協商會議雲南省委員會文史資料研究委員會，1963 年，第 51～53 頁。

〔註3〕 孫東明：《龍雲統治雲南時期的財政》，《雲南文史資料選輯第 5 輯》，中國人民政治協商會議雲南省委員會文史資料研究委員會，1964 年，第 26～27 頁。

國家」。這些話反映了實在情況。〔註4〕

而在政府行政體繫上，他們也像蔣介石一樣無法真正改革地方基層的結構，只能與之妥協，形成了新的「軍紳」政權，因而貪污腐化的程度也是相當嚴重：

> 特貨統運處是歷史上最骯髒的名稱，同時又是一個分贓集團。參加的商家，固然獲得暴利，陸子安任董事長，喻宗澤、繆雲臺任當然董事，以及官商股的董、監事等，都分得大量贓款，一個小職員，有成暴發戶的。例如我任過兩年監察，第一年分得贓款舊滇幣九千元，第二年分得贓款三萬多元，合起來在華西路買得一大所平方。其他職務較高的，可以推知其所得贓款的概數。〔註5〕

由此不難看出，只要地方與中央的這種對抗存在一天，只要軍閥割據、「軍紳」政權林立的社會結構不發生根本性變革，無論中央還是地方都不可能真正在政府的政策制定上逐漸淡化軍事特徵，從而建立正常的現代行政管理體系，使各種產業體系的通盤考慮、合理發展成為可能。所以，在某種層面上說，地方「軍紳」政權似乎推進了局部的現代化，儘管這種現代化的品質不高；但從更大更廣的層面上說，地方「軍紳」政權恰恰又是現代民族國家邁向更高品質的現代化道路上的最大障礙。

這裡面就產生出一種奇特的悖論關係：地方「軍紳」的現代化建設，是為了保存自身、壯大自己；他們的現代化建設做得越好，就越是不僅能割據一方，也許還能適時地覬覦中原；他們的現代化的效果是為了鞏固（封建）割據，至少在客觀效果上是加強了這一點；於是，他們在整個國家的局部（地方）建設，造成了國家內部各個局部「軍紳」政權間的軍事張力、緊張局勢（這是非常態的而現代化是常態的），最終反而成了整個國家邁向現代化道路上的障礙，而且是最頑固的障礙。這就是地方「軍紳」政權自身的現代化悖論。

而中國的新文學，自「五四」誕生以來，一開始便是從屬於旨在重估價值、變革社會的新文化運動，現代文學從來都不僅僅是藝術、審美層面意義

〔註4〕 龔自知：《抗日戰爭前龍雲在雲南的統治概述》，《雲南文史資料選輯第3輯》，中國人民政治協商會議雲南省委員會文史資料研究委員會，1963年，第41頁。

〔註5〕 孫東明：《龍雲統治雲南時期的財政》，《雲南文史資料選輯第5輯》，中國人民政治協商會議雲南省委員會文史資料研究委員會，1964年，第27頁。

上的那種「文學」，而一直是帶有強烈的由魯迅樹立起的「揭出病苦」、「引起療救」、「到光明的地方去」的特質，儘管實現這一目的的途徑可以是啓蒙，也可以是救亡。由於中國近現代史一直處於動蕩不安中，中國眞正健全而正常的知識傳承系統並沒有有效地建立，知識只是在很小的圈子中傳播，所以以感性形式展現的、較容易爲人們接受的文學（包括通俗文學）一直擔負了諸多其他學科所應當承擔的任務（正如我們今天的社會一樣），如介紹現代知識、傳播現代價值、普及現代觀念、建設現代倫理等等。抗戰時期目睹了敵人的殘酷與國家自身的落後、窮困、積弱、黑暗、墮落的戰時文學，更加重了它告別封建、追求「現代」渴望。因而，這樣的文學的「現代」訴求與地方「軍紳」政權自身的現代化悖論又形成了新一重的悖論。

二、「軍紳」社會的覆滅與現代文學的終結：悖謬與共生

像大後方文藝運動這樣規模巨大的幾乎遍及大後方每一個角落的文藝運動，是怎樣發生的呢？本書前面的許多章節都是對這個問題的探討與回答。其中，很重要的一點是，文藝運動的發生（文藝作品的創作是其中一個重要的環節）有它生長的特殊歷史土壤，這就是民國的「軍紳」社會。大後方文學的豐富性，大後方文學活動自身的豐富性，都是在民國「軍紳」社會的土壤裏孕育的。在當時的社會條件下，作家在心靈上能夠獲得的自由空間，與作家創作、發行、傳播、閱讀的事實空間，是文學生產的必要條件。讓我們主要從意識形態方面來考察。

國民黨官方雖然一向高舉「三民主義」的旗幟，但實際上，意識形態並不是它眞正著力建設的東西（軍隊和財源是最主要的），並且在國民黨中央內部對「三民主義」的理解也有眾多分歧，即便蔣介石的那種儒學化的「三民主義」也未能建立起統一而堅定的信仰。所以，國民黨的意識形態一是比較弱，長期以來沒有在意識形態上下大功夫、花大力氣去建設；二是較爲模糊、鬆散，難以在實際中形成清晰、明確、統一的指導。﹝註 6﹞這就使得國民黨政府雖然在抗戰時期曾經嚴厲壓制新聞言論及文藝運動（這一點倒是下了大功夫、花了大力氣的）的時候，沒辦法首先在自己內部達成鐵板一塊。其控制力在有限的城市尚且較強，但在地方基層卻比較有限（不同的地方程度也不同），因爲他們本來對中國鄉村社會的改造就不徹底，再加上大後方

﹝註 6﹞　這一點在論文第三章第二節中有詳細論述。

的許多地方還是當地「軍紳」（川系、新桂系、新滇系等）的地盤。這就給以抗爭、戰鬥為性格的抗戰時期文學以鑽空子、打游擊的可能與空間。

而以新桂系、新滇系、川系新軍閥為代表的地方「軍紳」政權，嚴格的說難以稱得上有成型的意識形態。如果說有的話，地方軍閥在意識形態上也呈現為一種優先保存自身的、實用型、混合型特徵，包含著封建割據、地方主義、愛國主義等多種意願形態。並隨著抗戰發生了新變化，又在蔣介石中央政府、知識分子（包括進步文化人、民主人士）、共產黨勢力三方的鬥爭、聯合中間轉換為一種「八面玲瓏」的意識形態策略。

中國共產黨的意識形態是清晰、有力的，在抗戰時期由於共同主張「抗戰建國」，認同「抗日民族統一戰線」，共產黨成了知識分子、文人作家從事大後方文藝運動的最大支持者與合作者。中共的意識形態雖然也對他們有影響，也試圖獲得他們的接受，但方式上是較為溫和的。因為在大後方那樣的環境裏，共產黨組織尚且處於地下的、弱勢的地位，故而以一種較為靈活、多變、進步、民主的面貌出現，以盡可能多地團結文人作家，贏得政治上的主動。

這三種意識形態共存於民國的「軍紳」社會當中，在大後方的文藝運動中也均有體現。然而，正是這種意識形態的分裂、不統一，給了文藝創作、文藝運動以機會。他們可以依據局面的變化及各種微妙的形勢，在國民黨、地方「軍紳」、共產黨之間依靠一方或兩方來對抗另一方，用這樣的方式削弱對文藝運動壓迫、控制的力量，以獲得活動的縫隙和生存的平臺。

於是，這裡面也產生了一種悖謬關係。

這種悖謬就是，文人作家及文藝運動所要追求和實現的是國家的統一、國家的現代，但它自身發生和存在的土壤卻是不統一（軍閥割據、「軍紳」政權林立、多種意識形態相互制衡）。於是上一節的探討儘管說明了地方「軍紳」政權與現代文學的追求有這樣那樣的悖論，但回顧歷史我們卻不難發現，現代文學卻恰恰是在「軍紳」社會這片土壤上生長出來的，當「軍紳」社會在1949年消失的時候，文學就迅速演變為另一種截然不同的形態。從事現代文學創作的知識分子的身份地位、知識狀況、思想儲備，以及現代文學的生長所需要的多元空間，似乎都是為那個社會、時代所獨有的。當社會有了一種「中心主義」的意識形態並且真正滲透到社會各個角落的時候，文學自由生長的外部土壤事實上已不具備，久而久之建立在豐厚知識基礎上的敏銳深刻

的思想洞察這種支撐文學的內部土壤也頓然荒蕪。於是，現代文學與「軍紳」社會之間似乎就構成了一種奇特的「文章憎命達」式的共生關係。

　　不過，最終無論是文人作家還是整個文藝運動，都義無反顧地對催生自己的這塊土壤說著再見，因為畢竟「現代化」的理想是一個終極的誘惑。而就算在意識形態的方面，地方「軍紳」政權那具有濃厚封建意識、專制意識、地方意識、小農意識的五方雜處的意識形態，不但難以形成強大的民族凝聚力引導國家的現代化，而且其意識形態的價值核心與現代的科學、民主、平等也相互齟齬。中國現代文學從「五四」就豎起了這樣的大旗，形成了屬於自身的新傳統，並且超負荷地肩負民族、國家邁向「現代」的使命，因而「軍紳」社會中儘管不乏（從某種角度上說）「誘人」之處，但終究在戰火的洗禮中被知識分子所拋棄。

參考文獻

一、文集資料類

1. 毛澤東《毛澤東選集》，北京：人民出版社，1991 年。
2. 任建樹主編：《陳獨秀著作選編》，上海：上海人民出版社，2010 年。
3. 魯迅：《魯迅全集》，人民文學出版社，2005 年。
4. 孫中山：《孫中山全集》，北京：中華書局，1981 年。
5. 聞一多：《聞一多全集》，武漢：湖北人民出版社，1993 年。
6. 周揚：《周揚文集》，北京：人民文學出版社，1984 年。
7. 費孝通：《費孝通文集》，北京：群言出版社，1999 年。
8. 李大釗：《李大釗全集》，北京：人民出版社，2006 年。
9. 梁漱溟：《梁漱溟全集》，濟南：山東人民出版社，1991 年。
10. 凌耀倫、熊甫編：《盧作孚文集》，北京：北京大學出版社，2004 年。
11. 郭沫若：《郭沫若全集》，北京：人民文學出版社，1989 年。
12. 曹伯言整理：《胡適日記全編》，合肥：安徽教育出版社，2001 年。
13. 胡風：《胡風全集》，武漢：湖北人民出版社，1999 年。
14. 卞之琳著、姜詩元編選：《卞之琳文集》，北京：華夏出版社，2000 年。
15. 陶行知：《陶行知全集》，長沙：湖南教育出版社，1986 年。
16. 張申府：《張申府文集》，石家莊：河北人民出版社，2005 年版。
17. 晏陽初：《晏陽初全集》，長沙：湖南教育出版社，1989 年版。
18. 馮友蘭：《三松堂全集》，河南人民出版社，2000 年。
19. 吳宓：《吳宓日記》，三聯書店 1998 年。
20. 黃克劍、林少敏編：《徐復觀集》，北京：群言出版社，1993 年。

21. 徐復觀：《徐復觀文集》，武漢：湖北人民出版社，2009 年。

22. 湯志鈞：《章太炎年譜長編》，北京：中華書局，1979 年。

23. 聞黎明、侯菊坤：《聞一多年譜長編》，武漢：湖北人民出版社，1994 年。

24. 蔣夢麟：《西潮‧新潮》，長沙：嶽麓書社，2000 年。

25. 何兆武口述，文倩撰寫：《上學記》，北京：三聯書店，2006 年。

26. 錢穆：《八十憶雙親‧師友雜記》，北京：三聯書店，1998 年。

27. 董運驊、施毓英編：《俞子夷教育論著選》，北京：人民教育出版社，1991 年。

28. 夏衍：《懶尋舊夢錄》，北京：三聯書店，2000 年。

29. 中國人民政治協商會議西南地區文史資料協作會議編：《抗戰時期西南的教育事業》，貴陽：貴州省文史書店，1994 年。

30. 中國人民政治協商會議西南地區文史資料協作會議編：《抗戰時期西南的文化事業》，成都：成都出版社，1990 年。

31. 高軍、李慎兆、嚴懷德、王檜林等編：《中國現代政治思想史資料選輯》，成都：四川人民出版社，1983 年。

32. 文天行等：《中華全國文藝界抗敵協會資料彙編》，成都：四川省社科院出版社，1983 年。

33. 杜運燮、袁可嘉、周與良編：《一個民族已經起來——懷念詩人、翻譯家穆旦》，南京：江蘇人民出版社，1987 年。

34. 杜运燮等編：《豐富和豐富的痛苦——穆旦逝世 20 週年紀念文集》，北京：北京師範大學出版社，1997 年。

35. 朱自清：《新詩雜話》，桂林：廣西師範大學出版社，2004 年。

36. 袁可嘉：《論新詩現代化》，北京：三聯書店，1988 年。

37. 亦門：《詩與現實‧第一分冊》，北京：五十年代出版社，1951 年。

38. 亦門：《詩與現實‧第二分冊》，北京：五十年代出版社，1951 年。

39. 馮至：《馮至學術論著自選集》，北京：北京師範大學出版社，1992 年。

40. 丘東平：《丘東平作品全集》，上海：復旦大學出版社，2010 年。

41. 馮至：《山水》，石家莊：河北教育出版社，1994 年。

42. 杜運燮、張同道編選：《西南聯大現代詩鈔》，北京：中國文學出版社，1997 年。

43. 卞之琳：《十年詩草》，合肥：安徽教育出版社，2007 年。

44. 袁可嘉：《半個世紀的腳印袁可嘉詩文選》，北京：人民文學出版社，1994 年。

45. 張天翼：《華威先生》，《華威先生》，南京：江蘇文藝出版社，2009 年。

46. 黃藥眠：《黃藥眠自選集》，廣州：花城出版社，1986 年。

47. 王西彥：《王西彥選集》，成都：四川文藝出版社，1985 年。

48. 蹇先艾：《蹇先艾短篇小說選》，北京：人民文學出版社，1981 年。

49. 宋之的：《霧重慶》，北京：中國戲劇出版社，1957 年。

50. 沙汀：《沙汀文集》，上海：上海文藝出版社，1990 年版。

51. 沙汀：《堪察加小景》，南昌：江西人民出版社，1983 年。

52. 王西彥：《王西彥小說選》，北京：人民文學出版社，1982 年。

53. 羅飛編：《丘東平文存》，銀川：寧夏人民出版社，2009 年。

54. 吳組緗著、計蕾編選：《吳組緗代表作》，北京：華夏出版社，1998 年。

55. 李方編：《穆旦詩全集》，北京：中國文學出版社，1996 年。

56. 賈植芳：《賈植芳文集》，上海：上海社會科學出版社，2004 年。

57. 吳奚如：《吳奚如小說集》，長江文藝出版社，1984 年。

58. 師陀：《蘆焚短篇小說選集》，南昌：江西人民出版社，1983 年。

59. 沙汀：《堪察加小景》，南昌：江西人民出版社，1983 年。

60. 徐遲：《徐遲文集》，武漢：長江文藝出版社，1993 年。

61. 綠原、牛漢編：《白色花》，北京：人民文學出版社，1981 年。

62. 王魯彥：《魯彥小說精品》，北京：中國文聯出版公司，1997 年。

63. 吳祖光：《吳祖光劇作選》，北京：中國戲劇出版社，1981 年。

64. 陳白塵：《陳白塵劇作選》，成都：四川人民出版社，1981 年。

65. 李廣田：《引力》，銀川：寧夏人民出版社，1983 年。

66. 劉兆吉編：《西南采風錄》，商務印書館，1939 年。

67. 杜運燮：《杜運燮 60 年詩選》，北京：人民文學出版社，2000 年。

68. 杜運燮、張同道編選：《西南聯大現代詩鈔》，北京：中國文學出版社，1997 年。

69. 辛笛等著：《九葉集》，南京：江蘇人民出版社，1981 年。

70. 周作人：《周作人散文全集》，桂林：廣西師範大學出版社，2009 年。

71. 戴望舒：《戴望舒詩集》，四川人民出版社，1983 年。

72. 馮至：《十四行集》，北京：解放軍文藝出版社，2000 年。

73. 馮至：《山水斜陽》，哈爾濱：黑龍江人民出版社，1999 年。

74. 阿壠：《無弦琴》，北京：中國文聯出版公司，1998 年。

75. 魯藜：《醒來的時候》，希望社，1943 年。

76. 舒蕪：《舒蕪集》第 1 卷，石家莊：河北人民出版社，2001 年。

77. 路翎：《財主的兒女們》，北京：人民文學出版社，1985 年。

78. 林默涵總主編：《中國抗日戰爭時期大後方文學書系》，重慶：重慶出版社，1989 年。【第一編，文學運動，樓適宜編；第二編，理論·論爭，蔡儀編；第三編，小説，艾蕪編；第四編，報告文學，碧野編；第五編，散文·雜文，秦牧編；第六編，詩歌，臧克家編；第七編，戲劇，曹禺編；第八編，電影，張駿祥編；第九編，通俗文學，鍾敬文編；第十編，外國人士作品，戈寶權編】

79. 《中國新文學大系（1937～1949）》，上海：上海文藝出版社，1990 年。【第一集～第二集，文學理論卷，王瑤序；第三集～第五集，短篇小説卷，康濯序；第六集～第七集，中篇小説卷，沙汀序；第八集～第九集，長篇小説卷，荒煤、潔泯序；第十集～第十一集，散文卷，柯靈序；第十二集，雜文卷，廖沫沙序；第十三集，報告文學卷，劉白羽序；第十四集，詩卷，臧克家序；第十五集～第十七集，戲劇卷，陳白塵序；第十八集～第十九集，電影卷，張駿祥序；第二十集，史料·索引卷。】

80. 陳荒煤總主編：《中國新文藝大系》，北京：中國文聯出版公司，1998 年。【小説集，嚴家炎主編；詩集，公木主編；散文雜文集，田仲濟、蔣心煥主編；報告文學集，穆青主編；民間文學集，劉錫城主編；戲劇集，葛一虹主編；電影集，程季華主編；曲藝集，羅揚、郗潭封主編；音樂集，呂驥、馮光鈺主編；美術集，李樹聲主編；攝影集，胡志川主編；書法集，王景芬主編；雜技集，傅起鳳主編，評論集，林誌浩、李葆琰主編；理論史料集，徐廼祥主編。】

81. 全國各級政協編：《中華文史資料文庫（1～20 卷）》，北京：中國文史出版社，1996 年。

82. 《雲南文史資料選輯》【第 1，3～18，21～33，35，38～41，46，49～55輯。】

83. 《昆明文史資料選輯》【第 1～33 輯。】

84. 《四川文史資料選輯》【第 1～44 輯。】

85. 《重慶文史資料選輯》【第 1～43 輯。】

86. 《成都文史資料選輯》【第 1～19 輯。】

87. 《廣西文史資料選輯》【第 1～38 輯。】

88. 政協桂林市委員會文史資料研究委員會編：《桂林文史資料》。【第一輯～第十三輯，政協桂林市委員會文史資料研究委員會出版，1982～1988 年。第十四輯～第二十三輯，灕江出版社，1988～1993 年。】

89. 郭垣：《雲南經濟問題》，臺北：正中書局，1940 年。

90. 故宮博物院明清檔案部編：《清末籌備立憲檔案史料》，北京：中華書局，1979 年。

91. 民國教育部：《各省市實施義務教育辦法選輯：初輯》，1937 年。

92. 中國第二歷史檔案館編：《中華民國史檔案資料彙編》，南京：江蘇古籍出版社，1994 年。

93. 近代中國研究集刊（2）：《近代中國的鄉村社會》，上海：上海古籍出版社，2005 年。

94. 劉大鵬：《退想齋日記》，太原：山西人民出版社，1990 年。

95. 張鳴、吳靜妍主編：《外國人眼中的中國》，長春：吉林攝影出版社，2000 年。

96. 李宗仁等著：《廣西之建設》，廣西建設研究會出版，民國二十八年。

97. 廣西省政府十年建設編委會編印：《桂政紀實》，民國三十三年版。

98. 廣西省政府統計處編：《近代中國史資料叢刊三編·第 87 輯·廣西年鑒》，臺北：文海出版社，1999 年。

99. 《廣西建設集評》，西南印書館，民國二十四年。

100. 《雲南行政紀實》第 4 冊第 1 編：《民政·倉儲》，喻宗澤等編纂，雲南省政府，1943 年。

101. 李宗仁口述、唐德剛撰寫：《李宗仁回憶錄》，桂林：廣西師範大學出版社，2005 年。

102. 文思主編：《我所知道的龍雲》，北京：中國文史出版社，2004 年。

103. 繆雲臺：《繆雲臺回憶錄》，北京：中國文史出版社，1991 年。

104. 西南聯大《除夕副刊》主編：《聯大八年》，北京：新星出版社，2010 年。

105. 西南聯大北京校友會：《我心中的西南聯大：西南聯大建校 70 週年紀念文集》，北京：清華大學出版社，2008 年。

106. 廣西壯族自治區委員會文史資料研究委員會編：《陳劭先紀念文集》，南寧：政協廣西壯族自治區委員會出版，1986 年。

107. 文思主編：《我所知道的盧漢》，北京：中國文史出版社，2004 年。

108. 文思主編：《我所知道的白崇禧》，北京：中國文史出版社，2003 年。

109. 程思遠：《白崇禧傳》，北京：華藝出版社，1995 年。

110. 蘇志榮、范銀飛、胡必林等編：《白崇禧回憶錄》，北京：解放軍出版社，1987 年。

111. 郭廷以校閱，賈廷詩、陳三井抄錄，白崇禧口述：《白崇禧口述自傳》（上下），北京：中國大百科全書出版社，2009 年。

112. 廣西文史館編：《黃紹竑回憶錄》，南寧：廣西人民出版社，1991 年。

113. 申曉雲編著：《李宗仁與桂系》，南京：江蘇古籍出版社，1997 年。

114. 蔣廷黻：《蔣廷黻回憶錄》，長沙：嶽麓書社，2003 年。

115. 李海：《我的父親李任仁》，桂林：灕江出版社，1997 年。

116. 夏衍：《白頭記者話當年》，重慶：重慶出版社，1986 年。

117. 秦牧：《尋夢者的足印——文學生涯回憶錄》，北京：人民文學出版社，1991 年。

118. 何炳棣：《讀史閱世六十年》，桂林：廣西師範大學出版社，2005 年。

119. 四川省檔案館編：《抗日戰爭時期四川省各類情況統計》，成都：西南交通大學出版社，2005 年。

120. 《大公報一百年社評選》，上海：復旦大學出版社，2002 年。

121. 〔美〕費正清：《費正清對華回憶錄》，北京：知識出版社，1992 年。

122. 〔美〕費正清：《中國之行》，北京：新華出版社，1988 年。

123. 〔美〕埃德加‧斯諾：《斯諾文集》，北京：新華出版社 1984 年。

124. 〔美〕史沫特萊：《史沫特萊文集》，北京：新華出版社，1985 年。

125. 〔美〕史沫特萊：《革命時期的中國人》，北京：中國展望出版社，1984 年版。

126. 〔英〕班威廉‧克蘭爾：《新西行漫記》，北京：新華出版社，1988 年。

127. 〔美〕白修德、賈安娜：《中國的驚雷》，北京：新華出版社，1988 年。

128. 〔美〕白修德：《中國抗戰秘聞——白修德回憶錄》，鄭州：河南人民出版社，1988 年。

129. 〔美〕卡爾遜：《中國的雙星》，北京：新華出版社，1987 年版。

130. 〔英〕李約瑟：《四海之內：東方和西方的對話》，北京：三聯書店，1987 年。

131. 〔美〕司徒雷登：《在華五十年——司徒雷登回憶錄》，北京：北京出版社，1982 年版。

132. 〔美〕肯尼斯‧雷、約翰‧布雷爾編，尤存、牛軍譯：《被遺忘的大使：司徒雷登駐華報告》，南京：江蘇人民出版社，1990 年版。

133. 〔美〕黃仁宇：《黃河青山——黃仁宇回憶錄》，三聯出版社，2001 年。

134. 〔美〕岡瑟‧斯坦：《紅色中國的挑戰》，上海：上海譯文出版社，1999 年。

135. 〔美〕福爾曼：《北行漫記》，北京：新華出版社，1988 年。

136. 〔美〕貝克：《一個美國人看舊中國》，北京：三聯書店，1987 年。

137. 〔英〕弗雷達‧阿特麗：《揚子前線》，北京：新華出版社，1988 年。

138. 〔英〕詹姆斯‧貝特蘭：《不可征服的人們—— 一個外國人眼中的中國抗戰》，北京：求實出版社，1988 年。

139. 〔英〕詹姆斯‧貝特蘭：《華北前線》，北京：新華出版社，1988 年版。

140. 〔英〕詹姆斯‧貝特蘭：《中國的新生》，北京：新華出版社，1986 年版。

141. 〔美〕傑克・貝爾登：《中國震撼世界》，北京：北京出版社，1980 年。

142. 〔美〕韓丁：《翻身——一個中國村莊的革命紀實》，北京：北京出版社，1980 年。

143. 愛潑斯坦：《中國未完成的革命》，北京：新華出版社，1987 年。

二、專著類

1. 陳志讓：《軍紳政權——近代中國的軍閥時期》，桂林：廣西師範大學出版社，2008 年。

2. 周榮德：《中國社會的階層與流動——一個社區中士紳身份的研究》，上海：學林出版社，2000 年。

3. 張仲禮：《中國紳士——關於其在 19 世紀中國社會中作用的研究》，上海：上海社會科學院出版社，1991 年。

4. 張仲禮：《中國紳士的收入——〈中國紳士〉續篇》，上海：上海社會科學院出版社，2001 年。

5. 張仲禮：《中國紳士研究》，上海：上海人民出版社，2008 年。

6. 羅志田：《權勢轉移：近代中國的思想、社會與學術》，武漢：湖北人民出版社，1999 年。

7. 瞿同祖：《清代地方政治》，北京：中國社會科學出版社，2003 年。

8. 許紀霖：《中國知識分子十論》，上海：復旦大學出版社，2003 年。

9. 許紀霖等著：《近代中國知識分子的公共交往》（1895～1949），上海：上海人民出版社，2008 年。

10. 許紀霖編：《20 世紀中國知識分子史論》，北京：新星出版社，2005 年。

11. 王先明：《近代紳士——一個封建階層的歷史命運》，天津：天津人民出版社，1997 年。

12. 王先明：《中國近代文化史論》，北京：人民出版社，2000 年。

13. 黃炎培：《中國教育史要》，商務印書館，1939 年萬有文庫本。

14. 陳寅恪：《陳寅恪集・金明館叢稿二集》，北京：三聯書店，2001 年。

15. 蘇雲峰：《張之洞與湖北教育改革》，臺北：文海出版社，1976 年。

16. 金觀濤、劉青峰：《開放中的變遷》，香港：香港中文大學出版社，1993 年。

17. 費孝通：《中國紳士》，北京：中國社會科學出版社，2006 年。

18. 費孝通：《鄉土重建》，上海：上海書店出版社，1948 年。

19. 費孝通：《鄉土中國》，北京：人民出版社，2008 年。

20. 費孝通、吳晗：《皇權與紳權》，天津：天津人民出版社，1988 年。

21. 張鳴：《武夫當國——軍閥集團的遊戲歸則》，西安：陝西人民出版社，2008 年。

22. 張鳴：《鄉土心路八十年：中國近代化過程中農民意識的變遷》，上海：上海三聯書店，1997 年。

23. 賀麟：《文化與人生》，北京：商務印書館，1988 年。

24. 鄭大華：《民國鄉村建設運動》，北京：社會科學文獻出版社，2000 年。

25. 劉正偉：《督撫與士紳：江蘇近代化研究》，石家莊：河北教育出版社，2001 年。

26. 張靜如、劉志強主編：《北洋軍閥時期中國社會之變遷》，北京：中國人民大學出版社，1992 年。

27. 周曉虹：《傳統與變遷：江浙農民的社會心理及其近代以來的嬗變》，北京：三聯書店，1998 年。

28. 陳旭麓：《近代中國社會的新陳代謝》，上海：上海人民出版社，1992 年。

29. 張靜如、劉志強、卞杏英主編：《中國現代社會史》，長沙：湖南人民出版社，2004 年。

30. 陳存仁：《抗戰時代生活史》，上海：上海人民出版社，2001 年。

31. 張注洪、王曉秋主編：《國外中國近代史研究述評》，北京：中國文史出版社，1999 年。

32. 喬啓明：《中國農村社會經濟學》，北京：商務印書館，1946 年。

33. 陶希聖：《中國社會之史的分析》，瀋陽：遼寧教育出版社，1998 年。

34. 徐復觀：《中國知識分子精神》，上海：華東師範大學出版社，2004 年。

35. 吳相湘：《晏陽初傳》，長沙：嶽麓書社，2001 年。

36. 謝本書：《龍雲傳》，成都：四川民族出版社，1988 年。

37. 李澤厚：《中國現代思想史論》，上海：東方出版社，1987 年。

38. 汪榮組、李敖：《蔣介石評傳》（上下冊），北京：中國友誼出版公司，2004 年。

39. 蔣廷黻：《中國近代史》，上海：上海古籍出版社，1999 年。

40. 朱宗震：《黃炎培與中國近代儒商》，桂林：廣西師大出版社，2007 年。

41. 楊益群、王斌、萬一知編：《桂林文化城概況》，南寧：廣西人民出版社，1986 年。

42. 馮崇義：《國魂，在苦難中掙扎——抗戰時期的中國文化》，桂林：廣西師範大學出版社，1995 年。

43. 趙新林、張國龍著：《西南聯大：戰火的洗禮》，上海：上海教育出版社，2000 年版。

44. 李怡：《七月派作家評傳》，重慶：重慶出版社，2000 年。

45. 黃仁賢編著：《中國教育史》，福州：福建人民出版社，2003 年。

46. 楊義：《中國現代小說史》，北京：人民文學出版社，1998 年。

47. 錢理群：《1948 天地玄黃》，濟南：山東教育出版社，1998 年。

48. 錢理群：《拒絕遺忘：錢理群文選》，北京：中國大百科全書出版社，2009 年。

49. 朱曉進：《政治文化與中國二十世紀三十年代文學》，北京：人民出版社，2006 年。

50. 藍海著、朱德發執筆：《中國抗戰文藝史》（修訂本），濟南：山東文藝出版社，1984 年。

51. 蘇光文：《大後方文學論稿》，重慶：西南師範大學出版社，1994 年。

52. 蘇光文：《抗戰文學概觀》，重慶：西南師範大學出版社，1985 年。

53. 蘇光文：《抗戰詩歌史稿》，成都：四川教育出版社，1991 年。

54. 文天行：《國統區抗戰文學運動史稿》，成都：四川教育出版社，1988 年。

55. 文天行主編：《中國抗戰文學概覽》，成都：四川大學出版社，1996 年。

56. 靳明全、宋嘉揚、郝明工、潘成菊：《重慶抗戰文學論稿》，重慶：重慶出版社，2003 年。重慶地區中國抗戰文藝研究會、四川省社會科學院文學研究所編：《國統區抗戰文藝研究論文集》，重慶：重慶出版社，1984 年版。

57. 姚乃文：《在燃燒的土地上：抗戰文學的足迹》，太原：北嶽文藝出版社，1988 年。

58. 黃萬華：《史述和史論：戰時中國文學研究》，濟南：山東大學出版社，2005 年。

59. 黃偉林主編、高蔚副主編：《桂林文化城作家研究》，北京：中國社會科學出版社，2008 年。

60. 雷銳著：《桂林文化城小說研究》，北京：中國社會科學出版社，2008 年。

61. 劉鐵群著：《桂林文化城散文研究》，北京：中國社會科學出版社，2008 年。

62. 李江主編、黃世智副主編：《桂林文化城戲劇研究》，北京：中國社會科學出版社，2008 年。

63. 雷銳、黃紹清主編：《桂林文化城詩歌研究》，北京：中國社會科學出版社，2008 年。

64. 李建平：《桂林抗戰文藝概觀》，桂林：灕江出版社，1991 年。

65. 馮姚平編：《馮至與他的世界》，石家莊：河北教育出版社，2001 年。

66. 張紅：《抗戰中內遷西南的知識分子》，南昌：江西人民出版社，2004 年。

67. 鄧群：《中國共產黨與桂林抗戰文化》，南寧：廣西人民出版社，2005 年。

68. 李江：《抗戰時期大後方戲劇主潮論》，北京：中國文史出版社，2005 年。

69. 劉紹衛：《中國共產黨與廣西抗戰》，南寧：廣西人民出版社，2006 年。

70. 伊繼東：《西南聯大與現代中國研究》，北京：人民出版社，2008 年。

71. 謝泳：《西南聯大與中國現代知識分子》福州：福建教育出版社，2009 年。

72. 謝泳：《大學舊蹤》，南昌：江西教育出版社，1999 年。

73. 姚丹：《西南聯大歷史情境中的文學活動》，桂林：廣西師範大學出版社，2000 年。

74. 楊益群、王斌、萬一知編：《桂林文化城概況》，南寧：廣西人民出版社，1986 年。

75. 李建平：《桂林抗戰文藝概觀》，桂林：灕江出版社，1991 年。

76. 范智紅：《世變緣常──四十年代小說論》，北京：人民文學出版社，2002 年。

77. 〔美〕夏志清：《中國現代小說史》，上海：復旦大學出版社，2005 年。

78. 〔美〕孔飛力：《中華帝國晚清的叛亂及其敵人》，北京：中國社會科學出版社，1990 年版。

79. 〔美〕齊錫生：《中國的軍閥政治》，北京：中國人民大學出版社，1991 年版。

80. 〔美〕黃宗智：《華北的小農經濟與社會變遷》，北京：中華書局，2009 年。

81. 〔美〕江南：《龍雲傳》，北京：中國友誼出版公司，1989 年。

82. 〔美〕張信：《二十世紀初期中國社會之演變──國家與河南地方精英 1900～1937》，北京：中華書局，2004 年。

83. 〔美〕杜贊奇：《文化、權力與國家：1900～1942 年的華北農村》，南京：江蘇人民出版社，2010 年。

84. 〔美〕杜贊奇：《從民族國家拯救歷史──民族主義話語與中國現代史研究》，南京：江蘇人民出版社，2009 年。

85. 〔美〕余英時：《儒家倫理與商人精神》，桂林：廣西師大出版社，2006 年。

86. 〔美〕余英時：《中國知識分子論》，鄭州：河南人民出版社，1997 年。

87. 〔美〕余英時：《現代儒學的回顧與展望》，北京：三聯書店，2004 年。

88. 〔美〕余英時：《士與中國文化》，上海：上海人民出版社，2003 年版。

89. 〔美〕余英時：《文史傳統與文化重建》，北京：三聯書店，2004 年。

90. 〔美〕余英時：《現代危機與思想人物》，北京：三聯書店，2005 年版。

91. 〔美〕艾愷：《世界範圍內的反現代化思潮——論文化守成主義》，貴陽：貴州人民出版社，1999 年。

92. 〔美〕舒衡哲：《中國啓蒙運動：知識分子與五四遺產》，北京：新星出版社，2007 年版。

93. 〔美〕張灝：《幽暗意識與民主傳統》，北京：新星出版社，2006 年。

94. 〔德〕馬克思·韋伯：《新教倫理與資本主義精神》，桂林：廣西師範大學出版社，2007 年。

95. 〔美〕費正清主編：《劍橋中國晚清史》下，北京：中國社會科學出版社，1985 年。

96. 〔美〕費正清主編：《劍橋中國晚清史》上，北京：中國社會科學出版社，1985 年。

97. 〔美〕徐中約：《中國近代史》，北京：世界圖書出版公司，2008 年版。

98. 〔美〕易勞逸：《毀滅的種子——戰爭與革命中的國民黨中國（1937～1949）》，南京：江蘇人民出版社，2009 年。

99. 〔美〕劉易斯·科賽：《理念人》。北京：中央編譯出版社，2001 年。

100. 〔美〕薩義德：《知識分子論》，北京：三聯書店，2002 年。

101. 〔美〕莫濟傑、陳福霖主編：《新桂系史》，南寧：廣西人民出版社，1991 年。

102. 李德芳：《民國鄉村自治問題研究》，北京：人民出版社，2001 年。

103. 〔美〕狄百瑞：《中國的自由傳統》，香港：中文大學出版社，1983 年。

三、博碩論文類

1. 楊乃良博士論文《民國時期新桂系的廣西經濟建設研究（1925～1949）》，華中師範大學 2001 年中國近現代史專業。

2. 黎瑛博士論文《權力的重構與控制——新桂系政府行政機制與政府能力研究（1927～1937）》，上海師範大學 2008 年中國近現代史專業。

3. 陳剛博士論文《北碚文化圈與 1940 年代文學》，吉林大學 2005 年中國現當代文學專業。

四、報刊文章類

1. 楊開道：《我國農村生活衰落的原因和解決的方法》，《東方雜誌》，第 24 卷 16 號。

2. 《論我國學校不發達之原因》，《申報》1909 年 5 月 24 日，第 1 張第 3

版。

3. 甘雨：《龍雲與熊慶來》，《昭通日報》，2005 年 6 月 26 日。

4. 楊玉清：《國難客重慶有感》，《民意》第 42 號。

5. 柳湜：《雲集武漢的文化人往何處去？》，《全民周刊》第 2 卷，第 2 號。

6. 孫冶方：《從漢奸之多談到鄉村工作》，《抗戰半月刊‧第一卷合訂本》第 12 號，戰時出版社刊行，1937 年。

7. 阿英：《抗戰時期的文學》，《抗戰半月刊‧第一卷合訂本》第 12 號，戰時出版社刊行，1937 年。

8. 思明：《重慶人的白布包頭》，《中央日報》，1938 年 10 月 10 日。

9. 黃旭初：《民國三十年代的廣西金融》，《春秋》，1965 年總第 195 期。

10. 黃旭初：《抗戰前後的廣西經濟建設》，《春秋》，1965 年總第 196 期。

11. 黃旭初：《我記憶中的舊日廣西風貌》，《春秋》，1969 年總第 293 期。

12. 黃習禮：《新桂系「三自三寓」政策和〈廣西建設綱領〉述評》，《學術論壇》，1989 年第五期。

13. 羅志田：《科舉制廢除在鄉村中的社會後果》，《中國社會科學》，2006 年第 1 期。

14. 李文平、吳陽紅：《活躍於抗戰中的重慶校園文藝社團——突兀社》，《重慶師範大學學報（哲學社會科學版）》，2005 年第 6 期。

15. 李禕：《重慶抗戰時期的川劇改良活動》，《四川戲劇》，2002 年第 6 期。

16. 易傑雄：《對近代中國社會性質公認提法的質疑》，《當代世界與社會主義》，2004 年第 3 期。

17. 周興樑：《關於近代中國「兩半」社會性質總理論的由來》，《歷史教學》，2005 年第 2 期。

18. 蘇光文：《大後方文學概論》，《西南民族學院學報（哲學社會科學版）》，1995 年第 2 期。

19. 王本朝：《大後方文學研究的深化與體系建構——讀〈大後方文學論稿〉》，《紅岩》，1995 年第 5 期。

20. 朱丕智：《論抗戰大後方文學研究的觀念與方法》，《重慶師範大學學報（哲學社會科學版）》，2009 年第 1 期。

21. 李怡：《穆旦研究評述》，《詩探索》，1996 年第 4 期。

22. 李怡：《「民國文學史」框架與「大後方文學」》，《重慶師範大學學報（哲學社會科學版）》，2009 年第 1 期。

23. 李怡：《「新詩現代化」及其中國意義——重溫袁可嘉的「新詩現代化」思想》，《文學評論》，2011 年第 5 期。

24. 李怡：《知識社會學——中國現代文學闡釋的一種思路》，《中華文化論

壇》，2006 年第 4 期。

25. 葉南客：《論現代人的轉型動力與轉型機制》，《社會科學研究》，1995 年第 2 期。

26. 李華興：《論中國教育史的分期》，《上海師範大學學報》，1997 年第 1 期。

27. 張瑾：《盧作孚北碚模式與 20 世紀二三十年代重慶城市變遷》，《中國社會歷史評論》，2005 年第 00 期。

28. 蔡定國：《共產黨的領導是西南劇展的靈魂》，《廣西社會科學》，1986 年第 3 期。

29. 蔡定國：《程思遠談桂林文化城》，《文史春秋》1997 年第 3 期（總第 22 期）。

30. 周澤棟、駱揚《抗日時期的李濟深將軍》，《文史春秋》1995 年第 4 期（總第 11 期）。

31. 陳前、吳敏先：《孫中山逝世後三民主義的變異與昇華》，《中共黨史研究》，2007 年第 3 期。

32. 呂厚軒：《陳立夫「唯生論」創制的背景及其內容、特點》，《齊魯學刊》，2010 年第 2 期。

33. 魏華齡：《西南劇展的歷史意義》，《廣西社會科學》，1987 年第 1 期。

34. 魏華齡：《桂林抗戰文化研究 30 年》，《桂林師範高等專科學校學報》，2008 年第 3 期。

35. 周鋼鳴：《桂林文化城的政治基礎及其盛況》，《學術論壇》，1981 年第 2 期。

36. 賈興權：《抗戰期間通貨膨脹政策對中國社會的影響》，《中國經濟史研究》，1993 年第 1 期。

37. 楊菁：《論抗戰時期的通貨膨脹》，《抗日戰爭研究》，1999 年第 4 期。

38. 夏庭光：《抗戰時期的川劇大師張德成》，《四川戲劇》，1997 年第 6 期。

39. 李笑非：《憶抗戰時期成都三益公川劇藝員軍訓連》，《四川戲劇》，1990 年第 3 期。

40. 歐陽敬如：《「邁進毋畏途路艱」——回憶我的父親歐陽予倩在廣西》，《學術論壇》，1981 年第 3 期。

41. 楊軍、劉佳云：《雲南花燈、滇劇的發展與保護研究》（上），《民族藝術研究》，2011 年第 21 期。

42. 章清：《1920 年代：思想界的分裂與中國社會的重組——對〈新青年〉同人「後五四時期」思想分化的追蹤》，《近代史研究》，2004 年第 6 期。

43. 張巨成、黃學昌：《龍雲與民盟關係論略》，《雲南學術探索》，1995 年第 1 期。

44. 許紀霖：《重建社會重心：近代中國的「知識人社會」》,《學術月刊》,2006年第 11 期。

45. 茅盾：《桂林春秋》,《新文學史料》,1985 年第 4 期。

46. 章紹嗣：《抗戰文藝研究 60 年回眸》,《抗日戰爭研究》,1998 年第 4 期。

47. 秦弓：《抗戰文學研究的概況與問題》,《抗日戰爭研究》,2007 年第 4 期。

48. 李建平：《廣西抗戰文化研究書目（1982～2006）》,《抗戰文化研究》,2007年第 1 輯。

49. 解志熙：《生命的沉思與存在的決斷──論馮至的創作與存在主義的關係》,《外國文學評論》,1990 年第 3～4 期。

50. 陳林：《穆旦研究綜述》,《中國現代文學研究叢刊》,2001 年第 2 期。

51. 劉繼業：《新時期穆旦研究述評》,《雲夢學刊》,2002 年第 1 期。

52. 邱景華：《「穆旦研究」漫議》（來自「詩生活」網站上的「詩觀點文庫」專欄，發表時間是 2005 年 11 月，
網址：http://www.poemlife.com/Wenku/wenku.asp 敘 vNewsId=1422）。

53. 易彬、李方：《穆旦研究十年（1996～2005）評述》,《詩探索》,2006 年第 3 輯。

54. 周燕芬：《中國現代知識分子的精神側影──路翎和〈財主的兒女們〉》,《現代中國文化與文學》,2009 年 2 期。

55. 楊義：《路翎──靈魂奧秘的探索者》,《文學評論》,1983 年第 5 期。

56. 王富仁：《中國現代主義文學論》,《天津社會科學》,1996 年第 5 期。

57. 張同道：《中國現代詩與西南聯大詩人群》,《中國社會科學》,1994 年第 6 期。

58. 藍棣之：《論四十年代的「現代詩」派》,《中國現代文學研究從刊》,1983 年第 1 期。

59. 龍泉明：《四十年代「新生代」詩歌綜論》,《中國社會科學》,2000 年第 1 期。

60. 杜運燮：《在外國詩影響下學寫詩》,《世界文學》,1989 年第 6 期。

61. 錢理群：《探索者的得與失──路翎小說創作漫談》,《中國現代文學研究叢刊》,1981 年第 3 期。

62. 錢理群：《胡風與五四文學傳統》,《文學評論》,1988 年，第 5 期。

致　謝

　　本論文的完成首先要感謝我的導師李怡先生。感謝李老師把我帶入北京師範大學的校門，讓我有這樣一個博士求學的機會。並且，正得益於老師的啓發和指導，我才從李老師提出的「民國機制」裏發現了「軍紳」政權、「軍紳」社會的角度來切入大後方文學的研究。雖然這個選題對我來說較爲新穎，前期積累不足，需要閱讀大量歷史學、社會學方面的著作與材料，遇到了很多困難，但或許正因爲如此也收穫頗豐，可謂「不虛此行」。在研究的過程中，李怡老師給了我方方面面的指導與幫助，讓我對小到博士論文大到學術研究的理解都有了很大的提升。師母康莉蓉老師在學習、生活上給了我很多的關照，在論文的開題、送審、答辯上做了許多工作。這一切我都銘記在心，並致以誠摯的謝意！

　　還要感謝我的碩士導師李繼凱先生。在這個學科門類越來越森嚴的時代裏，就文學研究而言，我是一個半道出家的、外來的「闖入者」，繼凱老師卻能以開闊的胸懷把我帶入人文學術研究的大門。他的溫雅與寬容，時時在我心頭浮現、讓我感動。

　　最後，還要感謝我的妻子鄭豔霞，她多年來堅定地支持我走學術研究的道路，尤其在我讀博三年間，獨自面對家庭、生活的重負。凡此種種，我永難忘卻。